HSE 履职能力评估必备知识丛书

HSE 管理理念与工具方法

韩文成　主编

石油工业出版社

内 容 提 要

本书总结了多年来关键岗位员工安全环保履职能力评估工作的实践经验，讲述了安全文化与安全理念、HSE 体系建设与推进、安全生产责任制落实、办公室与工作外安全、HSE 常用的管理工具、HSE 常用的管理方法等方面的内容，并附有随堂练习。

本书可供企业各级领导干部和管理人员进行相关 HSE 理念、知识和技能的查询、学习时使用，有助于提升企业各级领导干部和管理人员的 HSE 履职能力。

图书在版编目（CIP）数据

HSE 管理理念与工具方法 / 韩文成主编 . — 北京：石油工业出版社，2025.5. --（HSE 履职能力评估必备知识丛书）. -- ISBN 978-7-5183-7469-4

Ⅰ. F426.22

中国国家版本馆 CIP 数据核字第 202586JS06 号

出版发行：石油工业出版社
（北京安定门外安华里 2 区 1 号　100011）
网　　址：www.petropub.com
编辑部：（010）64523547　　图书营销中心：（010）64523633
经　　销：全国新华书店
印　　刷：北京中石油彩色印刷有限责任公司

2025 年 5 月第 1 版　2025 年 5 月第 1 次印刷
787×1092 毫米　开本：1/16　印张：16.5
字数：267 千字

定价：90.00 元
（如出现印装质量问题，我社图书营销中心负责调换）
版权所有，翻印必究

《HSE 履职能力评估必备知识丛书》
编 委 会

主　任：孙红荣

委　员：（按姓氏笔画为序）

马小勇　王　平　王立营　王亚臣　王光辉　王桂英　尹丽芳
田　青　刘　学　刘川都　孙军灵　李　坚　李　敏　李永宝
李惠卿　吴道凤　张冕峰　张翊峰　陈邦海　陈根林　欧　艳
赵永兵　胡鹏程　章东峰　彭彦彬

《HSE 管理理念与工具方法》
编 写 组

主　编：韩文成

副主编：史福军　何沿江

委　员：郑继军　肖　瀚　张新伟　刘　志　熊　勇　曾　超　霍小旺
　　　　郭梦宇　李志鸿　龚治宇　张玉海　王沫云　廖俊宇　王　松

序

自20世纪90年代HSE管理体系进入中国以来,企业各级领导干部和员工的HSE理念、意识与风险管控能力得到了明显提升,但大部分领导干部和员工安全环保履职能力与企业实际需求相比还存在明显差距,这已成为制约企业HSE管理水平持续提升的瓶颈。尤其在当下面临安全发展、清洁发展、健康发展的新局面、新形势、新要求,领导干部和员工的知识结构、业务能力和安全素养还需要竿头日进。因此,为有效落实国家安全技能提升行动计划的部署要求,需坚持以安全知识培训为基础、以履职能力评估作手段,补齐干部员工安全素质短板,扎实推动全员岗位安全生产责任落实。

安全环保履职评估对象为领导人员和一般员工,领导人员是指按照管理层级由本级组织直接管理的干部,一般员工指各级一般管理人员、专业技术人员和操作服务人员。安全环保履职能力评估内容主要包括安全领导能力、风险管控能力、HSE基本技能和应急指挥能力,可通过现场访谈、绩效考核和知识测试几种方式结合,从具备的知识、意识、技能,以及应用和成效等几个方面进行评估。通过开展评估掌握全员安全环保履职能力的现状,明确员工安全环保履职能力普遍存在的短板,持续提升员工的HSE意识、知识和技能,确保全体员工的安全环保能力满足风险管控需求。评估结果将作为领导干部在职考核、提拔任用和个人HSE绩效考核的重要参考依据。领导人员调整或提拔到生产、安全等关键岗位,应及时进行安全环保履职能力评估;一般员工新入厂、转岗和重新上岗前,应依据新岗位的安全环保能力要求进行培训,并在入职前接受安全环保履职能力评估。

通过这些年的HSE履职能力评估实践发现,大多数领导干部和员工能够以能力评估为契机,在履职能力评估的准备与访谈过程中,对自身的HSE观念、知识和技能有了一次客观的认知的机会,通过评估都得到了一定程度的引导、启发和提升。但受时间等各类客观条件的限制，很难在短时间内有全面系统的提高，需找到一种系统、全面、权威的学习材料，以方便各级领导和员工在评估前后进行系统性、针对性的学习。虽然现在相关的各类书籍很多，但往往针对部分内容，对 HSE 管理理念、知识和技能的全面而系统的梳理一直还是空白。

为了方便各级领导和员工平时对 HSE 相关理念、知识和技能的学习，填补这方面学习书籍的空白，笔者总结了多年履职能力评估实践工作的经验，结合当前各级领导干部和员工理念、知识和技能的实际需求，对相关要求进行了全面、系统的梳理，形成了四个分册，分别从 HSE 管理理念与工具方法、HSE 管理知识与管理要求、风险管理与双重预防机制、作业许可与承包商安全管理等四个不同的方面进行叙述，针对不同的内容采用介绍、概括、提炼、精简、摘要、解析等方式进行编写，以方便各级领导和员工对相关内容知识的学习和查阅。

本丛书充分汇集和吸收了国内外最新的 HSE 理念、法规、标准、制度的先进思想与要求，充分收集和吸取了 HSE 工具、方法、知识、技能在实践运用中的成功经验，以及遇到的各类问题和解决方法，充分汇总和凝聚了业内各位 HSE 履职能力评估专家在多年实际工作中的体会与感悟，充分归纳和总结了第三方咨询机构在 HSE 履职能力工作中的经验教训与研究成果。

领导干部要"坚持学习、学习、再学习，坚持实践、实践、再实践"，学习是成长进步的阶梯，实践是提高本领的途径，工作水平提高的源泉是不断学习和实践。各级领导干部和员工要真正把学习作为一种追求、一种爱好、一种健康的生活方式；要善于挤时间，多一点学习、多一点思考；要沉下心来，持之以恒，重在学懂弄通，不能心浮气躁、浅尝辄止、不求甚解；要做到干中学、学中干，学以致用、用以促学、学用相长。相信本丛书的出版将为广大干部和员工学习 HSE 理念和知识，提升 HSE 履职能力提供极大的帮助！

前言

当前虽然各企业每年培训班办了很多，但对领导干部和员工开展系统性、针对性的 HSE 培训却较少，导致领导干部和员工对 HSE 管理理念、知识、工具方法也缺乏系统性的学习、理解和掌握，往往只是通过文件、会议、分享等形式得到一些碎片化的信息，导致一些领导干部和员工对 HSE 理念和工具方法等掌握不系统、不全面、不深入，没有真正"入口""入脑"，更没有"入心"。

各级领导干部和员工通过对 HSE 管理理念和工具方法全面系统地学习，真正地学懂、学透、学通，坚持学而信、学而用、学而行，做到在学习上深一步、认识上高一等、实践上先一着，切实把外在的 HSE 理念转化为内在的自觉意识，努力把零散的感性理解上升为系统的理性认识。一个企业只有培育出良好的安全文化，才能使写在纸上的 HSE 管理要求成为全体员工的行动，并最终实现"HSE 融入我心中"的目标。

HSE 理念和工具方法的应用可引导和培育良好的企业安全文化，形成全员安全价值观和安全行为习惯，体现为每一个单位、每一个群体、每一个人对安全的态度、思维程度及采取的行动方式。企业安全文化是企业组织行为特征和员工个人行为特征的集中表现，就是安全拥有高于一切的优先权，是企业安全生产的灵魂，也是企业核心竞争力之一，它是企业在长期生产经营活动中逐渐形成的一种实用性很强的 HSE 管理理念、管理方式、群体意识和行为规范。

要善于把弘扬优秀传统文化和发展现实文化有机统一起来，在继承中发展，在发展中继承，增强员工的认同感和归属感。结合新的实践和时代要求进行正确取舍，而不能一股脑儿都拿来照套照用。要坚持古为今用、洋为中用，坚持有鉴别地对待、有扬弃地继承，使之与企业现实文化相融相通。必须通过教育引导、舆论宣传、文化熏陶、行为实践、制度保障等，使安全管理意识内化于心、外化于行。

理念主导人的态度，态度主导人的行为，行为决定人的习惯，习惯决定工作结果。把 HSE 管理理念的要求融入各种安全文明创建活动之中，利用各种时机和场合，形成有利于培育和弘扬 HSE 管理理念的生活情景和工作氛围，使 HSE 管理理念的影响像空气一样无所不在、无时不有。培育和践行 HSE 管理理念，要与日常工作紧密联系起来，使员工在实践中感知它、领悟它，增强员工的认同感和归属感，达到"百姓日用而不知"的程度，使之成为员工日常工作生活的基本遵循。

本书力求严格按照开展安全环保履职能力评估的能力要求，并结合多年履职能力评估的实践经验，通过深入浅出的语言，对安全文化与安全理念、HSE 体系建设与推进、安全生产责任落实、办公室与工作外安全、HSE 常用的管理工具与方法等方面进行系统阐述，力求简洁、易懂和实用，并附有案例和练习；为保持过程的连贯性，一些知识点以链接的形式穿插在书中，以强化本书的实用性和趣味性。

在本书编写过程中，编者参阅了大量国内外文献和有关资料，书中没能全部注明出处，在此对原著者深表感谢。东方诚信在组织本书的编写过程中，得到了长庆油田、西南油气田、大庆油田、青海油田、成品油销售公司、天然气销售公司等多家单位领导与专家的帮助和支持，在此深表谢意。由于编者水平有限，难免存在疏漏之处，敬请各位读者批评指正。

为方便大家适当检验对各章节知识的理解和掌握情况，本书编制了约一百道不定项选择题，供读者学习使用。

改变我们的观念和行为的一句话

◎ 必须建立一种文化,让每个人都相信所有的事故都是可以避免的。

◎ 所谓安全文化就是安全理念、安全意识、价值观及其指导下的行动。

◎ 安全文化的实质就是正确的做事方法,再加上正确的思考问题的方法。

◎ 把安全当作一项价值,而不是任务去对待。

◎ 安全是每个员工的责任,更是所有管理人员的责任。

◎ 隐患险于明火,防范胜于救灾,责任重于泰山。

◎ 你唯一的选择是让你的行为成为一个好的典范。

◎ 如果有什么需要明天做的事,最好现在就开始。

◎ 熬过了开头,事情就成功了一半。

◎ 管理不是用最好的人,而是用最合适的人。

◎ 专业源于热爱,更源于日复一日的实践。

目录

第一章 安全文化与安全理念 … 1

第一节 安全生产政策法规 … 1
一、安全方针与要求 … 1
二、安全生产职责 … 2
三、生产安全基本制度 … 6
四、生产费用提取和使用 … 9

第二节 生态文明与环境保护 … 13
一、生态文明建设 … 13
二、生态文明论述 … 14
三、环境保护法要求 … 16
四、环境管理基本制度 … 19

第三节 中国石油安全文化 … 21
一、弘扬石油精神 … 21
二、继承优良传统 … 23
三、企业价值追求 … 24
四、控制重大/较大风险 … 25

第四节 中国石油HSE管理理念 … 27
一、中国石油HSE理念 … 27
二、中国石油HSE承诺 … 28
三、中国石油HSE方针 … 28
四、中国石油HSE战略目标 … 29
五、九项原则 … 29
六、六条禁令 … 32
七、保命条款 … 33

第五节　专业领域"禁令" ……………………………………………… 34
一、承包商安全管理"五条禁令" ………………………………………… 34
二、含硫天然气开发安全生产"八条禁令" ……………………………… 35
三、压裂施工作业安全生产"八条禁令" ………………………………… 35
四、储气库安全生产"八条禁令" ………………………………………… 36
五、燃气业务安全生产"七条禁令" ……………………………………… 36
六、工程质量"十大禁令" ………………………………………………… 37
七、生态环境保护禁令 ……………………………………………………… 37
八、安全生产"七条红线" ………………………………………………… 37
九、"五个零容忍"刚性措施 ……………………………………………… 38
相关链接：帕金森定律（Parkinson's law） …………………………… 38

第二章　HSE 体系建设与推进 …………………………………… 41

第一节　HSE 管理体系建设 ……………………………………………… 41
一、HSE 管理体系概述 …………………………………………………… 41
二、安全生产标准化建设 …………………………………………………… 47
三、深化体系建设与运行 …………………………………………………… 60

第二节　HSE 标准化站队建设 …………………………………………… 62
一、基本概念与原则 ………………………………………………………… 63
二、建设重点内容 …………………………………………………………… 64
三、达标与示范站队 ………………………………………………………… 66

第三节　QHSE 管理体系整合 …………………………………………… 70
一、体系整合的方法 ………………………………………………………… 70
二、体系运行的模式 ………………………………………………………… 71
三、QHSE 体系文件 ……………………………………………………… 73

第四节　体系审核与管理评估 ……………………………………………… 74
一、管理体系审核 …………………………………………………………… 75
二、QHSE 量化审核 ……………………………………………………… 79
三、安全标准化定级 ………………………………………………………… 82
四、管理评审的实施 ………………………………………………………… 86

第五节　四不两直与安全承包点 …… 88
一、"四不两直"检查 …… 88
二、安全生产承包点 …… 90
相关链接：飞轮效应（flywheel effect） …… 93

第三章　安全生产责任制落实 …… 96

第一节　有感领导、直线责任与属地管理 …… 96
一、践行有感领导 …… 97
二、落实直线责任 …… 100
三、强化属地管理 …… 101

第二节　安全生产责任清单的编制 …… 103
一、清单的主要内容 …… 103
二、清单编制与落实 …… 105

第三节　操作岗位"两清单"的应用 …… 106
一、总体工作要求 …… 106
二、HSE 责任清单 …… 107
三、HSE 风险清单 …… 108
四、两清单的运用 …… 109

第四节　员工安全培训与教育 …… 110
一、关键岗位持证上岗 …… 111
二、三级安全培训教育 …… 114
三、日常安全教育培训 …… 117

第五节　全员安全生产记分 …… 118
一、记分基本要求 …… 118
二、记分参考标准 …… 119
三、记分结果运用 …… 121
相关链接："懒蚂蚁"效应 …… 122

第四章　办公室与工作外安全 …… 124

第一节　办公室常见风险与危害 …… 124
一、办公室常见风险 …… 124

二、常见人身伤害 ………………………………………………… 125

第二节　办公室安全管理要求 ……………………………………… 129
　　一、基本安全要求 ………………………………………………… 129
　　二、构建筑物与设施 ……………………………………………… 131
　　三、办公环境安全 ………………………………………………… 132
　　四、特定工作区域 ………………………………………………… 133
　　五、办公物品安全 ………………………………………………… 134
　　六、服务过程安全 ………………………………………………… 135

第三节　用电设备与消防安全 ……………………………………… 137
　　一、用电设备安全 ………………………………………………… 137
　　二、电梯乘用安全 ………………………………………………… 138
　　三、办公室消防安全 ……………………………………………… 140

第四节　餐饮安全与燃气安全 ……………………………………… 143
　　一、餐饮安全要求 ………………………………………………… 143
　　二、燃气设施要求 ………………………………………………… 147

第五节　正确认识工作外安全 ……………………………………… 148
　　一、家庭安全 ……………………………………………………… 149
　　二、交通安全 ……………………………………………………… 150
　　三、个人信息安全 ………………………………………………… 151
　　四、其他安全问题 ………………………………………………… 153

　　相关链接：彼得原理（Peter principle）……………………… 154

第五章　HSE 常用的管理工具 ……………………………… 156

第一节　个人安全行动计划 ………………………………………… 156
　　一、目的和作用 …………………………………………………… 156
　　二、计划的内容 …………………………………………………… 157
　　三、制订的要求 …………………………………………………… 159
　　四、制订与实施 …………………………………………………… 160

第二节　安全经验分享 ……………………………………………… 161
　　一、分享的概述 …………………………………………………… 161

二、分享的作用 ········· 162
　　三、形式与要求 ········· 163
　　四、注意的事项 ········· 165
第三节　安全观察与沟通 ········· 166
　　一、安全观察与沟通概述 ········· 166
　　二、安全观察与沟通内容 ········· 170
　　三、现场观察与沟通技巧 ········· 173
　　四、安全观察与沟通实施 ········· 179
第四节　安全目视化管理 ········· 183
　　一、安全色与安全标志 ········· 183
　　二、人员目视化 ········· 186
　　三、工器具目视化 ········· 187
　　四、设备设施目视化 ········· 189
　　五、作业现场目视化 ········· 191
　　相关链接：21天效应 ········· 192

第六章　HSE常用的管理方法 ········· 195

第一节　HSE培训需求矩阵 ········· 195
　　一、培训需求矩阵概述 ········· 195
　　二、矩阵内容和要求 ········· 199
　　三、用矩阵驱动培训变革 ········· 201
　　四、HSE培训需求矩阵推广价值 ········· 203
第二节　工作前安全分析 ········· 205
　　一、JSA的作用 ········· 205
　　二、JSA的特点 ········· 206
　　三、步骤与内容 ········· 207
第三节　工作循环分析 ········· 213
　　一、制订计划 ········· 213
　　二、初始评估 ········· 214
　　三、现场评估 ········· 215

四、最终评估 …………………………………………………… 216
　第四节　启动前安全检查 ……………………………………… 217
　　一、基本的要求 …………………………………………………… 217
　　二、检查的内容 …………………………………………………… 218
　　三、检查的实施 …………………………………………………… 219
　第五节　工艺与设备变更 ……………………………………… 222
　　一、变更的范围 …………………………………………………… 222
　　二、变更的分类 …………………………………………………… 223
　　三、申请与审批 …………………………………………………… 223
　　四、变更的实施 …………………………………………………… 224
　　相关链接：5S 与安全管理 ……………………………………… 225

随堂练习 …………………………………………………………… 227

第一章 安全文化与安全理念

文化是一个国家、一个民族的灵魂,是人类文明进步的象征,安全文化是人类社会发展的标志之一,是企业发展的原动力。所谓安全文化,就是安全理念、安全意识、价值观及在其指导下的行动。企业文化主要指企业在创建和发展过程中所形成的精神财富,而企业安全文化是企业在长期的生产经营中,经过企业经营者倡导、积累,全体员工认同、实践而形成的安全价值观念、管理思想、行为规范的综合反映和共同遵守的价值体系。

企业各级领导干部需要把 HSE 管理理念有机融入日常各种生产经营活动之中,利用各种时机和场合,形成培育和弘扬 HSE 管理理念的生活情景和工作氛围。使 HSE 管理理念的影响像空气一样无所不在、无时不有。培育和践行 HSE 管理理念,要与日常工作紧密联系起来,使员工在实践中感知它、领悟它,增强员工的认同感和归属感,达到"百姓日用而不知"的程度,使之成为员工日常工作生活的基本遵循。

第一节 安全生产政策法规

安全是通过行动体现对人的生命的尊重。就是要让员工在安全文化的主导下,创造安全的环境,通过安全理念的渗透,来改变员工的行为,使之成为自觉的、规范的行动。其本质就是通过人的行为体现对人的尊重,逐渐形成一种独特的企业文化:安全是企业一切工作的首要条件,安全是公司的核心利益,安全具有压倒一切的优先权。

一、安全方针与要求

安全生产方针是指政府对安全生产工作总的要求,是安全生产工作的方向，是为达到事业前进的方向和一定目标而确定的一个时期的指导原则。

（一）安全生产方针内容

根据《中华人民共和国安全生产法》，安全生产工作应当以人为本，坚持人民至上、生命至上，把保护人民生命安全摆在首位，树牢安全发展理念，坚持"安全第一、预防为主、综合治理"的方针，从源头上防范化解重大安全风险。

（二）"三管三必须"原则

根据《中华人民共和国安全生产法》，安全生产工作实行"管行业必须管安全、管业务必须管安全、管生产经营必须管安全"，强化和落实生产经营单位主体责任与政府监管责任，建立生产经营单位负责、职工参与、政府监管、行业自律和社会监督的机制。

（三）安全检查"四不两直"

2014年11月24日，习近平总书记在山东省青岛市"11·22"输油管道泄漏爆炸特别重大事故现场考察时发表重要讲话："安全生产，要坚持防患于未然。要继续开展安全生产大检查，做到'全覆盖、零容忍、严执法、重实效'。要采用不发通知、不打招呼、不听汇报、不用陪同和接待，直奔基层、直插现场暗查暗访，特别是要深查地下油气管网这样的隐蔽致灾隐患。要加大隐患整改治理力度，建立安全生产检查工作责任制，实行谁检查、谁签字、谁负责，做到不打折扣、不留死角、不走过场，务必见到成效。"

根据《关于建立健全安全生产"四不两直"暗查暗访工作制度的通知》（安监总厅〔2014〕96号）等文件，要求各级安全监督检查要广泛开展"四不两直"暗查暗访活动，主要以突击检查、随机抽查、回头看复查等方式进行。特殊情况下，可在不告知具体事宜的情况下临时通知相关部门陪同。

二、安全生产职责

根据《中华人民共和国安全生产法》，安全生产工作应当以人民为中心，树立安全发展理念，完善安全生产责任制，坚持党政同责、一岗双责、失职追责，坚持"三管三必须"，强化和落实生产经营单位的主体责任。生产经营单位的全员安全生产责任制应当明确各岗位的责任人员、责任范围和考核标准等内容，应当建立相应的机制，加强对全员安全生产责任制落实情况的监督考核，保证全员安全生产责任制的落实。

（一）企业主要负责人职责

生产经营单位的主要负责人是本单位安全生产第一责任人，对本单位的安全生产工作全面负责。其他负责人对职责范围内的安全生产工作负责。

生产经营单位的主要负责人对本单位安全生产工作负有下列责任：

——建立、健全并落实本单位安全生产责任制。

——组织制订并落实本单位安全生产规章制度和操作规程。

——保证本单位安全生产投入的有效实施。

——督促、检查本单位的安全生产工作，及时消除生产安全事故隐患。

——组织制订并实施本单位的生产安全事故应急救援预案。

——及时、如实报告生产安全事故。

——组织制订并实施本单位安全生产教育和培训计划。

生产经营单位发生生产安全事故时，单位的主要负责人应当立即组织抢救，并不得在事故调查处理期间擅离职守。

（二）安全管理机构和人员职责

矿山、金属冶炼、建筑施工、道路运输单位和危险物品的生产、经营、储存单位，应当设置安全生产管理机构或配备专职安全生产管理人员。其他生产经营单位，从业人员超过一百人的，应当设置安全生产管理机构或配备专职安全生产管理人员；从业人员在一百人以下的，应当配备专职或兼职的安全生产管理人员。

生产经营单位的安全生产管理机构及安全生产管理人员履行下列职责：

——组织或参与拟订本单位安全生产规章制度、操作规程和生产安全事故应急救援预案。

——组织或参与本单位安全生产教育和培训，如实记录安全生产教育和培训情况。

——督促落实本单位重大危险源的安全管理措施。

——组织或参与本单位应急救援演练。

——检查本单位的安全生产状况，及时排查生产安全事故隐患，提出改进安全生产管理的建议。

——制止和纠正违章指挥、强令冒险作业、违反操作规程的行为。

——督促落实本单位安全生产整改措施。

安全生产管理机构及安全生产管理人员应当恪尽职守，依法履行职责。单位作出涉及安全生产的经营决策，应当听取安全生产管理机构及安全生产管理人员的意见。危险物品的生产、储存单位及矿山、金属冶炼单位的安全生产管理人员的任免，应当告知主管的负有安全生产监督管理职责的部门。

安全生产管理人员应当根据本单位的生产经营特点，对安全生产状况进行经常性检查。对检查中发现的安全问题，应当立即处理；不能处理的，应当及时报告本单位有关负责人，有关负责人应当及时处理，检查及处理情况应当如实记录在案。在检查中发现重大事故隐患应向本单位有关负责人报告，有关负责人不及时处理的，安全生产管理人员可以向主管的负有安全生产监督管理职责的部门报告，接到报告的部门应当依法及时处理。

（三）工会的职责和要求

工会依法对安全生产工作进行监督，依法组织职工参加本单位安全生产工作的民主管理和民主监督，维护职工在安全生产方面的合法权益。

——生产经营单位制订或修改有关安全生产的规章制度，应当听取工会的意见。

——工会有权对建设项目的安全设施与主体工程同时设计、同时施工、同时投入生产和使用进行监督，提出意见。

——工会对生产经营单位违反安全生产法律、法规，侵犯从业人员合法权益的行为，有权要求纠正。

——发现生产经营单位违章指挥、强令冒险作业或发现事故隐患时，有权提出解决的建议，生产经营单位应当及时研究答复。

——发现危及从业人员生命安全的情况时，有权向生产经营单位建议组织从业人员撤离危险场所，生产经营单位必须立即作出处理。

——工会有权依法参加事故调查，向有关部门提出处理意见，并要求追究有关人员的责任。

（四）从业人员的权利义务

生产经营单位的从业人员有依法获得安全生产保障的权利，并应当依法履行安全生产方面的义务。

——与从业人员订立的劳动合同，应当载明有关保障从业人员劳动安全、防止职业危害的事项，以及依法为从业人员办理工伤保险的事项。不得以任何形式与从业人员订立协议，免除或减轻其对从业人员因生产安全事故伤亡依法应承担的责任。

——从业人员有权了解其作业场所和工作岗位存在的危险因素、防范措施及事故应急措施，有权对本单位的安全生产工作提出建议。

——从业人员有权对本单位安全生产工作中存在的问题提出批评、检举、控告；有权拒绝违章指挥和强令冒险作业。不得因从业人员对本单位安全生产工作提出批评、检举、控告或拒绝违章指挥、强令冒险作业而降低其工资、福利等待遇或解除与其订立的劳动合同。

——从业人员发现直接危及人身安全的紧急情况时，有权停止作业或在采取可能的应急措施后撤离作业场所。不得因从业人员在紧急情况下停止作业或采取紧急撤离措施而降低其工资、福利等待遇或解除与其订立的劳动合同。

——因生产安全事故受到损害的从业人员，除依法享有工伤保险和安全生产责任保险外，依照有关民事法律尚有获得赔偿的权利的，有权向本单位提出赔偿要求。

——从业人员在作业过程中，应当严格遵守本单位的安全生产规章制度和操作规程，服从管理，正确佩戴和使用劳动防护用品。

——从业人员应当接受安全生产教育和培训，掌握本职工作所需的安全生产知识，提高安全生产技能，增强事故预防和应急处理能力。

——从业人员发现事故隐患或其他不安全因素，应当立即向现场安全生产管理人员或本单位负责人报告；接到报告的人员应当及时予以处理。

——生产经营单位使用被派遣劳动者的，被派遣劳动者享有从业人员的同等权利，并应当履行从业人员的同等义务。

三、生产安全基本制度

生产安全基本制度的目的是确保企业生产活动的安全有序进行，预防和减少事故的发生，保护员工生命财产安全，促进企业可持续发展，并维护社会公共利益。生产安全基本制度通过系统性、规范化的管理手段，将"安全第一、预防为主、综合治理"的理念融入企业运营，最终实现人的安全、企业的发展与社会的和谐三者统一。

（一）安全生产许可证制度

根据《安全生产许可证条例》（中华人民共和国国务院令2014年第653号）规定，国家对矿山企业、建筑施工企业和危险化学品、烟花爆竹、民用爆炸物品生产企业实行安全生产许可制度，企业未取得安全生产许可证的，不得从事生产活动。

安全生产许可证的有效期为三年。安全生产许可证有效期满需要延期的，企业应当于期满前三个月向原安全生产许可证颁发管理机关办理延期手续。企业在安全生产许可证有效期内，严格遵守有关安全生产的法律法规，未发生死亡事故的，安全生产许可证有效期届满时，经原安全生产许可证颁发管理机关同意，不再审查，安全生产许可证有效期延期三年。

（二）安全生产投入保障制度

根据《中华人民共和国安全生产法》，生产经营单位应当具备的安全生产条件所必需的资金投入，由生产经营单位的决策机构、主要负责人或个人经营的投资人予以保证，并对由于安全生产所必需的资金投入不足导致的后果承担责任。有关生产经营单位应当按照规定提取和使用安全生产费用，专门用于改善安全生产条件。安全生产费用在成本中据实列支。

国家财政部、应急管理部2022年11月修订印发《企业安全生产费用提取和使用管理办法》，规定了石油天然气开采企业、建设工程施工企业、危险品生产与储存企业、交通运输企业、机械制造企业、民用爆炸物品生产企业、电力生产与供应企业等十二类企业的安全生产费用的提取标准、提取方式和支出范围等政策要求。

（三）安全设施"三同时"制度

根据《中华人民共和国安全生产法》，生产经营单位新建、改建、扩建工程项目（统称建设项目）的安全设施，必须与主体工程同时设计、同时施工、同时投入生产和使用。安全设施投资应当纳入建设项目概算。用于生产、储存、装卸危险物品的建设项目，应当按照国家有关规定进行安全评价。安全设施设计应当按照国家有关规定报经有关部门审查，审查部门及其负责审查的人员对审查结果负责。施工单位必须按照批准的安全设施设计施工，并对安全设施的工程质量负责。建设项目竣工投入生产或使用前，应当由建设单位负责组织对安全设施进行验收；验收合格后，方可投入生产和使用。

（四）危险源安全包保责任制

2021年2月4日，应急管理部印发《危险化学品企业重大危险源安全包保责任制办法（试行）》，要求危险化学品企业应当明确本企业每一处重大危险源的主要负责人、技术负责人和操作负责人，从总体管理、技术管理、操作管理三个层面对重大危险源实行安全包保。在重大危险源安全警示标志位置设立公示牌，写明重大危险源的主要负责人、技术负责人、操作负责人姓名、对应的安全包保职责及联系方式，并录入全国危险化学品登记信息管理系统。

（五）特殊作业许可管理制度

根据《中华人民共和国安全生产法》，生产经营单位进行爆破、吊装、动火、临时用电及国务院应急管理部门会同国务院有关部门规定的其他危险作业，应当安排专门人员进行现场安全管理，确保操作规程的遵守和安全措施的落实。《危险化学品企业特殊作业安全规范》（GB 30871）规定了八类纳入特殊作业安全管理的危险作业，分别是动火作业、受限空间作业、盲板抽堵作业（管线打开）、高处作业、吊装作业、临时用电作业、动土作业、断路作业。特殊作业必须严格执行作业许可票证管理制度，同时在作业现场配置专门的安全监护人员，严禁未经有效许可开展特殊作业。

（六）特种作业人员持证上岗制度

根据《中华人民共和国安全生产法》，生产经营单位的特种作业人员必须按照国家有关规定经专门的安全作业培训，取得相应资格方可上岗作业。根据

《特种作业人员安全技术培训考核管理规定》(国家安全生产监督管理总局令第30号)，特种作业包括11类：电工作业（高压电工、低压电工、电力电缆、继电保护、电气试验、防爆电气），焊接与热切割（熔化焊接与热切割、压力焊、钎焊），高处作业（登高架设、高处安装维护拆除），石油天然气司钻作业，危险化学品作业（加氢、氧化、过氧化、氨基化、烷基化、聚合、裂解裂化、合成氨、硝化、氯化等15种工艺作业及化工自动化控制仪表作业），制冷与空调作业（设备运行操作、安装修理作业），煤矿安全作业（十种作业），金属与非金属矿山安全作业（八种作业），冶金有色生产安全作业（煤气作业），烟花爆竹（五种作业），其他认定的作业。

（七）特种设备检测与持证上岗制度

根据《中华人民共和国安全生产法》，生产经营单位使用的危险物品的容器、运输工具，以及涉及人身安全、危险性较大的海洋石油开采特种设备和矿山井下特种设备，必须按照国家有关规定，由专业生产单位生产，并经具有专业资质的检测、检验机构检测、检验合格，取得安全使用证或安全标志，方可投入使用。

根据《中华人民共和国特种设备安全法》，特种设备是指对人身和财产安全有较大危险性的锅炉、压力容器（含气瓶）、压力管道、电梯、起重机械、客运索道、大型游乐设施、场（厂）内专用机动车辆，以及法律、行政法规规定的其他特种设备。

特种设备安全管理人员、检测人员和作业人员应当按照国家有关规定取得相应资格，方可从事相关工作。特种设备使用单位应当使用取得许可生产并经检验合格的特种设备。禁止使用国家明令淘汰和已经报废的特种设备。

特种设备使用单位应当按照安全技术规范的要求，在检验合格有效期届满前一个月向特种设备检验机构提出定期检验要求。特种设备使用单位应当将定期检验标志置于该特种设备的显著位置。未经定期检验或检验不合格的特种设备，不得继续使用。

气瓶充装单位应当向气体使用者提供符合安全技术规范要求的气瓶，对气体使用者进行气瓶安全使用指导，并按照安全技术规范的要求办理气瓶使用登记，及时申报定期检验。

根据国家市场监督管理总局《特种设备作业人员资格认定分类与项目》（2019年6月1日起实施），特种设备作业人员资格认定分为11个种类20个作业项目，包括特种设备安全管理、锅炉作业、压力容器作业、气瓶作业、电梯作业（修理）、起重机作业（指挥、司机）、客运索道作业、大型游乐设施作业、场内机动车辆作业、安全附件维修、特种设备焊接作业等。

四、生产费用提取和使用

企业安全生产费用是指企业按照规定标准提取，在成本（费用）中列支，专门用于完善和改进企业或项目安全生产条件的资金。为加强企业安全生产费用管理，建立企业安全生产投入长效机制，维护企业、职工及社会公共利益。

（一）基本原则

安全生产费用管理遵循以下原则：

——筹措有章。统筹发展和安全，依法落实企业安全生产投入主体责任，足额提取。

——支出有据。企业根据生产经营实际需要，据实开支符合规定的安全生产费用。

——管理有序。企业专项核算和归集安全生产费用，真实反映安全生产条件改善投入，不得挤占、挪用。

——监督有效。建立健全企业安全生产费用提取和使用的内外部监督机制，按规定开展信息披露和社会责任报告。

（二）支出范围

企业安全生产费用可由企业用于以下范围的支出：

——购置购建、更新改造、检测检验、检定校准、运行维护安全防护和紧急避险设施、设备支出（不含按照"三同时"规定投入的安全设施、设备）。

——购置、开发、推广应用、更新升级、运行维护安全生产信息系统、软件、网络安全、技术支出。

——配备、更新、维护、保养安全防护用品和应急救援器材、设备支出。

——企业应急救援队伍建设（含建设应急救援队伍所需应急救援物资储

备、人员培训等方面）、安全生产宣传教育培训、从业人员发现报告事故隐患的奖励支出。

——安全生产责任保险、承运人责任险等与安全生产直接相关的法定保险支出。

——安全生产检查检测、评估评价（不含新建、改建、扩建项目安全评价）、评审、咨询、标准化建设、应急预案制修订、应急演练支出。

——与安全生产直接相关的其他支出。

（三）石油企业

石油天然气（包括页岩油、页岩气）开采是指陆上采油（气）、海上采油（气）、钻井、物探、测井、录井、井下作业、油建、海油工程等活动。煤层气（地面开采）企业参照陆上采油（气）企业执行。

1. 费用提取方式

——陆上采油（气）、海上采油（气）企业依据当月开采的石油、天然气产量，于月末提取企业安全生产费用。其中每吨原油20元，每千立方米原气7.5元。

——钻井、物探、测井、录井、井下作业、油建、海油工程等企业按照项目或工程造价中的直接工程成本的2%逐月提取企业安全生产费用。

——工程发包单位应当在合同中单独约定并及时向工程承包单位支付企业安全生产费用。石油天然气开采企业的储备油、地下储气库参照危险品储存企业执行。

2. 费用支出范围

石油天然气开采企业安全生产费用应当用于以下支出：

——完善、改造和维护安全防护设施设备支出（不含"三同时"要求初期投入的安全设施），包括油气井（场）、管道、站场、海洋石油生产设施、作业设施等设施设备的监测、监控、防井喷、防灭火、防坍塌、防爆炸、防泄漏、防腐蚀、防颠覆、防漂移、防雷、防静电、防台风、防中毒、防坠落等设施设备支出。

——事故逃生和紧急避难设施设备的配置及维护保养支出，应急救援器材、设备配置及维护保养支出，应急救援队伍建设、应急预案制修订与应急演练支出。

——开展重大危险源检测、评估、监控支出，安全风险分级管控和事故隐患排查整改支出，安全生产信息化、智能化建设、运维和网络安全支出。

——安全生产检查、评估评价（不含新建、改建、扩建项目安全评价）、咨询、标准化建设支出。

——配备和更新现场作业人员安全防护用品支出。

——安全生产宣传、教育、培训和从业人员发现并报告事故隐患的奖励支出。

——安全生产适用的新技术、新标准、新工艺、新装备的推广应用支出。

——安全设施及特种设备检测检验、检定校准支出。

——野外或海上作业应急食品、应急器械、应急药品支出。

——安全生产责任保险支出。

——与安全生产直接相关的其他支出。

（四）危险品生产与储存企业

危险品生产与储存是指经批准开展列入《危险货物品名表》（GB 12268）、《危险化学品目录》[国家安全生产监督管理总局等十部门公告（2015年 第5号）]物品，以及列入国家有关规定危险品直接生产和聚积保存的活动（不含销售和使用）。

1. 费用提取

危险品生产与储存企业以上一年度营业收入为依据，采取超额累退方式确定本年度应计提金额，并逐月平均提取。具体如下：

——上一年度营业收入不超过1000万元的，按照4.5%提取。

——上一年度营业收入超过1000万～1亿元的部分，按照2.25%提取。

——上一年度营业收入超过1亿～10亿元的部分，按照0.55%提取。

——上一年度营业收入超过10亿元的部分，按照0.2%提取。

2. 费用支出

危险品生产与储存企业安全生产费用应当用于以下支出：

——完善、改造和维护安全防护设施设备支出（不含"三同时"要求初期投入的安全设施），包括车间、库房、罐区等作业场所的监控、监测、通风、防晒、调温、防火、灭火、防爆、泄压、防毒、消毒、中和、防潮、防雷、防静电、防腐、防渗漏、防护围堤和隔离操作等设施设备支出。

——配备、维护、保养应急救援器材、设备支出和应急救援队伍建设、应急预案制修订与应急演练支出。

——开展重大危险源检测、评估、监控支出，安全风险分级管控和事故隐患排查整改支出，安全生产风险监测预警系统等安全生产信息系统建设、运维和网络安全支出。

——安全生产检查、评估评价（不含新建、改建、扩建项目安全评价）、咨询和标准化建设支出。

——配备和更新现场作业人员安全防护用品支出。

——安全生产宣传、教育、培训和从业人员发现并报告事故隐患的奖励支出。

——安全生产适用的新技术、新标准、新工艺、新装备的推广应用支出。

——安全设施及特种设备检测检验、检定校准支出。

——安全生产责任保险支出。

——与安全生产直接相关的其他支出。

（五）费用的管理和监督

企业应当建立健全内部企业安全生产费用管理制度，明确企业安全生产费用提取和使用的程序、职责及权限，落实责任，确保按规定提取和使用企业安全生产费用。

企业应当加强安全生产费用管理，编制年度企业安全生产费用提取和使用计划，纳入企业财务预算，确保资金投入。企业提取的安全生产费用从成本（费用）中列支并专项核算。

本企业职工薪酬、福利不得从企业安全生产费用中支出。企业从业人员发现报告事故隐患的奖励支出从企业安全生产费用中列支。企业安全生产费用年度结余资金结转下年度使用。企业安全生产费用出现赤字（即当年计提企业安全生产费用加上年初结余小于年度实际支出）的，应当于年末补提企业安全生产费用。

以上一年度营业收入为依据提取安全生产费用的企业，新建和投产不足一年的，当年企业安全生产费用据实列支，年末以当年营业收入为依据，按照规定标准计算提取企业安全生产费用。

企业安全生产费用月初结余达到上一年应计提金额三倍及以上的，自当月开始暂停提取企业安全生产费用，直至企业安全生产费用结余低于上一年应计提金额三倍时恢复提取。

企业当年实际使用的安全生产费用不足年度应计提金额60%的，除按规定进行信息披露外，还应当于下一年度4月底前，按照属地监管权限向县级以上人民政府负有安全生产监督管理职责的部门提交经企业董事会、股东会等机构审议的书面说明。

第二节　生态文明与环境保护

我国着眼于世界文明形态的演进、中华民族的永续发展、我们党的宗旨责任、人民群众的民生福祉及构建人类命运共同体的宏大视野，以宽广的历史纵深感、厚重的民族责任感、高度的现实紧迫感和强烈的世界意识，推动形成了具有中国特色的生态文明理论。

一、生态文明建设

党的十八大以来，谋划开展了一系列根本性、长远性、开创性工作，推动我国生态环境保护从认识到实践发生了历史性、转折性和全局性变化，生态文明建设取得显著成效，进入认识最深、力度最大、举措最实、推进最快，也是成效最好的时期。

（一）基本原则

基于对人类社会发展规律、人与自然关系认识规律、社会主义建设规律的科学把握，深刻阐述了推进新时代生态文明建设必须遵循的基本原则，涵盖了经济、政治、文化、社会和生态文明等全领域，相互联系、相互促进、辩证统一，形成一个完整系统、科学严密的逻辑体系，是新时代推进生态文明建设的主要内容和根本遵循。必须坚持遵循如下原则：

——生态兴则文明兴，生态衰则文明衰的深邃历史观。

——坚持人与自然和谐共生的科学自然观。

——绿水青山就是金山银山的绿色发展观。

——良好生态环境是最普惠的民生福祉的基本民生观。

——山水林田湖草沙系统治理的整体系统观。

——最严格制度最严密法治保护生态环境的严密法治观。

——共同建设美丽中国的全民行动观。

——世界携手共谋全球生态文明的共赢全球观。

生态环境是关系党的使命宗旨的重大政治问题，也是关系民生的重大社会问题。广大人民群众热切期盼加快提高生态环境质量。要积极回应人民群众所想、所盼、所急，大力推进生态文明建设，提供更多优质生态产品，不断满足人民群众日益增长的优美生态环境需要。

（二）生态文明体系

生态文明建设正处于压力叠加、负重前行的关键期，已进入提供更多优质生态产品以满足人民日益增长的优美生态环境需要的攻坚期，也到了有条件有能力解决生态环境突出问题的窗口期。我国经济已由高速增长阶段转向高质量发展阶段，需要跨越一些常规性和非常规性关口，必须咬紧牙关，爬过这个坡，迈过这道坎。需加快建立健全：

——以生态价值观念为准则的生态文化体系。

——以产业生态化和生态产业化为主体的生态经济体系。

——以改善生态环境质量为核心的目标责任体系。

——以治理体系和治理能力现代化为保障的生态文明制度体系。

——以生态系统良性循环和环境风险有效防控为重点的生态安全体系。

要通过加快构建生态文明体系，确保到2035年，生态环境质量实现根本好转，美丽中国目标基本实现。到本世纪中叶，物质文明、政治文明、精神文明、社会文明、生态文明全面提升，绿色发展方式和生活方式全面形成，人与自然和谐共生，生态环境领域国家治理体系和治理能力现代化全面实现，建成美丽中国。

二、生态文明论述

生态文明建设是关系中华民族永续发展的根本大计。中华民族向来尊重自然、热爱自然，绵延五千多年的中华文明孕育着丰富的生态文化。党的十八大以来，我国开展一系列根本性、开创性、长远性工作，加快推进生态文明顶层设计和制度体系建设，加强法治建设，建立并实施中央生态环境保护督察制度，大力推动绿色发展。

（一）生态价值观

加快建立健全以生态价值观念为准则的生态文明体系。推动生态环境保护发生历史性、转折性、全局性变化。

——把生态文明上升到中华民族伟大复兴和中华民族永续发展的高度，提出建设生态文明是中华民族永续发展的千年大计、根本大计。

——把生态文明建设作为我们党贯彻全心全意为人民服务宗旨的政治责任，提出生态环境是关系党的使命宗旨的重大政治问题，全党上下要把生态文明建设作为一项重要政治任务。

——把生态文明建设作为满足人民群众对美好生活需要的重要内容，提出我们的人民期待更优美的环境，热切期盼加快提高生态环境质量。

——把生态文明建设作为中国走进世界舞台中央，为世界发展提供中国道路、中国智慧、中国方案的重要内容，提出中国将和世界各国人民一道，努力建设山清水秀清洁美丽的世界，携手共建生态良好的地球美好家园。

（二）生态发展观

生态发展观以绿色为导向，包括绿色发展观、绿色政绩观、绿色生产方式、绿色生活方式等内涵。体现为以人为本、人与自然和谐为核心的生态理念和以绿色为导向的生态发展观。

以人为本，其中最为重要的，就是不能在发展过程中摧残人自身生存的环境。如果人口资源环境出了严重的偏差，还有谁能够安居乐业，和谐社会又从何谈起？要让人民群众喝上干净的水，呼吸上清洁的空气，吃上放心的食物。在发展与环保冲突时，强调经济发展不能以牺牲生态环境为代价，必须懂得机会成本，善于选择，学会扬弃，做到有所为，有所不为，坚定不移地落实科学发展观，建设人与自然和谐相处的资源节约型、环境友好型社会。

发展是经济社会的全面发展，不仅要看经济增长指标，还要看社会发展指标，特别是人文指标、资源指标、环境指标，要做到生产、生活、生态良性互动。破坏生态环境就是破坏生产力，保护生态环境就是保护生产力，改善生态环境就是发展生产力。

人与自然构成了生命共同体，山水林田湖是一个生命共同体，人的命脉在田，田的命脉在水，水的命脉在山，山的命脉在土，土的命脉在树。自然的循环是生态文明建设的科学依据，维持健康的自然循环是生态文明建设的责任。中国将按照尊重自然、顺应自然、保护自然的理念，贯彻节约资源和保护环境的基本国策，更加自觉地推动绿色发展、循环发展、低碳发展。生态文明建设思想丰富了中国哲学天人合一理念。

（三）民生优先

打好污染防治攻坚战时间紧、任务重、难度大，是一场大仗、硬仗、苦仗，必须加强党的领导。各相关部门要履行好生态环境保护职责，使各部门守土有责、守土尽责、分工协作、共同发力。要把解决突出生态环境问题作为民生优先领域。

——坚决打赢蓝天保卫战是重中之重，要以空气质量明显改善为刚性要求，强化联防联控，基本消除重污染天气，还老百姓蓝天白云、繁星闪烁。

——要深入实施水污染防治行动计划，保障饮用水安全，基本消灭城市黑臭水体，还给老百姓清水绿岸、鱼翔浅底的景象。

——要全面落实土壤污染防治行动计划，突出重点区域、行业和污染物，强化土壤污染管控和修复，有效防范风险，让老百姓吃得放心、住得安心。要持续开展农村人居环境整治行动，打造美丽乡村，为老百姓留住鸟语花香田园风光。

要建立科学合理的考核评价体系，考核结果作为各级领导班子和领导干部奖惩和提拔使用的重要依据。对那些损害生态环境的领导干部，要真追责、敢追责、严追责，做到终身追责。

三、环境保护法要求

《中华人民共和国环境保护法》是为保护和改善环境，防治污染和其他公害，保障公众健康，推进生态文明建设，促进经济社会可持续发展而制定的法律。应使环境保护变为套在经济社会发展上的"紧箍咒"，要发挥减排对经济发展的约束性作用，使"脱缰野马"变成可持续发展的"千里马"。

（一）环境保护原则

保护环境是国家的基本国策，环境保护坚持"保护优先、预防为主、综合治理、公众参与、损害担责"的原则。国家采取有利于节约和循环利用资源、保护和改善环境、促进人与自然和谐的经济、技术政策和措施，使经济社会发展与环境保护相协调。

加快促进经济发展方式的绿色转型，打破只依靠"末端治理"来解决环保问题的局限，通过减量化、再利用、资源化，来为建设生态文明提供源源不断的动力。

一切单位和个人都有保护环境的义务。企业事业单位应当防止、减少环境污染和生态破坏，对所造成的损害依法承担责任。公民应当增强环境保护意识，采取低碳、节俭的生活方式，自觉履行环境保护义务。

（二）环保惩处力度

环保法设立了"按日计罚"制度，罚款额度不设上限。主要适用于企业违法排放污染物，受到罚款处罚，被责令改正，拒不改正的情形，自责令改正之日的次日起，按日连续累计处罚。违法行为主要包括：超标超总量排污、未批先建排污、未取得排污许可证排污、通过暗管、渗坑、渗井等方式排污，本法赋予地方性法规可以增加按日连续处罚的违法行为的种类。罚款数额按照防治污染设施的运行成本、违法行为造成的直接损失或违法所得等因素确定。实行按日计罚后，行政罚款数额大幅提高。

对违法排污的企业事业单位等，县级以上政府环保主管部门和其他负有环境保护监督管理职责的部门，可以查封、扣押造成污染物排放的设施、设备。《环境保护主管部门实施查封、扣押办法》（2014年12月19日环境保护部令第29号公布　自2015年1月1日起施行）适用六种情形：

——违法排放、倾倒或者处置含传染病病原体的废物、危险废物、含重金属污染物或者持久性有机污染物等有毒物质或者其他有害物质的。

——在饮用水水源一级保护区、自然保护区核心区违反法律法规规定排放、倾倒、处置污染物的。

——违反法律法规规定排放、倾倒化工、制药、石化、印染、电镀、造纸、制革等工业污泥的。

——通过暗管、渗井、渗坑、灌注或者篡改、伪造监测数据，或者不正常运行防治污染设施等逃避监管的方式违反法律法规规定排放污染物的。

——较大、重大和特别重大突发环境事件发生后，未按照要求执行停产、停排措施，继续违反法律法规规定排放污染物的。

——法律、法规规定的其他造成或者可能造成严重污染的违法排污行为。

（三）企业责任义务

——企业应当优先使用清洁能源，采用资源利用率高、污染物排放量少的工艺、设备及废弃物综合利用技术和污染物无害化处理技术，减少污染物的产生。

——建设项目中防治污染的设施，应当与主体工程同时设计、同时施工、同时投产使用。防治污染的设施应当符合经批准的环境影响评价文件的要求，不得擅自拆除或闲置。

——应当采取措施，防治在生产建设或其他活动中产生的废气、废水、废渣、医疗废物、粉尘、恶臭气体、放射性物质及噪声、振动、光辐射、电磁辐射等对环境的污染和危害。

——排放污染物的企业事业单位，应当建立环境保护责任制度，明确单位负责人和相关人员的责任。

——重点排污单位应当按照国家有关规定和监测规范安装使用监测设备，保证监测设备正常运行，保存原始监测记录。

——严禁通过暗管、渗井、渗坑、灌注或篡改、伪造监测数据，或不正常运行防治污染设施等逃避监管的方式违法排放污染物。

——生产、储存、运输、销售、使用、处置化学物品和含有放射性物质的物品，应当遵守国家有关规定，防止污染环境。

——应当按照国家有关规定缴纳排污费。排污费应当全部专项用于环境污染防治，任何单位和个人不得截留、挤占或挪作他用。

——应当按照国家有关规定制订突发环境事件应急预案，报环境保护主管部门和有关部门备案。在发生或可能发生突发环境事件时，应当立即采取措施处理，及时通报可能受到危害的单位和居民，并向环境保护主管部门和有关部门报告。

四、环境管理基本制度

《中华人民共和国环境保护法》完善了十大环保管理制度，包括生态保护红线制度、排污许可证管理制度、总量控制和区域限批制度、环境与健康监测调查和风险评估制度、跨行政区域的联合防治机制、环境监测制度、环境影响评价制度、环境应急制度、信息公开和公众参与制度、环境经济政策。下面重点介绍五个制度。

（一）生态保护红线制度

国家在重点生态功能区、生态环境敏感区和脆弱区等区域划定生态保护红线，实行严格保护。既要金山银山、也要绿水青山，在特殊保护区域则是宁要绿水青山、不要金山银山。

——建立资源环境承载能力监测预警机制，对限制开发区域和生态脆弱的国家扶贫开发工作重点县取消地区生产总值考核。

——重点生态功能区：指水源涵养、土壤保持、防风固沙、生物多样性保护和洪水调蓄五类国家或区域生态安全的地域空间。

——生态敏感区：指土壤侵蚀敏感区、沙漠化敏感区、盐渍化敏感区、冻融侵蚀敏感区等易于发生生态退化的区域。

——生态环境脆弱区：也称生态交错区，是指两种不同类型生态系统交界过渡区域。

与生态红线制度有关并已颁布实施的法律法规主要有：《中华人民共和国水污染防治法》《中华人民共和国自然保护区管理条例》等，油气田企业和管道企业违法违规现象较为突出。

——禁止在饮用水水源保护区内设置排污口。

——禁止在饮用水水源一级保护区内新建、改建、扩建与供水设施和保护水源无关的建设项目；已建成的与供水设施和保护水源无关的建设项目，由县级以上人民政府责令拆除或关闭。

——禁止在饮用水水源二级保护区内新建、改建、扩建排放污染物的建设项目；已建成的排放污染物的建设项目，由县级以上人民政府责令拆除或关闭。

——禁止在饮用水水源准保护区内新建、扩建对水体污染严重的建设项目；改建建设项目，不得增加排污量。

油气田开发、管道建设必须严格遵守生态红线相关法律法规制度要求，项目选址选线要优先考虑生态红线和环保制约因素，避让水源保护区、自然保护区等，严禁逾越生态红线违法进行开发建设。

（二）排污许可证管理制度

国家依法实行排污许可证管理制度。实行排污许可管理的企业事业单位应当按照排污许可证的要求排放污染物；未取得排污许可证的，不得排放污染物。已取得排污许可证的企业，不按照许可证的要求排污同样是违法行为，如比较常见的超标超总量排放、擅自改变污染物的处理方式和流程等。

国家对严重污染环境的工艺、设备和产品实行淘汰制度。任何单位和个人不得生产、销售或转移、使用严重污染环境的工艺、设备和产品。禁止引进不符合我国环境保护规定的技术、设备、材料和产品。

（三）总量控制和区域限批制度

国家实行重点污染物排放总量控制制度。重点污染物排放总量控制指标由国务院下达，省、自治区、直辖市人民政府分解落实。企业事业单位在执行国家和地方污染物排放标准的同时，应当遵守分解落实到本单位的重点污染物排放总量控制指标。

对超过国家重点污染物排放总量控制指标或未完成国家确定的环境质量目标的地区，省级以上人民政府环境保护主管部门应当暂停审批其新增重点污染物排放总量的建设项目环境影响评价文件。

（四）环境影响评价制度

虽然我国早在2002年就颁布了《中华人民共和国环境影响评价法》，但近年来未批先建的现象屡禁不止。主要是罚款额度低，只罚款5万～20万元，一些企业宁愿受罚也要未批先建，另外现有的允许"限期补办"的规定，导致一些项目"先上车后买票"。

现行环境保护法堵住了现有规定中"限期补办"的漏洞，对于未批先建的，规定直接责令停止建设，处以罚款，并可以责令恢复原状。未评先建的违法项目，不能再通过补办手续的方式"补票"。坚决杜绝未批先建违法行为，严禁环评未获批复的项目开工建设，发生变更的必须要及时办理变更手续。

（五）信息公开和公众参与制度

环保法对信息公开和公众参与作出详细规定，任何公民、法人和其他组织依法享有获取环境信息、参与和监督环境保护的权利。近年来环境群体性事件不断发生，环境问题成为影响社会和谐稳定的社会问题。以法律的形式确认了公众获取环境信息、参与和监督环境保护三项具体的环境权利，是环保法的一大亮点。

政府不仅公开环境质量信息等，还具体到每一个环境行政许可、行政处罚、突发环境事件，并且还要将企业违法信息记入社会诚信档案，定期向社会公布。不仅政府要公开，企业也要如实向公众公开污染排放信息。重点排污单位应当如实向社会公开其主要污染物的名称、排放方式、排放浓度和总量、超标排放情况，以及防治污染设施的建设和运行情况，接受社会监督。这样一来企业"无密可保""无假可作"。

第三节　中国石油安全文化

企业安全文化的核心是指企业在自己长期的生产、经营、管理实践中，逐步形成的、占据主导思想的、并能成为全体员工认同和恪守的安全价值观念和行为准则。营造安全文化发展创新机制，搭建安全文化创新发展平台，用企业的安全文化，凝聚优秀的管理人才，打造优秀的管理团队，实现企业的科学发展、安全发展。

在我国石油行业发展历程中，中国石油天然气集团有限公司（以下简称"中国石油"）形成了丰厚的企业文化积淀，培育了以"大庆精神""铁人精神"为核心的"石油精神"，形成了中国石油独具特色的企业精神，激励了几代石油人艰苦奋斗、无私奉献，并在社会上产生了很大影响，成为中华民族优秀文化的重要组成部分，有力地促进了中国石油工业的发展。

一、弘扬石油精神

石油精神是攻坚克难、夺取胜利的宝贵财富，什么时候都不能丢。石油精神其实一直都未曾远去，需要了解它的时代内涵并传承发扬下去。精神不是万能的，但没有精神是万万不能的。石油精神并非遥远的传说，而是在当下应该着重思考的时代命题，将在实现企业愿景"建设基业长青世界一流综合性国际能源公司"中持续发挥巨大精神力量，"绿色发展、奉献能源，为客户成长增动力、为人民幸福赋新能"成为新时代的企业价值追求。

（一）大庆精神

大庆精神（Daqing spirit）是中华民族精神的重要组成部分。主要包括为国争光、为民族争气的爱国主义精神；独立自主、自力更生的艰苦创业精神；讲究科学、"三老四严"的求实精神；胸怀全局、为国分忧的奉献精神，概括地说就是"爱国、创业、求实、奉献"。大庆精神产生于20世纪60年代石油会战，集中体现了中华民族和中国工人阶级的优良传统与优秀品质，是中华民族精神宝库的重要组成部分。长期以来，大庆精神一直得到党和国家领导人的培育和倡导。

（二）铁人精神

铁人精神（iron man spirit）是大庆精神的典型化体现和人格化浓缩。主要包括"为国分忧、为民族争气"的爱国主义精神；"宁肯少活二十年，拼命也要拿下大油田"的忘我拼搏精神；"有条件要上，没有条件创造条件也要上"的艰苦奋斗精神；"干工作要经得起子孙万代检查""为革命练一身硬功夫、真本事"的科学求实精神；"甘愿为党和人民当一辈子老黄牛"，埋头苦干的奉献精神等。铁人精神是王进喜同志崇高思想、优秀品德的高度概括，是我国石油工人精神风貌的集中体现。铁人精神无论在过去、现在和将来都有着不朽的价值和永恒的生命力。

（三）经典语录

——有条件要上，没有条件创造条件也要上。
——宁肯少活二十年，拼命也要拿下大油田。
——石油工人一声吼，地球也要抖三抖。
——石油工人干劲大，天大的困难也不怕。
——井无压力不出油，人无压力轻飘飘。

——工作有激情，人人是火种，聚是一团火，散是满天星。

——北风当电扇，大雪是炒面，天南地北来会战，誓夺头号大油田，干！干！干！

——为油田负责一辈子，干工作要经得起子孙万代检查。

——为祖国加"油"，为民族争"气"。

——常把黄昏当早晨，誓用青春换石油。

——缺氧不缺精神，艰苦不怕吃苦。

——只有荒凉的沙漠，没有荒凉的人生。

——一级带着一级干，一级做给一级看。

——坚定信念一条心，勤勉敬业一股劲，热情服务一团火，严以律己一面旗。

二、继承优良传统

石油精神以大庆精神铁人精神为主体，是对石油战线企业精神及优良传统的高度概括和凝炼升华，是我国石油队伍精神风貌的集中体现，是历代石油人对人类精神文明的杰出贡献，是石油石化企业的政治优势和文化软实力。

（一）三老四严

对待革命事业，要当老实人，说老实话，办老实事；对待工作，要有严格的要求，严密的组织，严肃的态度，严明的纪律。这一提法源自1962年，1963年形成完整表述。这一作风是大庆石油工人高度的主人翁责任感和科学求实精神的具体体现，是大庆油田企业文化融汇中华民族优秀文化传统最基本、最典型、最生动的概括和总结。

（二）四个一样

"对待革命工作要做到：黑天和白天一个样；坏天气和好天气一个样；领导不在场和领导在场一个样；没有人检查和有人检查一个样"。"四个一样"于1963年由李天照井组首创，得到周总理的高度赞扬，并与"三老四严"一同写入当年颁布的《中华人民共和国石油工业部工作条例（草例）》，作为工作作风的主要内容颁发。"四个一样"是党的优良作风和解放军的"三大纪律八项注意"同油田会战具体实际相结合的产物,是大庆油田广大职工自觉坚持标准、严细成风的真实写照。

(三) 岗位责任制

岗位责任制的灵魂是岗位责任心,岗位责任制是大庆油田最基本的生产管理制度。1962年,采油一厂"中一注水站"因管理不善,发生火灾,引发了"一把火烧出的问题"的群众大讨论,油田干部群众结合生产与管理的实际,认真总结正反两方面的经验,逐步建立完善了岗位责任制。它的内涵就是把全部生产任务和管理工作,具体落实到每个岗位和每个人身上,做到事事有人管,人人有专责,办事有标准,工作有检查,保证广大职工的积极性和创造性得到充分发挥。岗位责任制的坚持,增强了职工的主人翁意识和组织纪律观念,提高了生产条件的合理利用水平,保证了生产持续不断地向前发展。

在新的历史条件下,中国石油通过不断吸收借鉴人类社会的文明成果,在继承和发扬优良传统的基础上,从内容和形式积极创新,逐渐形成了富有时代精神和独具特色的企业文化,从而为中国石油的发展提供更加强大的精神动力和思想保证。

三、企业价值追求

绿色发展、奉献能源,为客户成长增动力、为人民幸福赋新能。

(一) 绿色发展

牢固树立"绿水青山就是金山银山"理念,自觉推动绿色低碳发展,加快绿色清洁能源体系构建,开发推广绿色低碳技术工艺,让资源节约、环境友好成为主流生产生活方式,以绿色低碳转型实现企业与社会共同发展、人与自然和谐共生。

(二) 奉献能源

站在"两个大局"高度,准确把握能源转型大趋势,坚持创新、资源、市场、国际化、绿色低碳战略,统筹利用好两种资源、两个市场,保障国家能源安全,保障油气市场平稳供应,为世界提供优质安全清洁和可持续供应的能源产品与服务。

（三）为客户成长增动力

坚持以客户为中心，深度挖掘客户需求，把客户成长作为企业成长的源头活水，持续为客户创造最大价值，以更优质更便捷的服务赢得客户信赖，以更安全更可靠的产品助力客户发展，实现企业与客户共同成长。

（四）为人民幸福赋新能

始终把为人民谋幸福作为发展根本目的，加快产业转型升级，不断增加绿色低碳、清洁高效的能源和产品供给，把企业发展创新的成果更多惠及广大人民群众，努力为人民美好生活加油增气，为建设美丽中国贡献石油力量。

四、控制重大／较大风险

中国石油全面分析了近年来的生产安全事故，深刻反思了事故教训，对生产安全风险进行了再认识和再识别。明确提出中国石油安全八大风险，环保六大风险和六项较大安全环保风险。

（一）安全八大风险

包括勘探开发、炼油化工、大型储库、油气管道、海上作业、油气销售、交通运输及自然灾害等八个存在重大安全生产风险。

（二）环保六大风险

包括安全事故次生灾害、危化品泄漏、油气泄漏污染、放射性火工品散失、环境违法、三废排放等六项引发重大环保事故的因素。

（三）安全生产六项较大风险

（1）节假日管理力量单薄的风险。

（2）季节转换期人员不适应的风险。

（3）改革调整期人员思想波动的风险。

（4）承包商管不住的风险。

（5）检维修监管不到位、许可管理不到位的风险。

（6）新工艺、新技术、新产品（设备）、新材料应用带来的风险。

根据风险防控及检查需要，制订了生产安全六项较大风险管控措施落实情况检查表,明确了各项较大风险的防控措施及检查落实要求,具体内容见表 1-1。

表 1-1 六项较大风险管控措施落实情况检查内容

六项较大风险	检查项目
1. 节假日管理力量单薄的风险	检查加强节假日管理制度或方案的制订情况
	检查加强节假日管理制度或方案宣贯落实情况
	检查节假日期间禁止特殊作业要求的执行情况
	检查除禁止项目之外作业项目的升级管理执行情况
	检查节假日领导干部带班的执行情况
	检查节假日期间升级管理的施工作业现场监管情况
2. 季节转换期人员不适应的风险	检查春季防雷防静电设施的监测管理情况
	检查雷雨季节风险防控措施落实情况
	检查夏季易燃易爆企业防高温管理情况
	检查冬季安全生产管理措施的实施情况
	检查自然灾害应对的准备情况
3. 改革调整期人员思想波动的风险	检查企事业单位的重组、改制期间的安全管理情况
	检查企业及二级单位主要领导岗位调整期间的管理情况
4. 承包商管不住的风险	检查企业对承包商安全管理制度文件的落实情况
	检查企业对承包商管理的基础工作情况
	检查企业对承包商准入能力评估的开展情况
	检查企业对承包商施工作业过程的监管情况
	检查企业对承包商安全绩效评估开展情况
5. 检维修监管不到位、许可管理不到位的风险	检查企业检维修的组织与管理情况
	检查企业检维修过程安全监督情况
	检查企业作业许可证管理情况
6. 新工艺、新技术、新产品(设备)、新材料应用带来的风险	检查新工艺、新技术、新设备、新材料的准入管理情况
	检查项目建设期使用新工艺、新技术、新设备、新材料管理情况
	检查正常生产时使用新工艺、新技术、新设备、新材料管理情况
	检查使用新工艺、新技术、新设备、新材料培训管理情况

第四节 中国石油 HSE 管理理念

基于 HSE 管理理论和实践经验,在国际石油工业 HSE 管理领域形成了一些有影响的 HSE 管理思想,这是现代社会发展、管理经验日渐丰富、管理科学理论不断演变发展的结果,为提高 HSE 管理体系的有效性、效率和持续改进指出了方向。中国石油为统一 HSE 理念的思想认识,规范各级管理人员科学决策和严格管理的 HSE 行为,借鉴杜邦、壳牌和 BP 等国际大公司通行做法,结合实际逐步形成了具有时代特征和企业特色的安全文化理念。HSE 管理理念、承诺、原则、方针和战略目标等共同构成了中国石油 HSE 管理的基本指导思想,保持了与国际石油公司 HSE 先进理念一致,体现了从被动管理转变为主动预防的思想。

一、中国石油 HSE 理念

经过多年不懈努力,中国石油各级员工安全环保意识发生了明显变化,安全环保管理理念逐步深入人心,这是新时代的石油精神,是对大庆精神、铁人精神的继承发扬和再创新,更加符合时代特征,更具有现实指导意义。中国石油 HSE 理念如下:

(1) 以人为本、质量至上、安全第一、环保优先。
(2) 一切事故都是可以预防和避免的。
(3) 员工的生命和健康是企业发展的基础。
(4) 安全是最大的效益,事故是最大的浪费。
(5) 在保护中开发,在开发中保护,环保优先。
(6) 安全源于责任心、源于设计、源于质量、源于防范。

以人为本——全心全意依靠员工办企业,维护员工根本利益,尊重员工全面发展价值和情感愿望,高度关注员工身心健康,保障员工权益,消除职业危害,疏导心理压力,为员工提供良好的工作环境,创造安全文明的工作氛围。

质量至上——坚持"诚实守信,精益求精"的质量方针,依靠科学的管理体系和先进的技术方法,严格执行程序,强化过程控制,规范岗位操作,追求质量零缺陷,为用户提供优质产品和满意服务。

安全第一——通过健全完善并落实全员安全生产责任制，强化源头控制，重视隐患治理和风险防范，杜绝重大生产事故，持续提升安全生产水平。注重保护员工生命安全和健康，为员工创造安全、健康的工作条件，始终将安全作为保障企业生产经营活动顺利进行的前提。

环保优先——落实生态环境保护措施要求，走绿色低碳发展之路。致力于保护生态、节能减排，开发清洁能源和环境友好产品、发展循环经济，最大限度地降低经营活动对环境的影响，努力创造能源与环境的和谐。

二、中国石油 HSE 承诺

中国石油的 HSE 承诺如下：

我们一贯认为：世界上最重要的资源是人类自身和人类赖以生存的自然环境。关爱生命、保护环境是本公司的核心工作之一。为了"奉献能源、创造和谐"，我们将：

——遵守所在国家和地区的法律、法规，尊重当地的风俗习惯。
——以人为本，预防为主，追求零伤害、零污染、零事故的目标。
——保护环境，节约能源，推行清洁生产，致力于可持续发展。
——优化配置 HSE 资源，持续改进健康安全环境管理。
——各级最高管理者是 HSE 第一责任人，HSE 表现和业绩是奖惩、聘用人员及雇用承包商的重要依据。
——实施 HSE 培训，培育和维护企业 HSE 文化。
——向社会坦诚地公开我们的 HSE 表现和业绩。
——在世界上任何一个地方，在业务的任何一个领域，我们对 HSE 态度始终如一。

企业的所有员工、承包商和供应商都有责任维护企业对健康、安全与环境做出的承诺。

三、中国石油 HSE 方针

中国石油的 HSE 方针为：以人为本、预防为主；全员履责、持续改进。

（1）以人为本——将员工作为企业生存发展的根本，关爱员工生命，关心员工健康，尽最大努力为员工提供安全、健康的工作环境，实现人与自然、企业与社会的和谐。

（2）预防为主——超前防范、超前预警、超前管控，建立风险分级管控和隐患排查治理双重预防机制，尽最大努力从源头上防范各类安全环保质量事故、事件和职业病的发生。

（3）全员履责——人人都负有安全责任，人人都是安全的受益者、参与者、推动者，各级员工认真履行各自的岗位 HSE 职责，实现由全员参与向全员分级负责的转变。

（4）持续改进——坚持问题导向，持续聚焦风险，在现有技术和经济可行条件下，尽最大努力将风险削减到尽可能低的水平。各项管理活动要遵循 PDCA 闭环管理的原则，实现 QHSE 管理过程和业绩的持续提升。

四、中国石油 HSE 战略目标

中国石油的 HSE 战略目标为：追求零伤害、零污染、零事故，在健康、安全与环境管理方面达到国内同行业领先、国际一流水平。

要把 HSE 管理理念有机融入各种安全生产活动之中，利用各种时机和场合，形成有利于培育和弘扬 HSE 管理理念的生活情景和工作氛围。要使 HSE 管理理念的影响像空气一样无所不在、无时不有。培育和践行 HSE 管理理念，要与日常工作紧密联系起来，使员工在实践中感知它、领悟它，增强员工的认同感和归属感，达到"百姓日用而不知"的程度，使之成为员工日常工作生活的基本遵循。

五、九项原则

HSE 管理原则是对 HSE 方针和战略目标的进一步阐述和说明，是把"环保优先、安全第一、质量至上、以人为本"的管理理念落实到各个系统管理全过程的集中表现，是针对 HSE 管理关键环节提出的基本要求和行为准则，是加强安全环保管理的一项治本之策和推进 HSE 管理体系建设的重大举措，既是对企业文化的传承和丰富，也是对各级管理者提出的 HSE 管理基本行为准则，更是 HSE 管理从经验管理和制度管理向文化管理迈进的一个里程碑。其本质内涵是针对各级管理者提出 HSE 管理基本行为准则，是管理者的"规定动作"，是管理者的"禁令"。

（一）任何决策必须优先考虑健康安全环境

决策优先原则是实现 HSE 目标、规范 HSE 行为、培育 HSE 文化、强化 HSE 管理的重要前提和基本保证，是企业 HSE 管理的创新举措，也是 HSE 理念的升华。使 HSE 理念由精神理念层面推进到实践落实层面，由战略概念阶段提升到有丰富内容操作阶段，由指导方针和原则要求细化到规范各级管理者行为准则的范畴。HSE 工作首先要做到预防为主、源头控制，即在战略规划、项目投资和生产经营等相关事务的决策时，同时考虑、评估潜在的风险，配套落实风险控制措施，优先保障 HSE 条件，做到安全发展、清洁发展。

（二）安全是聘用的必要条件

员工和承包商应承诺遵守安全规章制度，接受安全培训并考核合格，具备良好的安全表现是企业聘用员工和承包商的必要条件。企业应充分考察员工和承包商的安全意识、技能和表现，不得聘用不合格人员和承包商。各级管理人员和操作人员都应强化安全责任意识，提高自身安全素质，认真履行岗位安全职责，不断改进个人安全表现。安全聘用是企业实现安全生产的最重要基础、第一道关口，管理者是关口的守门员。企业将安全作为聘用条件是各级管理者必须遵守的铁律，是安全生产的"防火墙"，是安全管理的"高压线"。

（三）企业必须对员工进行健康安全环境培训

接受岗位 HSE 培训是员工的基本权利，也是企业 HSE 工作的重要责任。企业应持续对员工进行 HSE 培训和再培训，确保员工掌握相关 HSE 知识和技能，培养员工良好的 HSE 意识和行为。所有员工都应主动接受 HSE 培训，经考核合格，取得相应工作资质后方可上岗。员工是企业的发展之源、安全之本，安全环保目标最终要靠每位员工来实现，落实培训原则的重要意义就是通过强化 HSE 培训，夯实安全环保基础，把全体员工熔炼成"要安全、懂安全、会安全"的精兵强将，为建设综合性能源公司提供坚实基础保障。

（四）各级管理者对业务范围内的健康安全环境工作负责

各级管理者是管辖区域或业务范围内 HSE 工作的直接责任者，应积极履行职能范围内的 HSE 职责，制定 HSE 目标，提供相应资源，健全 HSE 制度并强化执行，持续提升 HSE 绩效水平。推进 HSE 管理体系建设、建立长效机制的关键是落实各级管理者职责。按照"责、权、利"对等管理理论，没有无责任的权利，权利大理所当然责任大。按照落实直线责任、推进属地管理的要求，层层抓落实，做到"每个人都对自己从事工作的安全环保负责；每个部门都对自己管理业务的安全环保负责；每个领导都对自己分管工作的安全环保负责；每个单位都对自己所辖范围内的安全环保负责"。

（五）各级管理者必须亲自参加健康安全环境审核

开展现场检查、体系审核、管理评审是持续改进HSE表现的有效方法，也是展现有感领导的有效途径，展现各级领导以身作则的示范和引导作用。各级管理者应亲自参加现场检查、体系审核和管理评审工作，才能深入了解所属单位、分管领域、分管系统的现状，及时发现并改进HSE管理薄弱环节，从而有利于管理者做出切合实际的正确决策，推动HSE管理持续提升。

（六）员工必须参与岗位危害识别及风险控制

危害识别与风险评估是HSE管理工作的基础，是控制风险的前提，也是员工必须履行的一项岗位职责。任何作业活动之前，都必须进行危害识别和风险评估。员工应主动参与岗位危害识别和风险评估，熟知岗位风险，掌握控制方法，防止事故发生。落实该项原则的关键就是凝聚全体员工的智慧，做到危害识别，员工一个不能少。建立让全体员工主动参与岗位危害识别和风险评估的机制，达到让所有员工都熟知本岗位风险、掌握控制方法、防止事故发生、把所有事故消灭在萌芽状态的目的。

（七）事故隐患必须及时整改

隐患不除，安全无宁日。所有事故隐患一经发现，都应立即整改，一时不能整改的，应及时采取相应监控措施。应对整改措施或监控措施的实施过程和实施效果进行跟踪、验证，确保整改或监控达到预期效果。及早地对事故隐患进行超前诊断或辨识，及时采取针对性的措施予以治理和消除，对保证安、稳、长、满、优生产具有特别重要的现实意义。事故隐患虽猛于虎，但只要练就过硬的打虎本领，立足于事先预测和防范，运用各种科学的、行之有效的安全评价方法进行评估，及时采取有效的对策措施落实隐患整改，就能达到防范和控制事故发生的目的。

（八）所有事故事件必须及时报告、分析和处理

事故事件也是一种资源，每一起事故事件都给管理者改进提供了重要机会，对安全状况分析及问题查找具有相当重要的意义。要完善机制、鼓励员工和基层单位报告事故事件，挖掘事故事件资源。所有事故无论大小及时报告，都应按"四不放过"原则，在短时间内查明原因，采取整改措施，根除事故隐患。应充分共享事故事件资源，广泛深刻汲取教训，避免事故事件重复发生。这一原则突出了事故事件的资源价值和财富理念，要求管理职能由"裁判员"向"教练员"转变，由追究责任层面向寻找规律层面转变，标志着HSE事故事件管理工作重点的转折和认识理念的突破。

（九）承包商管理执行统一的健康安全环境标准

企业应将承包商HSE管理纳入内部HSE管理体系，实行统一管理，并将承包商事故纳入企业事故统计中。承包商应按照企业HSE管理体系的统一要求，在HSE制度标准执行、员工HSE培训和个人防护装备配备等方面加强管理，持续改进HSE表现，满足企业要求。从保障业主及承包商的利益出发，在明确双方HSE责任的前提下，使承包商同样有归属感、责任感、使命感，与企业一道形成HSE管理的"命运共同体"，利益共享、风险共担。

学习和落实好HSE管理原则应准确把握其本质与内涵，HSE管理原则是结合企业实际，针对HSE管理关键环节，主要对各级管理者提出的HSE管理基本行为准则。HSE管理原则重在规范管理过程，是各级管理者的"规定动作"；反违章禁令重在约束操作行为，是全体岗位员工的"规定动作"。各单位都要认真逐项对照HSE管理原则要求，梳理现行制度，拾遗补缺，进一步完善安全环保重大事项领导决策程序，完善员工聘用雇佣、承包商管理等规章制度，落实直线责任、属地管理机制。

六、六条禁令

为进一步规范员工安全行为，防止和杜绝"三违"现象，保障员工生命安全和企业生产经营的顺利进行，制订反违章六条禁令。六条禁令是强制条款，也是强力约束员工行为规范的条款，更是全体员工的"保命条款"，任何人员都不许碰的"高压线"，对严重的违章行为实行"零容忍"政策。目的是进一

步规范岗位员工安全行为，要求全体员工时刻牢记安全只有"规定动作"，没有"自选动作"。

（一）禁令的作用

禁令就是军令，它和一般的管理规定、规章、办法的不同就在于它的权威性、强制性、服从性。以命令的方式禁止的行为，一旦违反，必然要受到严厉的惩罚。反违章禁令是一个巨大的推进器，通过严格的制度，把"有章必循、令出必行、行则必果"等价值理念，深深烙进全体员工的头脑中，让安全生产成为风气、成为每位员工的自觉行动，从而有力地推动安全文化建设的进程。

（二）禁令的内容

为进一步规范员工安全行为，防止和杜绝"三违"现象，保障员工生命安全和企业生产经营的顺利进行，特制订本禁令。

（1）严禁特种作业无有效操作证人员上岗操作。
（2）严禁违反操作规程操作。
（3）严禁无票证从事危险作业。
（4）严禁脱岗、睡岗和酒后上岗。
（5）严禁违反规定运输民爆物品、放射源和危险化学品。
（6）严禁违章指挥、强令他人违章作业。

员工违反上述禁令，给予行政处分；发生事故的，解除劳动合同。

本禁令特种作业范围按照国家有关规定包括：电工作业、金属焊接切割作业、锅炉作业、压力容器作业、压力管道作业、电梯作业、起重机械作业、场（厂）内机动车辆作业、制冷作业、爆破作业及井控作业、海上作业、放射性作业、危险化学品作业等。

本禁令中的危险作业是指高处作业、动火作业、动土作业、临时用电作业、吊装作业、盲板抽堵作业、受限空间作业、断路作业和射线作业等，凡从事危险作业都必须按作业许可管理，没有作业票禁止作业。

七、保命条款

保命条款是重申严明的纪律，要把行为者和切身利益直接联系起来，强化每一个员工的安全意识。务必使广大员工明白，颁布条款的目的不是处罚，而是从根本上关心和爱护员工，保护每一个员工的生命和财产安全。

（1）动火作业前必须现场确认安全措施。

（2）进入受限空间作业必须进行气体检测。

（3）高处作业必须正确佩戴安全带。

（4）吊装作业时人员必须离开吊装半径范围。

（5）管线打开前必须保证能量有效隔离。

（6）电气设备检维修必须停验电并上锁挂牌。

（7）解除安全控制（联锁）前必须获得授权。

（8）机动车驾乘人员必须全程系好安全带。

（9）员工应急施救前应做好自身安全防护。

"保命条款"是全面加强安全环保工作的重要内容，是"六条禁令"的延伸和细化，从关键部位入手，求真务实，针对长期以来真实、普遍、顽固地存在于生产活动中、造成企业生产事故居高不下的薄弱环节所采取的有效措施。对于进一步加强安全文化建设、规范员工安全行为、防止和杜绝"三违"现象、保障员工生命安全和企业生产经营有重要意义。

第五节 专业领域"禁令"

"禁令"是对已有经验教训的高度总结，设置了安全生产禁区，在违章者头上悬起了利剑，能让心存侥幸者猛然惊醒。让每位员工时刻警醒，保持清醒的头脑，泯灭侥幸心理，提高安全生产的自觉意识，夯实安全文化建设的根基。

一、承包商安全管理"五条禁令"

2015年9月，针对承包商安全生产中的突出问题，通过总结典型承包商事故教训，制订印发了《承包商安全管理禁令》（中油安〔2015〕359号），提出承包商安全管理"五条禁令"。对违反禁令的，按照"谁发包、谁监管""谁用工、谁负责"的原则严肃追究有关人员责任，发生事故的按规定进行升级调查和处理，对建设单位和承包商"一事双查"，对违规违纪问题移交纪检监察部门"一案双查"，并追究有关领导责任，涉嫌违法犯罪的移交司法机关处理。

（1）严禁建设单位免除或转移自身安全生产责任。
（2）严禁使用无资质、超资质等级或范围、套牌的承包商。
（3）严禁违法发包、转包、违法分包、挂靠等违法行为。
（4）严禁未经危害识别和现场培训开展作业。
（5）严禁无证从事特种作业、无票从事危险作业。

二、含硫天然气开发安全生产"八条禁令"

2020年11月，在推进安全生产专项整治三年行动计划中，针对含硫天然气开发［硫化氢含量（体积分数）超过$20×10^{-6}$］的典型风险隐患，结合有关生产安全事故教训，印发了含硫天然气开发安全生产"八条禁令"，对违反禁令的相关责任人予以警告及以上处分，对相关作业现场或设备设施予以停工停产整顿。

（1）严禁不按标准规范开展含硫天然气开发设计。
（2）严禁无硫化氢防护培训合格证人员上岗作业。
（3）严禁无资质、无监测手段和无防护措施的施工队伍从事含硫天然气专业及设备设施检维修。
（4）严禁无有效防护开展含硫天然气场所及设备设施巡检。
（5）严禁含硫天然气输送管道阶段系统功能失效。
（6）严禁擅自停用硫化氢监测及报警系统。
（7）严禁向大气冷放空排放含硫天然气。
（8）严禁混合排放能反应生成硫化氢的含硫物质和酸性液体。

三、压裂施工作业安全生产"八条禁令"

2020年11月，在推进安全生产专项整治三年行动计划中，针对压裂施工作业中的典型风险隐患，结合有关生产安全事故教训，印发了压裂施工作业安全生产"八条禁令"，对违反禁令的相关责任人予以警告及以上处分，对相关作业现场或设备设施予以停工停产整顿。

（1）严禁不按标准规范进行压裂设计和施工设计。
（2）严禁未经开工验收开展压裂施工作业。
（3）严禁超额定压力使用承压设备设施及部件。

（4）严禁不按规程对运行中的压裂车辆和设备加注燃油。

（5）严禁无统一指挥实施多方交叉及协同作业。

（6）严禁人员擅自进入高压区域。

（7）严禁使用未经试压合格的高压管汇和井口装置。

（8）严禁带压拆卸管件。

四、储气库安全生产"八条禁令"

2020年11月，在推进安全生产专项整治三年行动计划中，针对储气库生产中的典型风险隐患，结合有关生产安全事故教训，印发了储气库安全生产"八条禁令"，对违反禁令的相关责任人予以警告及以上处分，对相关作业现场或设备设施予以停工停产整顿。

（1）严禁无注采气方案进行储气库注采气作业。

（2）严禁超设计压力注采气。

（3）严禁未经安全评估变更注采气参数。

（4）严禁擅自停用装置设施的安全保护系统、联锁保护装置或擅自变更报警控制参数。

（5）严禁无专项方案或设计开展气井环空带压处置作业。

（6）严禁带压处置生产装置和管道设备故障。

（7）严禁高低压区采用单阀隔断进行检维修及施工作业。

（8）严禁压缩机超负荷运行。

五、燃气业务安全生产"七条禁令"

2020年11月，在推进安全生产专项整治三年行动计划中，针对燃气业务（含LNG、CNG、LPG等）中的典型风险隐患，结合有关生产安全事故教训，印发了燃气业务安全生产"七条禁令"，对违反禁令的相关责任人予以警告及以上处分，对相关作业现场或设备设施予以停工停产整顿。

（1）严禁无有效许可证从事燃气经营活动。

（2）严禁无有效操作证人员上岗作业。

（3）严禁向无有效燃气经营许可证单位提供用于经营的燃气。

（4）严禁向用户提供不符合质量标准的燃气。

（5）严禁无紧急截断装置的站场从事燃气生产运行活动。

（6）严禁充装无有效合格证的车辆、移动式压力容器和气瓶。

（7）严禁不按规定巡检维护燃气管道及运行设施。

六、工程质量"十大禁令"

2024年4月，中国石油为推进质量强企建设，强化工程质量管理，对违规行为"零容忍"，全面提升本质安全，印发了工程质量"十大禁令"。

（1）严禁无资质、超资质人员从事焊接、无损检测和井筒检测工作。

（2）严禁原材料和检测报告弄虚作假。

（3）严禁压力管道组成件混用、错用。

（4）严禁强力组对、管道"黑口""假口"。

（5）严禁违规焊接、热处理。

（6）严禁地基承载力、主体结构强度未达要求擅自投用。

（7）严禁未经质量验收或验收不合格的工程投入使用。

（8）严禁未经刻度（校准）或刻度不合格的专用测量仪器入井。

（9）严禁性能指标不合格的固井水泥浆、压裂液入井。

（10）严禁未制订套变防治措施进行压裂施工作业。

七、生态环境保护禁令

2020年为贯彻"在保护中开发，在开发中保护，环保优先"的理念，防止、减轻生产经营活动对生态环境的不利影响，制订发布了生态环境保护禁令。

（1）严禁逾越生态红线。

（2）严禁未批先建。

（3）严禁违法排污。

（4）严禁违规处置危废。

（5）严禁放射源失控。

（6）严禁瞒报谎报环境事件。

八、安全生产"七条红线"

2017年，面临国家对安全事故零容忍严追责高压态势，在关键风险领域和重要敏感时段设置了安全生产"四条红线"。2024年5月，根据新形势和新要求对安全生产红线进行了细化完善，印发《关于进一步强化"安全生产红线"管控的通知》（中国石油安全环保〔2024〕106号），进一步明确了从严管控的安全生产"七条红线"，对涉及红线的风险隐患升级管控，对涉及红线的事故事件升级调查处理。

（1）12h内未有效控制井口险情的井喷。

（2）井口断脱失控的井口泄漏。

（3）30min内未熄灭明火的火灾爆炸。

（4）城镇燃气管道本体缺陷导致的火灾爆炸。

（5）在敏感时间或敏感地区发生的火灾爆炸。

（6）被国家部委及以上领导批示，或被国家部委通报（督办），或引起国内主流媒体或境外重要媒体负面影响报道（评论）的事故事件。

（7）列入安全隐患治理投资计划未按时完成治理销项的重大事故隐患。

九、"五个零容忍"刚性措施

2019年9月，中国石油召开安全生产事故案例警示教育视频会，会议结合有关典型事故案例和事故统计，针对安全环保突出风险隐患首次提出了"五个零容忍"刚性措施，对重点领域发生有影响的油气泄漏的责任人要实行"逢漏必免""逢火必撤"。"五个零容忍"要求在2020年中国石油质量健康安全环保节能工作要点中进行了明确和强调。"五个零容忍"刚性措施包括：

（1）对生态环保违法违规"零容忍"。

（2）对油气泄漏火灾爆炸"零容忍"。

（3）对不合格承包商"零容忍"。

（4）对工程质量重大问题"零容忍"。

（5）对特种设备带病运行"零容忍"。

相关链接：帕金森定律（Parkinson's law）

英国历史学家、政治学家西里尔·诺斯古德·帕金森（Cyril Northcote Parkinson）经过多年调查研究，发现一个人做一件事所耗费的时间差别如此之大：他可以在 10min 内看完一份报纸，也可以看半天；一个忙人 20min 可以寄出一叠明信片，但一个无所事事的老太太为了给远方的外甥女寄张明信片，可以足足花一整天：找明信片一个钟头，寻眼镜一个钟头，查地址半个钟头，写问候的话一个钟头。特别是在工作中，工作会自动地膨胀，占满一个人所有可用的时间，如果时间充裕，他就会放慢工作节奏或是增添其他项目以使用掉所有的时间。

一、核心观点

帕金森定律亦称"官场病"或"组织麻痹病"，是指企业在发展过程中往往会因业务的扩展或其他原因而出现的一种现象，这一效应使得企业的机构迅速膨胀、资源浪费、员工积极性下降。

核心观点是"工作会膨胀，以填满完成它所需的时间"。任务的复杂性和所需时间往往会随着可用时间的增加而增加。如果没有明确的时间限制，人们容易拖延或将简单任务复杂化，从而降低效率。

二、导致后果

在企业管理中，行政机构人员会像金字塔一样不断增多，每个人都很忙，但企业效率越来越低下，这条定律又被称为"金字塔上升"现象。一个不称职的领导，可能有三条出路：

第一是申请退职，把位子让给能干的人。

第二是让一位能干的人来协助自己工作。

第三是任用两个水平比自己更低的人当助手。

这第一条路是万万走不得的，因为那样会丧失许多权力；第二条路也不能走，因为那个能干的人会成为自己的对手；看来只有第三条路最适宜。于是，两个平庸的助手分担了他的工作，他自己则高高在上发号施令。

三、重要启示

在一个不称职的管理者领导的组织中，机构会迅速膨胀，资源浪费，员工积极性下降。这是因为不称职的管理者往往会选择雇佣两个水平比自己更低的助手来分担工作，而不是让位给能干的人或雇佣比自己能力强的人。这种行为会导致组织陷入机构臃肿、人浮于事、效率低下的恶性循环。

帕金森定律提醒人们，在工作中需要合理设定时间框架，以提高工作的效率和效果。同时，也警示组织应该避免陷入机构膨胀、资源浪费的恶性循环，而应该通过优化管理、提高员工素质等方式来提高组织的效率和竞争力。

第二章 HSE 体系建设与推进

在工业化发展进程中石油工业起着巨大的推动作用，石油工业是一个集多学科、多领域和高风险于一体的行业，具有生产工艺复杂多变、风险性大、不确定性强，技术含量高、生产工艺复杂、作业环境恶劣多变，生产装置大型化、过程连续化，原物料及产品易燃易爆、毒害和腐蚀性等危险特性，且危害因素呈现点多、线长、面广等特点。如何有效控制风险、实现安全生产一直是石油石化行业优先考虑的头等大事。HSE 管理体系是企业在生产经营活动中对健康、安全、环境风险采取系统化防控措施以实现 HSE 目标的一种系统管理思想和科学方法。HSE 管理体系自 1997 年开始引入中国以来，经过多年坚持不懈努力和实践，按照建立"统一、规范、简明、可操作"HSE 管理体系的原则，基本形成了具有中国石油特色的 HSE 管理体系，有力保障了生产经营安全平稳运行。

第一节 HSE 管理体系建设

HSE 管理体系是通过系统化的预防管理机制，严格控制各种 HSE 风险，有效消除各种事故隐患，以便最大限度地减少事故、疾病和污染的发生。体系建设就是通过这样一个系统化的管理工具，对企业 HSE 管理进行规范化和系统化，将先进的管理思想和理念融入到企业生产经营的各个环节。通过管理体系的自我完善和自我改进机制，提升企业 HSE 管理绩效，创造一种先进的安全文化。

一、HSE 管理体系概述

HSE 管理体系是国际石油工业普遍采用的健康安全与环境管理模式，它集各国同行管理经验之大成，坚持以风险管理为核心，突出领导承诺、全员参与、预防为主、持续改进的科学管理思想。在管理实践过程中，中国石油通过不断总结实施HSE管理体系过程中的经验和教训，先后多次对HSE管理体系标准进行了修订和完善。目前HSE管理体系已进入到全面提升、持续改进的快车道。

（一）体系标准形成

HSE管理体系的形成和发展是国际石油工业实施健康安全环保管理的通行做法和最佳实践。国际上的几次重大事故对HSE工作的深化发展与完善起到了巨大的推动作用。如1979年墨西哥湾的伊克斯托克-1勘探井发生井喷事件；1988年欧洲北海英国大陆架发生了帕玻尔-阿尔法钻井平台事故，167人死亡；1989年在阿拉斯加的瓦尔迪兹油轮发生重大泄油污染事故。上述事故引起了工业界的普遍关注，大家都深刻认识到，石油石化作业的高风险必须更进一步采取有效完善的管理系统以避免重大事故的发生。

1974年石油工业国际勘探开发论坛（E&P Forum）成立，1978年组织了专题工作组从事HSE管理体系的开发。壳牌公司在杜邦公司（Du Pont）咨询下，1985年首次在石油勘探开发中提出了强化安全管理的构想和做法，1986年形成了安全管理手册，1987年又发布了环境管理指南，1989年发布了职业健康管理导则。由于在实际过程中，健康、安全与环境有着不可分的联系，因此需要把它们纳入一个完整的管理体系。

1991年壳牌公司颁布HSE方针指南。同年在荷兰海牙召开了第一届油气勘探开发的健康、安全、环保国际会议，HSE这一概念逐步为大家所接受。1992年壳牌公司出版的EP 92-0100，形成安全管理体系，并在海上作业实施"安全状况报告（safety case）"。1994年7月，壳牌公司为E&P论坛制定了"健康、安全和环境管理体系导则"。9月，壳牌公司HSE委员会制定的"健康、安全和环境管理体系标准"正式批准颁发。1995年壳牌公司形成了完整的一体化HSE管理体系EP 95-0100。

HSE管理已经成为世界性的潮流与主题，在国际各大公司和有关组织的推动下，世界各国石油公司对HSE管理的重视程度普遍提高，各大石油公司基本上都形成了具有自身特色的HSE管理体系。可以说，HSE管理体系是石油工业发展到一定阶段的必然产物，它的形成和发展是石油工业多年工作经验积累的成果，得到世界上大多数石油公司的共同认可，成为共同的行为准则。

1996年1月ISO/TC 67的SC 67分委员会发布《石油天然气工业HSE管理体系》（ISO/CD 14690标准委员会草案），1997年6月中国石油天然气总公司组织人员同等转化ISO/CD 14690，颁布了《石油天然气工业健康、安全与环境管理体系》（SY/T 6276—1997）。之后二十多年间又经历了HSE管理体系标准多次换版，分别是Q/CNPC 104.1—2004、Q/SY 1002.1—2007、Q/SY 1002.1—2013、Q/SY 08002.1—2022。

（二）体系基本原理

HSE管理体系遵循的基本原理是PDCA循环，也被称为"戴明模式"或"戴明环"，由休哈特在19世纪30年代构想，随后被美国质量管理专家查理斯·戴明采纳、宣传，获得普及。PDCA循环将一个过程抽象为策划（plan）—实施（do）—检查（check）—改进（action）四个阶段，四个阶段为一个循环，通过这样一个持续周而复始的循环，使过程的目标业绩持续改进，如图2-1所示。

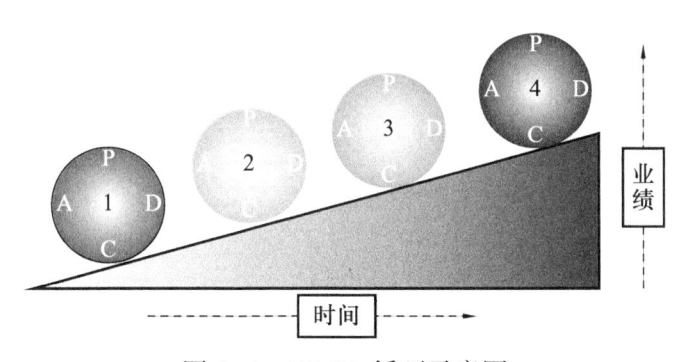

图 2-1　PDCA循环示意图

查理斯·戴明在体系管理过程中非常强调系统观念的确立，他认为："系统的优劣决定了企业的成败，系统就是一组互相依赖的组成部分，通过共同的运作以达到该系统的目标，一个成功的系统必须设定共同的系统目标，同时还包括实现这个目标的方法和过程。"戴明把他的管理思想浓缩成PDCA循环，核心内容就是依据系统管理的原理，为企业建立一个动态循环的过程框架，以持续改进的思想指导企业以系统方法实现系统的目标。戴明模式的核心思想是通过持续改进的过程使系统更加富有效率。

由于 PDCA 循环原理把相关的资源和活动抽象为过程进行管理，具有广泛的通用性，每一项活动，不论多么简单或多么复杂，都适用这一持续改进循环，质量管理体系、环境管理体系、职业健康安全管理体系等多个管理体系都采用 PDCA 这一基本原理，这为各类管理体系整合奠定了理论基础，并提供了基本方法。PDCA 循环作为 HSE 管理的基本原理和方法，靠企业各级员工的力量来推动，像车轮一样向前滚进，周而复始。如果把整个企业的 HSE 管理作为一个大 PDCA 循环，那么各个部门、班组、岗位还有其各自小的 PDCA 循环，一环扣一环，大环是小环的母体和依据，小环是大环的分解和保证。

PDCA 循环不是在同一水平上循环，每循环一次，都要进行总结，解决一部分问题，取得一部分成果，管理水平和绩效就提高一步。每通过一次 PDCA 循环，提出新目标，再进行第二次 PDCA 循环，使体系管理的车轮滚滚向前。PDCA 循环原理存在于所有领域，既包括专业工作，也包括日常生活，它被人们持续地、正式或非正式地、有意识或下意识地应用于所做的每件事和每项活动。因此，PDCA 循环的转动，不仅是哪一个人的力量，而是各级组织的力量、集体的力量，是全体员工共同推动的结果。

（三）体系运行模式

在 HSE 管理体系标准中 PDCA 循环原理就构成了 HSE 管理体系的基本运行模式，并给出一个更加形象的模型，叫作"螺旋桨模型"，如图 2-2 所示。该模型由 HSE 管理体系的七大要素构成，表达了 HSE 管理体系要素的三个特点：

一是"领导和承诺"这一要素处在模型的轴心，为 HSE 管理体系的运行提供动力，表示强有力的领导和明确的承诺是 HSE 管理体系建立与运行的基础和前提。离开了管理者强有力的领导和明确的承诺，HSE 管理体系将失去动力，变得寸步难行。

二是"内部审核"这一要素以一个半圆的形式包围了"策划""组织结构、资源和文件""实施和运行"及"检查和纠正措施"等四个要素，表示内部审核的重点是这四个要素。

三是"管理评审"这一要素以一个叶片、一个半圆和一个整圆的形式出现，表示所有与管理评审这一要素相接触的要素，就是管理评审的输入。这些要素包括"领导和承诺"的履行情况、"HSE 方针"的实现程度、"内部审核"情况,以及"检查和纠正措施"的结果等。

图 2-2 HSE 管理体系螺旋桨模型

（四）管理体系要素

当前,中国石油 HSE 管理体系标准由七个一级要素和 33 个二级管理要素组成,见表 2-1。七个一级要素中,"领导和承诺"是体系建立与实施的前提条件,"HSE 方针"是体系建立与实施的总体原则,"策划"是体系建立与实施的输入,"组织结构、职责、资源和文件"是体系建立与实施的基础,"实施和运行"是体系实施的关键,"检查和纠正措施"是体系有效运行的保障,"管理评审"是体系持续改进的动力。

表 2-1　中国石油 HSE 管理体系要素表

一级要素	二级要素
5.1　领导和承诺	5.1.1　领导力
	5.1.2　社会责任
5.2　健康安全与环境方针	5.2　健康安全与环境方针
5.3　策划	5.3.1　法律法规及合规性管理
	5.3.2　危害因素辨识、风险评价和控制
	5.3.3　目标指标和方案

续表

一级要素	二级要素
5.4 组织结构、职责、资源和文件	5.4.1 机构和职责
	5.4.2 HSE 投入
	5.4.3 能力、培训和意识
	5.4.4 沟通、参与和协商
	5.4.5 文件
	5.4.6 HSE 信息化
5.5 实施和运行	5.5.1 生产运行管理
	5.5.2 建设项目 HSE 管理
	5.5.3 施工作业 HSE 管理
	5.5.4 设备设施完整性管理
	5.5.5 危险物品管理
	5.5.6 作业许可管理
	5.5.7 承包商和供应商管理
	5.5.8 变更管理
	5.5.9 健康管理
	5.5.10 环境保护
	5.5.11 消防安全管理
	5.5.12 交通安全管理
	5.5.13 应急管理
5.6 检查和纠正措施	5.6.1 监视和测量
	5.6.2 内部审核
	5.6.3 不符合和纠正措施
	5.6.4 事故事件管理
	5.6.5 绩效考核
5.7 管理评审	5.7.1 评审要求
	5.7.2 评审内容
	5.7.3 评审决议

企业在持续深化QHSE管理体系建设与运行过程中，应着力在"转变观念、养成习惯、提高能力、控制风险"上狠下功夫，为进一步提升HSE理念，提高全员能力，控制作业风险，规范体系运行，真正树立安全核心价值观，使全体员工真正树立"安全是企业核心价值"的理念，让安全成为全体员工的行为习惯，让安全成为全体员工的基本能力。

二、安全生产标准化建设

危险化学品企业应根据自身生产经营特点、规模及管理需求，融合化工过程安全管理理念和方法，确定各管理要素中适用的要求，自主开展安全生产标准化建设，并按照"策划（plan）—实施（do）—检查（check）—改进（act）"模式持续改进。企业应采用国内外先进的工艺技术装备，遵循最小化、替代、缓和、简化的原则，提高本质安全水平，不应使用淘汰落后的工艺设备。安全生产标准化建设的管理要素与要求如下。

（一）安全领导力

1. 方针和目标

企业安全生产工作应坚持安全第一、预防为主、综合治理的安全生产方针，主要负责人应亲自领导并参与建立安全生产核心价值观。

企业应制订安全生产年度目标，将安全生产年度目标细化为安全生产指标，逐级分解并签订安全生产目标责任书，定期考核安全生产目标、指标完成情况。

企业应根据国家相关法规、政策要求和安全风险管控需求，制订安全生产年度工作计划或方案，保证安全生产年度目标及指标完成。

2. 安全承诺

企业主要负责人应向从业人员和社会做出明确的、公开的安全承诺；组织建立全员参与的安全生产标准化工作机制，承诺为安全生产标准化工作提供人力、物力、财力等资源支持。

3. 组织机构

企业应明确主要负责人为安全生产第一责任人，建立健全安全生产管理网络，明确各级组织负责安全生产的管理人员。定期组织召开安全生产会议，了解安全生产状况，研究重大问题，并督促落实。

企业主要负责人依法设置安全生产管理机构或配备专职安全生产管理人员，专职安全生产管理人员配备数量、学历、职称、专业等应满足规定要求，配备注册安全工程师从事安全生产管理工作。

4. 安全生产投入保障

企业应足额提取和规范使用安全生产费用，保证具备安全生产法律法规、标准规定的安全生产条件。企业主要负责人应保证安全生产投入的有效实施，提升企业安全管理质效。

5. 安全生产信息化智能化建设

企业主要负责人应组织实施安全生产信息化智能化建设，根据安全管理需求构建安全生产信息化智能化系统。明确有关部门负责安全生产信息化智能化系统的构建、运行、维护等管理工作，确保系统正常运转。企业应至少每年评估安全生产信息化智能化系统运行状况，不断改进升级。

6. 有感领导

企业中层及以上领导应结合岗位责任制制订个人安全行动计划，通过领导带头、以上率下等方式实施有感领导。企业各级领导应定期深入基层，了解安全生产现状，解决安全生产问题。

7. 安全文化建设

企业应融合自身内部和外部文化特征，总结提炼并形成全员共同认可的安全价值观，组织开展安全文化活动，引导从业人员的安全态度和安全行为，营造安全文化氛围。评价安全文化运行效果，分析存在的问题，持续改进。

（二）安全生产责任制

1. 建立和实施

企业主要负责人应建立健全并落实全员安全生产责任制。按照管业务必须管安全、管生产必须管安全、谁主管谁负责、属地管理的原则，明确各管理部门及基层单位的安全生产责任。根据各岗位的性质、特点，明确安全生产责任，结合实际工作流程，细化形成岗位任务清单。

2. 检查和完善

企业应建立安全生产责任制监督考核机制，定期考核安全生产责任制的履行情况，兑现奖惩。企业应至少每年检查评估安全生产责任制落实情况，并根据结果完善全员安全生产责任制。有下列情形之一的，应及时修订：依据的法律法规、规章、标准中的有关规定发生重大变化；组织机构及其职责进行调整；企业生产经营活动发生重大变化；事故或事件调查发现的涉及安全生产责任制方面问题。

（三）安全生产信息与合规审核

1. 安全生产信息

企业应组织收集生产过程中的各类安全生产信息，并开展识别、使用、更新、归档等工作。根据收集的化学品危险性等信息编制化学品反应矩阵表、化学品与材质相容性矩阵表。及时更新各类安全生产信息，完善安全生产信息清单，确保安全生产信息准确，保证相关人员及时获取最新的安全生产信息，使其与岗位控制安全风险需求相匹配。

2. 法律法规和标准及其他要求

企业应获取适用于本企业的安全生产法律法规、标准及其他要求。获取范围包括但不限于：国家有关法律法规和地方性法规；相关部门规章；国家标准、行业标准、地方标准；各级负有安全生产监督管理职责部门发布的规范性文件。企业应将获取的安全生产法律法规、标准及其他要求识别出企业适用的具体条款，形成清单及文本数据库，并适时更新。

3. 安全生产规章制度

企业主要负责人应组织制订并实施安全生产规章制度，将适用于本企业的有关安全生产法律法规、标准及其他要求的具体条款，转化为安全生产规章制度的具体内容。企业应至少每三年对安全生产规章制度进行评审或修订，确保其符合性、适用性和有效性。

当发生以下情况时，应及时评审、修订：相关安全生产法律法规、规程、标准新颁布、修订或废止；企业归属、体制、规模发生重大变化；安全检查、安全风险评估过程中发现涉及规章制度层面的问题；事故或事件调查发现涉及规章制度方面的问题；其他相关事项。

4. 合规审核

企业应至少每年对适用的安全生产法律法规、标准及其他有关要求的执行情况，以及安全生产规章制度的落实情况进行合规审核，对审核发现的不符合项，进行原因分析，制订并落实整改措施。当法律法规等发生重大调整或企业发生事故后，企业应开展合规审核。

（四）安全教育和培训

1. 教育和培训管理

企业应识别安全教育和培训需求，确定各岗位具体安全教育和培训内容，制订并实施年度安全教育和培训计划。企业应对安全教育和培训效果进行评价，根据评价结果调整和优化安全教育和培训内容。企业应建立健全从业人员安全教育和培训档案，记录全员参加安全教育和培训的时间、内容、考核结果及复训情况。

2. 岗位能力标准

企业应结合岗位职责和安全生产要求，明确从业人员所需的专业、学历、职称、工作经历等要求，建立岗位能力标准。企业应将各岗位所需要的能力标准转化为培训目标，制订培训计划，确定具体培训内容和培训方式。

3. 从业人员

企业主要负责人和安全生产管理人员应当由主管的负有安全生产监督管理职责的部门对其安全生产知识和管理能力考核合格。

企业在岗从业人员应接受安全教育和培训，内容包括安全生产、消防等法律法规、标准、规章制度和操作规程等。

新从业人员应接受厂级、车间级、班组级安全教育和培训，转岗、脱岗半年以上（含半年）人员应参加车间级、班组级安全教育和培训。

特种作业人员应取得相应资格，方可上岗作业。企业应在新工艺、新技术、新设备、新产品投用或投产前，对相关的操作人员和管理人员进行专门培训，经考核合格后方可上岗。

企业应将劳务派遣人员纳入从业人员统一管理，按照计划开展安全教育和培训。

4. 外来人员

企业应对承包商人员进行入厂安全教育和培训，经考核合格办理入厂手续，作业现场所在基层单位应对承包商作业人员进行进入现场前安全教育和培训。企业应对外来参观、学习、检查及供应商等人员进行有关安全管理规定及安全注意事项的教育和培训。

5. 评估和提升

企业应定期开展从业人员履职能力评估，对不能胜任的从业人员进行再培训，对培训考核不合格者及时调整岗位。企业应采取师带徒、实操培训、仿真培训、在职教育等多种方式，提升从业人员的安全生产意识和技能。

规模以上企业应按要求建设并运营适合企业自身需求的安全培训空间。企业安全培训空间应具备满足企业安全培训需求的培训制度、课程体系、培训场所、线上平台、培训团队。

（五）安全风险管理和双重预防机制建设

1. 安全风险评估

企业应明确安全风险管理的职责、范围、方法及管控要求，组建专业小组，按照《化工过程安全管理导则》（AQ/T 3034）规定的危害辨识范围全面辨识危害因素。企业应制定不低于国家和行业安全风险控制基准要求且符合企业实际的安全风险评估准则，对辨识出的所有危害因素进行安全风险评估，确定安全风险等级。

2. 安全风险控制和监测

企业应根据安全风险评估结果，针对不可接受的安全风险，制订安全风险降低措施，将安全风险控制在可以接受的程度。企业应每年对安全风险评估结果组织评审，检查安全风险控制措施效果，确保安全风险受控。

企业应建立并实施安全风险研判与承诺公告制度，由主要负责人承诺当日所有装置、罐区是否处于安全运行状态，安全风险是否得到有效管控，相关内容通过设置在企业主门岗显著位置的显示屏进行显示。

3. 双重预防机制建设

企业主要负责人应组织建设安全风险分级管控和隐患排查治理双重预防机制，明确双重预防机制考核奖惩的标准、频次、方式方法，定期考核。按照功能独立、大小适中、易于管理的原则，选取生产装置、储存设施或场所作为安全风险分析对象，根据生产工艺流程或设备设施布局，将安全风险分析对象分解为若干个相对独立的安全风险分析单元。

企业应根据安全风险评估结果，选择可能造成爆炸、火灾、中毒窒息等高后果的事件作为重点管控的安全风险事件。应按照分级管控原则，将安全风险事件管控措施的检查频次与管理要求，分解落实到从主要负责人到基层操作人员等与安全生产相关的所有人员。

企业应明确安全风险管控措施对应的隐患排查任务、责任人、频次周期等，通过日常巡检和专项隐患排查，确保安全风险管控措施安全可靠并有效运行。企业应运用移动终端开展隐患排查，发现的隐患应实时上传到双重预防数字化系统，治理全过程实现在线闭环管理。企业应建立并实施事故隐患内部报告奖励机制，主动、动态开展事故隐患自查自纠。

（六）设备完整性

1. 采购与安装

企业应明确采购和验收标准，按照采购计划和设计要求办理入库验收，设备材料入库后储存条件应满足要求。企业应依据设计标准和制造商提供的安装指南正确安装设备，并进行检验、检测和检查。

2. 分级管理

企业应根据设备在生产过程中的重要程度、设备维修复杂程度、设备故障后果产生的危害性等因素确定安全管理等级，对设备进行分级管理。企业应根据设备检修、更新改造、装置改扩建等情况，对设备管理级别进行动态调整。

3. 检验检测和检查

企业应根据设备设施安全运行要求和安全风险分析结果，制订设备检验检测计划，对设备设施实施检验检测。企业应定期开展腐蚀评估，对腐蚀严重设备和管道实施在线监测，进行设备检验、检测和腐蚀检查，及时掌握设备性能和内部腐蚀状况，消除设备缺陷。企业应检查跟踪设备检验和检测计划的执行情况，并根据检查结果优化设备检验和检测内容、频率等。

4. 预防性维护和维修

企业应根据设备预防性维护、维修管理要求和可靠性评价结果，制订并落实设备预防性维护和维修计划。定期评估设备老化状况，采取针对性的检验检测与预防性维修管理。

5. 检维修质量控制

企业应组织制订检维修计划和施工方案，评估检维修可能带来的安全风险，制订相应的安全风险控制措施。企业应对检维修施工过程进行实时监督，设置质量检查控制点，对关键工序和节点进行质量检查和确认。企业应对施工材料和备件规范管理，确保使用的所有材料和备件符合技术规范和安全标准。检维修完成后，应按照验收标准和程序组织检查和检测，验证设备设施的性能和安全性，确保满足质量标准。

6. 缺陷管理

企业应对设备缺陷进行分级，通过检验检测、失效分析、技术改造等手段，消除设备故障和隐患，实现闭环管理。企业应全面辨识可能发生泄漏的部位，评估泄漏安全风险，明确具体防范措施。涉及易燃易爆、剧毒物料的装置、设备、管线不应长期在带压打"卡具"等临时性防泄漏措施下运行，企业应采取有效措施，彻底消除隐患。企业应采用修复、更换或进行合于使用性评价等措施对设备缺陷进行处置，并对处置结果进行确认。

7. 安全设施

企业应根据生产、储存环节涉及危险化学品的种类和危险特性设置安全设施。根据危险化学品危险特性、工艺过程的复杂性及安全风险评估结果，确定安全仪表配置范围和要求，选择符合安全性能要求的仪表设备，正确安装、调试、检测，达到投用条件，并对安全仪表系统进行安全完整性等级评估，满足预定的安全功能。定期对安全设施进行维护、保养，对于老化、损坏无法修复或不符合标准要求的安全设施，及时报废和更换。

8. 特种设备

企业应对使用的特种设备办理使用登记，定期检验和维护保养，建立特种设备安全技术档案，配备符合资格要求的特种设备安全管理人员和作业人员。

9. 设备完整性数据库

企业应建立设备完整性数据库，将设备的基础数据、运行参数、检验检测数据、维修维护数据、缺陷数据等纳入数据库统一管理。企业应定期分析研究数据库中的各项数据，利用信息化手段和专业技术工具，做好设备分级管理、缺陷管理、检验检测、预防性维修等完整性工作。

（七）操作安全

1. 操作规程

企业应结合生产工艺、技术、设备设施特点和原材料、辅助材料、产品、中间产品的危险性编制操作规程。在新工艺、新技术、新装置、新产品投产或投用前，应组织编制操作规程。企业应至少每年评审操作规程的适应性和有效性，至少每三年修订操作规程，保证版本最新有效。

2. 正常操作

企业应根据操作规程中确定的重要控制指标编制工艺卡片，准确反映实际操作要求，操作人员应严格按照操作规程和工艺卡片执行。企业应明确岗位操作人员、专业技术人员巡回检查的管理要求，对生产装置、设备进行定时巡检。企业应对操作班组交接班进行规范管理，将异常工况、现场作业、存在的问题和隐患、需接续的工作等事项交接到位。

3. 开停车管理

企业在生产装置开停车前，应以危害因素辨识和安全风险评估为基础编制开停车方案，经审批后实施。根据开停车方案，组织编制相应的安全条件确认表，经专业技术人员逐项确认，有效落实各项安全措施。企业应建立停工交付检修、检修结束交付生产的交接管理机制，严格控制生产装置开停车过程中现场人员数量。

4. 报警管理

企业应根据安全风险分析结果及工艺、设备的安全设计保护要求，确定需要设置的报警联锁及参数。明确报警管理部门，根据报警后果严重性及允许的响应时间确定报警优先级，明确关键报警，制订并实施报警分级管理制度。在发生报警时，应立即确认和响应，记录关键报警处置过程，分析报警原因；定期对报警活动数据开展统计分析，评估并制订措施，减少不合理报警。

5. 异常工况处置

企业应辨识各类异常工况情形和处置过程中的安全风险，规范明晰异常工况处置程序，确保安全稳妥处置异常工况；对异常工况下的应急处置进行授权，接到异常信息的人员及时有序处置。在异常工况处置过程中，企业应采用视频监控、电子围栏、基于人员定位系统的人员聚集风险监测预警等信息化智能化技术，严格管控现场人员，防止与处置无关的人员进入作业区域。在异常工况处置结束后，企业应进行溯源分析，完善工艺指标、操作规程、应急预案等相关内容。

6. 现场规范化管理

企业应对现场安全标识、工器具、消防器材及检维修作业现场等实施定置规范管理，在生产现场设置安全标识、工艺设备标识。企业应保持应急通道畅通，保证人员紧急撤离和消防车辆通行。

（八）作业安全

1. 作业许可管理

企业应明确作业许可范围、作业许可类别分级与审批权限等，规范管理作业许可，确保作业安全。应对《危险化学品企业特殊作业安全规范》（GB 30871）规定的特殊作业及企业认为需要通过许可管理的其他作业实施许可管理。

2. 作业安全风险分析

企业应在特殊作业实施前开展作业安全风险分析。当工艺条件、作业条件、作业方式或作业环境改变时，或发生事故后，应重新进行安全风险分析。根据安全风险分析结果，制订相应的控制措施。

3. 作业过程安全管控

企业应设置监护人对实施许可管理的作业活动进行现场监护，监护人应具备基本救护技能和作业现场的应急处理能力。构成危险化学品重大危险源的企业，应建设应用特殊作业审批与作业管理场景功能，开展特殊作业管控。组织作业现场检查，发现隐患及时采取措施消除。作业完毕，企业应及时清理作业现场，并组织验收确认。

（九）相关方

1. 承包商

企业应建立承包商准入和退出标准，审查承包商的资质、安全业绩、人员资格与培训、安全管理机构设置等，选择合格的承包商，并建立合格承包商名录和档案。施工作业前，企业应审核承包商的施工方案，核实确认施工作业程序、安全风险评估结果、安全措施和应急预案。

企业应对承包商作业人员进行安全交底，告知作业周边潜在的火灾、爆炸及有毒物质泄漏等安全风险、应急响应措施和要求，并对承包商作业过程实施监督检查，定期对承包商进行业绩评价，根据评价结果及时调整或更换承包商。

2. 供应商

企业应对供应商选择、准入、续用等过程进行规范管理，明确质量技术要求、质量控制措施、验收检验标准和违约责任，定期识别与采购有关的安全风险。定期对供应商进行业绩评价，根据评价结果及时调整或更换供应商。企业应按照物资入库验收标准，对采购物资实施质量检验或验收。

（十）化学品安全和重大危险源

1. 鉴定分类和登记

企业应建立化学品普查表，对产品、原辅料和中间产品进行普查，建立危险化学品管理档案。对生产的化学品进行物理危险性辨识，根据化学品鉴定报告及其他物理危险性数据资料，编制化学品物理危险性分类报告，对分类属于危险化学品的按规定进行登记。生产企业应设立或委托设立专用的24h应急咨询服务电话，为危险化学品事故应急救援提供技术指导和必要的协助。

2. 化学品安全技术说明书和安全标签

企业应对其生产、经营的化学品提供化学品安全技术说明书，并在其包装上粘贴或拴挂与包装内化学品相符的化学品安全标签，安全标签应符合《化学品安全标签编写规定》（GB 15258）等要求。采购化学品时，企业应索取相关的化学品安全技术说明书和安全标签。

3. 储存安全

企业应按照规定的储存方式、储存数量储存危险化学品，对危险化学品出入库进行核查登记。企业储存剧毒化学品和第一类非药品类易制毒化学品，应实行双人收发、双人保管。企业应将储存剧毒化学品数量、地点及管理人员的情况，按规定进行备案。

4. 危险化学品重大危险源

企业应按照《危险化学品重大危险源辨识》（GB 18218）对生产、使用或储存的危险化学品进行辨识、分级，建立危险化学品重大危险源档案，定期检测、评估、监控，并制订应急预案。企业应将危险化学品重大危险源及有关安全措施、应急措施，按规定进行备案。

涉及重点监管危险化工工艺、重点监管危险化学品和危险化学品重大危险源的生产、储存装置应开展危险与可操作性（HAZOP）分析。构成危险化学品重大危险源的生产单元、储存单元应按照《危险化学品重大危险源安全监控技术规范》（GB 17681）设置安全仪表系统（SIS）等安全监控系统。

企业应定期对危险化学品重大危险源的设备设施进行检测、检验、维护、保养，保证危险化学品重大危险源的设备设施有效、可靠运行。企业应明确每一处危险化学品重大危险源安全包保责任人，利用双重预防数字化系统如实记录安全包保责任人履职情况。

5. 分析化验室（实验室）安全

企业分析化验室（实验室）应配备符合安全、消防相关技术标准要求的报警、防护和消防设施。化学试剂应按性质分类规范存放，化学品（含配制试剂）标签应完整清晰。企业应定期检查维护排风系统，确保通风能力与分析化验室（实验室）运行情况相适应。

（十一）变更管理

1. 分类和分级

企业应建立变更分类标准，根据变更的内容、期限和影响对变更进行分类管理。根据变更带来的安全风险大小，对变更进行分级管理，并确定变更审批流程。对变更申请、安全风险评估、审批与实施、验收等过程进行规范管理。

2. 申请和批准

企业任何变更实施前，申请部门应按要求办理变更申请，对变更产生的安全风险及实施过程中的安全风险进行评估和管控。变更申请部门应将变更申请报主管部门审核，由相应负责人分级批准。审批人员应审查变更必要性、变更流程与管理制度的符合性、变更的安全风险评估准确性及措施的有效性。

3. 变更实施

企业应按照审批确定的内容和范围实施变更，在实施过程中应落实安全风险控制措施。企业应将变更的实施情况及变更结果及时告知企业相关部门。对变更可能影响到的相关人员进行培训，培训内容应包括变更内容及操作方法、变更中可能的安全风险和影响、安全风险的管控措施等。

4. 验收关闭

企业应在变更投用具备验收条件时，完成变更与预期效果符合性的验收评估。应更新变更涉及的管理制度、工艺管道及仪表流程图纸、操作规程、联锁逻辑图等文件。建立变更管理档案，按照安全生产信息管理要求将变更过程涉及的记录资料归档。

（十二）应急准备与响应

1. 应急救援组织

企业应成立应急救援组织，细化应急职责，落实到岗位人员，建立与安全风险相适应的应急救援队伍。生产经营规模较小的企业，应指定兼职的应急救援人员，企业救援人员应具备必要的专业知识和救援技能。

2. 应急预案

企业应在安全风险分析、资源调查和案例分析的基础上，制订相应的生产安全事故应急预案。企业应组织应急预案评审，经主要负责人签发后实施，并按规定进行备案。企业应将应急预案发放到企业应急相关部门、岗位和应急救援队伍。

企业应至少每三年组织评估应急预案，分析应急预案内容的针对性和实用性，并对应急预案是否需要修订做出结论。涉及重点监管化工工艺、重点监管危险化学品和危险化学品重大危险源的重点岗位应编制简明、适用、有效的应急处置卡。

3. 应急资源

企业应根据《危险化学品单位应急救援物资配备要求》（GB 30077）等规定，配备用于处置危险化学品事故的车辆、侦检、个体防护、警戒、通信、输转堵漏、洗消、破拆、排烟照明、救生等物资及消防器材。应急设施、装备和物资应明确专人管理，进行检查和维护保养。

4. 应急演练

企业应按照岗位开展应急救援培训和业务训练，有关人员应掌握必要的专业知识、技能。企业应组织开展生产安全事故应急预案演练，并评估演练情况，根据评估结果完善应急救援组织、应急预案和应急资源。

5. 应急救援

企业发生事故后，应立即启动应急预案，控制危险源，抢救遇险人员。应急救援结束后，应组织人员对现场进行检查确认，消除现场存在的不安全因素。分析总结生产安全事故应急救援行动和应急处置措施中的经验与问题不足，提出改进建议，并督促实施。

（十三）事故和事件

1. 分类分级

企业根据实际情况，按照事故和事件的性质、影响范围进行分类管理，明确不同类别事故和事件的分级标准及管理程序，进行规范管理。

2. 上报

企业应按规定及时上报事故，出现新情况时应及时补报，不应迟报、漏报、谎报和瞒报。建立激励约束机制，鼓励从业人员与相关方发现并及时上报事故和事件。

3. 调查与处理

企业发生事故后，应配合各级人民政府组织的事故调查，负责人和有关人员在事故调查期间应当随时接受事故调查组的询问，如实提供有关情况。

企业应遵循事故原因未查清不放过、责任人员未处理不放过、整改措施未落实不放过、有关人员未受到教育不放过的原则，对事故进行调查处理。

企业发生事件后，应组织具备相关专业知识的人员和有调查及分析事件经验的人员开展事件调查，查明原因，提出防范技术措施和管理措施。

4. 整改与教训吸取

企业应明确落实事故和事件防范措施的责任人、完成时限，并跟踪整改效果，防止再次发生。根据事故和事件调查结果，组织内部相关单位和人员进行分析、交流和培训，吸取教训。

企业应重视外部事故信息的收集，吸取同行业、同类企业、同类装置的事故教训，防范发生同类事故和事件。企业应定期对内部发生的事故和事件进行统计分析，分析研究找出发生的规律，制订防范措施并落实。

（十四）绩效评估与持续改进

1. 绩效指标

企业应根据实际情况和管理需求，确定各管理要素可量化的绩效指标，验证各管理要素运行绩效。企业应明确各指标的类型、设定原则等，进行数据收集、分析，根据量化结果制订改进措施，并定期进行监控和评估。

2. 持续改进

企业应至少每年开展一次安全生产标准化自评，形成自评报告，验证安全生产标准化运行的适用性、符合性和有效性，并检查安全生产目标、指标的完成情况。根据自评结果，分析原因，提出进一步完善安全生产标准化的计划和措施，实现企业安全管理绩效的持续改进。

三、深化体系建设与运行

虽然各企业HSE管理体系已建立和运行多年，但当前HSE管理体系运行还存在诸多问题，体系与业务流程融合不够紧密，体系运行绩效螺旋上升的趋势还不够明显。要正确认识HSE管理体系发展中的问题，保持战略定力，坚持HSE管理体系建设不动摇，深化提升HSE管理理念、方法和措施，持续优化HSE管理体系要素及运行方式，健全完善HSE管理制度文件，深化提升HSE管理体系审核，以"三管三必须"责任归位推动HSE管理体系和业务有效融合，以标准化站队建设推进"三基"工作与HSE管理体系深度融合并相互促进提升，持续提高体系运行质量，筑牢管理根基。

（一）提升HSE理念

1. 加强HSE宣传

充分利用多种方式，积极组织开展安全经验分享、安全环保主题月、宣传周、知识竞赛等活动，广泛宣传HSE理念、有效做法和典型事迹，着力推动"环保优先、安全第一、质量至上、以人为本""安全源于责任、源于设计、源于质量、源于防范""一切事故都是可以避免的"HSE理念的入口、入脑、入心、入行。

2. 践行有感领导

以编制实施个人安全行动计划为载体，推动各级领导干部认真贯彻落实HSE承诺、方针和管理原则，带头遵守HSE管理制度，带头开展安全经验分享，带头讲授安全课，带头开展安全观察与沟通，切实提高领导干部HSE领导能力，实现领导干部对HSE工作从重视向重实转变。

3. 落实直线责任

以"三管三必须"为原则，突出各级一把手全面负责，副职领导分管负责，业务部门具体负责，岗位人员直接负责要求，将业务职能与HSE职责紧密结合，逐级明确岗位HSE职责，编制岗位安全责任清单和HSE责任清单，优化HSE业绩指标，签订HSE责任书，规范HSE委员会和分委会运行，推动各级职能部门由HSE管理的参与者向责任者转变。

4.强化属地管理

以基层生产作业现场为重点，按照岗位职责和区域划分，进一步明确基层岗位属地管理职责，配套健全属地管理激励政策，充分调动基层岗位员工安全自主管理的积极性，主动落实对属地区域内作业活动、工艺设备及相关人员安全的管理职责，推动基层员工从岗位操作者向属地管理者转变。

（二）提高HSE能力

1.HSE领导能力

分层次开展领导干部、管理人员HSE理念方法和管理技能培训，开展各级领导干部和操作员工HSE履职能力评估，切实将HSE业绩和表现作为提拔领导干部和聘用员工上岗的重要条件，不断提高各级领导干部和操作人员的HSE意识和管理能力。

2.HSE监管能力

企业加强HSE监管机构建设，开展HSE专职人员培训，加强履职考评，切实发挥HSE专职人员对企业HSE管理的综合策划、指导和监督职能。加强HSE审核员队伍建设，完善激励政策，加强考核管理，不断健全HSE体系有效运行的指导、监督和审核保障机制。

3.安全操作技能

建立和推行基层组织HSE培训需求矩阵，以员工基本应知应会、操作规程、应急处置方案等为主体内容，以现场辅导为主、课堂培训为辅，采取多种方式大力开展岗位技能培训和能力评估，不断提高岗位生产操作和作业人员的风险识别、控制和应急处置能力，实现生产和作业活动风险受控。

（三）控制HSE风险

1.深化站队标准建设

深化推行基层站队HSE标准建设，以企业基层站队为对象，以强化风险管控为核心，以提升执行力为重点，以标准规范为依据，规范基层 HSE 工作，将传统"三标"等管理方法与 HSE 管理有机融合。着力根治"低老坏"和习惯性违章，确保装置、设备和工艺的完整可靠，基层员工按照标准作业程序规范操作，生产作业活动风险得到全面识别和有效控制。

2. 强化作业许可管理

加强非常规作业管理，结合典型事故案例，完善作业许可管理制度，开展相关人员培训，落实作业许可管理直线责任和属地职责，明确作业许可管理范围，完善作业许可管理流程，开展工作安全分析，落实上锁挂牌要求，加强作业现场监督，确保作业安全。

3. 规范工艺安全管理

完善工艺危害分析、工艺安全信息等工艺安全管理制度，开展新改扩建项目和在役装置 HAZOP 分析工作，严格工艺设备变更管理和启动前安全检查，落实设备设施完整性管理要求，不断提高工艺安全管理水平。

4. 加强承包商安全管理

将承包商安全纳入企业 HSE 管理体系，统一标准，统一管理。完善承包商 HSE 管理制度，明确承包商准入、现场监督、考核评审等关键环节 HSE 管理要求。实施承包商分类管理，严把承包商队伍资质关、HSE 业绩关、人员素质关、施工监督关、现场管理关，促进承包商安全管理与企业 HSE 业绩水平同步提升。

5. 重视安全事件管理

牢固树立"一切事故都是可以避免的"理念，切实将生产安全事件作为加强和改进 HSE 管理的宝贵资源，及时上报、统计和分析。完善生产安全事件管理制度，落实激励政策，全面开展安全生产事件报告与分析，鼓励员工将生产安全事件及时转化为可以借鉴学习的资源，共同分享，做到以小见大、举一反三、防微杜渐。

第二节　HSE 标准化站队建设

为进一步加强安全环保基层基础管理，强化一线岗位员工执行力建设，有效防范和控制安全环保风险，建立健全基层 HSE 管理持续完善和改进提升的工作机制。为将HSE管理重心下移，切实将HSE管理的先进理念和各项制度要求融入业务流程，消除基层HSE工作与日常生产作业活动相脱节现象，根治现场"低老坏"问题和习惯性违章，结合国家安全生产标准化工作要求和企业基层工作实际，全面开展基层站队HSE标准化建设工作。

一、基本概念与原则

基层HSE标准化工作是强化企业健康安全环保基础的有效途径，是提升基层风险管控能力和员工执行力的重要手段，是促进各项健康安全环保措施和制度要求落实落地的重要抓手。着力根治"低老坏"和习惯性违章，形成推进基层HSE管理持续改进和强化安全环保执行力建设的长效机制。整体上实现基层HSE管理科学规范，现场设备设施完整可靠，岗位员工规范操作，生产作业活动风险得到全面识别和有效控制。

（一）标准化站队

基层站队是指油气场站、物探队、钻井队、测井队、加油（气）站、油库、炼化生产装置、施工队、海上平台等基层一线的生产作业单位。基层站队HSE标准化建设是指基层站队依照标准化建设标准，开展对标分析，改进差距问题，提升HSE绩效水平，从而达到标准要求，并持续保持的过程。

基层站队HSE标准化建设包括标准化管理、标准化操作、标准化现场三方面建设内容，即"三标"建设。

——标准化管理：包括责任落实、风险管控、岗位培训、检查考核四个主题事项。

——标准化操作：包括常规作业操作、非常规作业操作和突发情况应急处置三个主题事项。

——标准化现场：包括工作环境、设备设施、器具材料三个主题事项。

企业应当完善资源投入、培训指导、经验推广、激励考核等保障措施，积极应用数字化、智能化等先进技术手段，持续推进基层站队HSE标准化建设并保障建设质量。

（二）基本的原则

基层站队 HSE 标准化立足基层现场，以企业基层站队为对象，以强化风险管控为核心，以提升执行力为重点，以标准规范为依据，以达标考核为手段。建设遵循"继承融合、优化提升，突出重点、简便易行"的原则，示范站队评选遵循"优中选优、以点带面，正向激励、动态管理"的原则。

1. 继承融合，优化提升

基层站队 HSE 标准化建设是对现有基层 HSE 工作的再总结、再完善、再提升，应与企业现行"三标"建设、"五型班组"建设、安全生产标准化专业达标和岗位达标等工作相融合，形成标准统一、机制完善的基层 HSE 标准化建设考核工作，避免工作重复。

2. 突出重点，简便易行

立足基层现场，突出重点，紧密围绕风险识别、管控、监测和应急处置工作主线，确定重点内容，突出专业要求，明确建设标准，严格达标考核，做到标准简洁明了，操作简便易行。

3. 正向激励，动态管理

强化正向激励和示范引领，加大资源投入，加强工作指导，营造浓厚氛围，鼓励员工积极参与，推动基层对标建设，成熟一个通过一个，边建设边改进，边改进边提升，真正形成基层 HSE 管理持续改进的长效机制。

企业要高度重视、提高认识、精心组织，总结经验教训，完善机制措施，培育标准化站队，固化模式方法，抓实抓细基层 HSE 标准化工作。要确保标准化站队建设取得实效，做到常抓不懈、常抓常新、久久为功，持续夯实企业健康安全环保基础。

二、建设重点内容

企业要紧紧围绕基层风险管控能力和员工健康水平提升，从标准化管理、标准化操作、标准化现场三方面突出示范站队建设重点内容，实现管理无缺项、操作无违章、现场无隐患。

（一）标准化管理

基层站队标准化管理重点从责任落实、风险管控、岗位培训、检查考核四个主题开展标准化管理建设，做到管理依法合规、流程规范高效、文件资料简化，无明显管理缺陷。

——责任落实：规范建立岗位安全生产责任清单，落实"一岗双责"，各岗位人员责任清晰、任务明确，照单履责、主动履责。

——风险管控：规范开展现场健康安全环境风险辨识评估和隐患排查治理，建立风险清单和隐患台账，风险隐患识别全面，治理管控到位，岗位人员掌握，风险在控受控。

——岗位培训：规范开展员工上岗资格培训考核、岗位日常教育培训、外来人员教育培训，定期开展班组安全活动，各岗位人员持证上岗、能岗匹配、自主管理。

——检查考核：规范开展岗位巡检、交接班检查、日常检查、记分考核，现场险情险兆和隐患问题发现及时、处置得当；根据各岗位人员绩效情况，及时奖优罚劣，激励约束有效，严考核硬兑现。

（二）标准化操作

标准化操作重点从常规作业操作、非常规作业操作、突发情况应急处置三个主题开展标准化操作建设，完善操作规程、作业方案、处置预案，做到关键操作程序、关键风险防控措施、关键应急处置措施卡片化、清单化、可视化，员工熟练掌握并严格执行规定动作，生产作业平稳受控，无违章操作。

——常规作业操作：建立完善常规作业操作规程及关键作业操作卡，工艺流程、操作步骤、操作参数准确可靠，风险提示明确，岗位规定动作执行到位，没有自选动作，生产作业运行记录规范、运行平稳可靠，废气、废水、废渣达标排放、合规处置。

——非常规作业操作：建立非常规作业和高风险作业清单，编制落实开停工、检维修、施工方案，严格作业许可，实施高风险作业预约、风险告知和区域挂牌，开展工作前安全分析，规范办理许可票证，落实能量隔离措施，严格现场监督监护，现场作业人员行为规范，作业风险受控。

——突发情况应急处置：建立完善现场紧急突发情况应急处置预案和岗位应急处置卡，应急处置责任、程序、措施清晰完整，强化日常实战和模拟演练，紧急突发情况下，第一时间、第一现场处置迅速有效。

（三）标准化现场

标准化现场重点从工作环境、设备设施、器具材料三个主题开展标准化现场建设，做到生产作业环境合规整洁、设备设施运行稳定可靠、工器具材料齐全完好，现场无明显隐患。

——工作环境：基层生产作业现场布局合理，安全间距符合要求，环境整洁卫生，病媒生物防治达标，控制传染病传播，标志标识规范齐全；安全文化宣传栏、文化角等规范设置，安全文化氛围浓厚。

——设备设施：生产设备设施、职业病危害防护设施和健康设施、安全消防设施、环保设施配置齐全、性能完好、资料完善、运行维护保养到位，不带病运行；各种环境风险因素、职业健康危害因素达标管控、合规处置。

——器具材料：现场各种工器具检测合格、状态完好，定置定位摆放，各类物资材料分类分区规范摆放，标志标识齐全。

各单位要将基层 HSE 标准化工作紧密融入基层生产经营和运行管理日常工作之中，通过生产经营信息化、数字化管理平台，加快推进实现设备运行工况网络监控、操作运行与岗位巡检自动化信息确认、油气泄漏实时监测报警、特殊作业电子化管理和远程视频监控等全天候、全过程监管功能，切实提高基层 HSE 标准化运行管理的信息化、智能化、网络化水平。

三、达标与示范站队

企业应当依照标准化建设标准，建立配套的基层站队 HSE 标准化建设量化评审标准，内容至少包括否决性指标、评审内容、评审依据及评分说明等内容，有效促进标准化达标和示范站队建设工作。

（一）达标验收

企业应当依据量化评审标准，对自评合格的基层站队，按照基层申报、企业评审的程序实施达标评审，对完成 HSE 控制指标且评审得分率 80% 及以上的基层站队进行达标公告。每三年对达标站队复核评审一次，期间出现否决性指标的直接撤销达标站队称号。

企业应当每三年对基层站队 HSE 标准化建设标准和量化评审标准进行一

次适用性评审，当法规标准、规章制度、生产工艺、作业环境、业务领域等发生变化或调整时，应当及时修订完善标准。对标学习国内外同行业 HSE 管理典型做法和先进经验，持续完善基层站队 HSE 标准化建设标准，提高标准化建设达标标准。

（二）示范站队

企业应当实现基层站队 HSE 标准化建设达标率 100%，并按照不少于基层站队总数 3% 的比例开展企业级示范站队培育，企业应当依据基层站队 HSE 标准化建设量化评审标准（见表 2-1），组织开展企业级示范站队评选。

参评站队应至少三年内未发生一般 B 级及以上生产安全事故、突发环境事件或环境保护违法违规事件，无新增职业病发生，生产现场未发生非生产亡人事件，无瞒报、谎报、漏报、迟报事故事件情况，且自评得分率 90% 及以上。

每三年结合 HSE 管理体系审核、监督检查等工作开展示范站队复核评审。复核合格，保留示范站队称号；复核不合格，撤销示范站队称号。被撤销称号的基层站队，自撤销之日起，三年内不得再次申报示范站队。

示范站队应当持续保持和提升 HSE 业绩水平，发挥示范引领作用。示范站队发生一般 B 级及以上生产安全事故，或发生突发环境事件或环境保护违法违规事件，或有新增职业病发生，或生产现场发生非生产亡人事件，其示范站队称号自动撤销。

（三）监督考核

企业应当根据标准化站队的不同达标等级，对基层站队实施差异化监管。对企业级示范站队，企业减少体系审核和监督检查频次。对达标站队，每年按照不少于 30% 的比例进行抽样审核和检查监督。对不达标站队，增加审核抽样和监督检查频次，实施诊断评估和帮扶提升。

企业应当将标准化建设达标情况与年度先进单位评选、绩效考核等工作相结合，鼓励基层站队积极开展标准化建设。示范站队由企业纳入年度 QHSE 先进基层单位表彰通报和奖励，对不达标站队取消一切先进评选资格，进行年度绩效考核扣分，对站队负责人进行安全生产约谈。HSE 标准化建设示范站队评审验收标准见表 2-2。

表 2-2　HSE 标准化建设示范站队评审验收标准

类别	主题	重点内容	标准要求
标准化管理	责任落实	岗位职责	建立覆盖全员的岗位安全生产责任清单，清单与岗位职责、业务风险相匹配，有明确的职责、工作任务、工作标准、工作结果和安全承诺，员工清楚责任清单内容（4分）
		职责履行	员工主动履责，积极参加班组安全（HSE）活动，认真落实现场设备设施操作维护、生产运行安全操作职责（8分）
	风险管控	风险辨识及控制	基层站队可通过写风险活动，每年至少组织一次全员风险辨识，建立危害因素清单（包括环境因素、职业健康危害因素、重大危险源等），并根据现场工艺设备和环境变化，及时更新清单，主要风险无遗漏（4分）
			按照风险评估等级结果，落实风险防控责任和风险防控措施，员工清楚岗位风险、防控措施和应急措施（4分）
		隐患排查治理	基层站队结合日常检查定期开展安全环保事故隐患排查，建立隐患台账并及时更新（3分）
			隐患整改销项前，制订落实有效的监控、防范和应急措施，告知岗位人员，现场隐患规范设置标志（2分）
			基层站队级隐患按计划得到有效整改，重大隐患及时上报（3分）
	岗位培训	上岗资格培训	按照岗位任职能力标准和要求，组织新入厂、调岗或离岗六个月重新上岗人员开展站队级岗前培训，需持证人员持证上岗（3分）
		岗位日常培训	对新入厂、转岗和重新上岗员工开展入职前安全环保履职能力评估，强化员工自我健康管理的能力评估，评估结果有效运用（1分）
			根据岗位任职标准和员工实际能力，编制 HSE 培训计划并组织实施，日常培训包含基层 HSE 标准化建设标准、健康素养等内容（2分）
			建立健全员工 HSE 培训记录（包括培训时间、内容、参加人员等），内容齐全、完整、准确（1分）
			建立 HSE 文化栏、文化墙、文化角等，HSE 文化氛围浓厚（1分）
		入场培训	对所有外来入场人员进行入场（厂）安全教育，建立相关记录（2分）
	检查考核	日常检查	开展基层站队定期检查、岗位巡检，制订检查表，明确检查内容、标准、频次等，岗位员工清楚检查职责和要求，检查发现问题及时报告、处理（3分）
			定期对日常检查发现问题进行汇总、统计和分析，查找系统性缺陷并改进完善（2分）
		绩效考核	建立绩效考核标准，内容包含结果性和过程性指标，统计和跟踪绩效指标完成情况，并定期考核（3分）
		生产记分	实施全员安全生产记分管理，开展全员安全生产记分考核（2分）

续表

类别	主题	重点内容	标准要求
标准化操作	常规作业操作	操作规程	建立健全覆盖全部生产装置、设备设施、仪器仪表、危险物品等生产作业活动的操作规程，关键操作步骤编制操作卡，内容准确、完整、可操作（5分）
			员工掌握相关操作规程（操作卡）内容并能熟练操作，各项规定动作执行到位（3分）
			涉及装置开停工、检修，编制并严格按开停工方案、检修方案实施（2分）
	非常规作业操作	作业许可	所有非常规作业和高风险作业活动均开展了工作前安全分析，规范办理作业许可证，实施作业区域挂牌（3分）
			严格承包商作业现场监督监护，作业现场涉及的气体检测、能量隔离、个人防护和应急等管控措施有效落实（4分）
			按规定履行作业许可的变更或取消（3分）
	突发情况应急处置	应急物资	按照规定配备应急物资，建立台账，定期开展维护保养（2分）
		预案演练	按照规定编制应急处置预案或处置卡，内容齐全、符合要求（2分）
			员工熟知应急处置预案或处置卡内容，制订演练计划，定期开展应急演练，并总结改进（3分）
		应急响应	突发情况下能够及时启动应急程序，正确采取处置措施（3分）
标准化现场	工作环境	现场环境	现场环境整洁卫生、舒适优美，无卫生死角；工作场所与生活场所分开，就餐场所不与存在职业性有害因素的工作场所相毗邻；场地平面布局合理，工作场所生产区、非生产区和辅助生产区分区明确；生产布局合理，有害作业与无害作业分开；安全距离达标，作业空间足够，通风照明良好，安全防护区域明确，逃生通道畅通；野外施工营地设置、布局、卫生要求、厨房、营地宿舍符合要求（3分）
		标志标识	区域分区标识明显，危险状况隔离完善，逃生通道等指示明确，设备及管线标识明显准确，仪表及按钮等控制对象清晰准确，风险警示标识内容完整、措施具体（3分）
	设备设施	生产设备设施	设备设施符合工效学要求和健康需求，性能良好、运转正常，工作空间安全、稳固和稳定；关键部位无明显腐蚀，现场无"跑、冒、滴、漏"现象；无超温、超压、超负荷现象；安全附件及附属仪表选型正确、齐全有效（6分）
		HSE设施	职业病危害防护设施配备齐全、性能良好；危害因素定期检测、公示，超标得到及时治理（2分）
			安全消防设施配置齐全，完好投用；防雷防静电接地合格，安全检测设施、联锁报警装置设置完善，运行有效；个人安全防护用品按标准配备使用，满足现场实际需要（2分）

续表

类别	主题	重点内容	标准要求
标准化现场	设备设施	HSE设施	环境保护设施配置齐全，完好投用；在线监测数据传输有效，污染物排放监测数据达标；废弃物分类贮存，规范处置，危险废物合法处置；现场标识清晰完整（2分）
	器具材料		工器具状态完好，定置定位摆放，定检合格标识清晰，状态标识准确醒目（4分）
加分项（5分)			基层HSE标准化运行文件载体固化优化，管理流程简洁高效，台账资料整合简化，满足生产需要，减负效果明显（3分）
			将基层HSE标准化工作有效纳入基层生产经营管理平台，智能化、信息化、数字化成效明显（2分）
否决性指标			（1）三年内未发生一般C级及以上生产安全事故、突发环境事件或环境保护违法违规事件，无新增职业病发生，生产现场未发生非生产亡人事件，无瞒报、谎报、漏报、迟报事故事件情况。 （2）无地方政府安全环保职业卫生处罚，无上级公司通报严重问题。 （3）现场验收未发现违反禁令行为、较大及以上安全环保隐患、关键风险领域"四条红线"及升级调查事件等情况

第三节　QHSE管理体系整合

为有效解决多种管理体系交叉并存的问题，企业应推进QHSE管理体系有机整合，实现质量、HSE、能源、测量等管理体系融合，形成一套系统完备、科学规范的QHSE管理体系。很多管理体系与企业现行管理模式在理念上是一脉相承、互为支撑、互相促进的。在QHSE管理体系融合时，分析各种管理体系的本质和特点，合并同类内容，突出个性内容，达到管理"瘦身"的目标，从整体上降低管理成本，提高管理效率。

一、体系整合的方法

QHSE管理体系建设不是"推倒重来，另起炉灶，另整一套"，而是在继承的基础上改进与创新，管理体系整合要全面把握企业现状，立足企业实际，既突出科学性、适应性，又突出继承性、创造性，要将体系建设工作有机融入到企业生产经营的各个环节，避免两张皮，建立一套以实用为特色的QHSE管理体系。以强化企业各类风险管控能力、提高整体管控效果为目的。通过

QHSE管理体系的统一建设，将过去体系分散并存带来的问题得到切实解决，制度质量明显提高，业务流程更加优化，各专业管理的职能发挥更加顺畅，各类风险管控能力进一步提升。

（一）系统论方法

QHSE管理体系融合是一项系统工程，应采用管理的系统论方法，把企业管理看作一个有机的整体，从系统的观点出发，从各体系要素之间、企业的各机能和层次之间，企业与外部环境的相互联系、相互制约、相互作用的关系中分析、研究和解决QHSE管理体系融合工作中的问题，按照系统方法的分析步骤确定QHSE管理体系融合的目的、设计方案、实施运行、系统评估，不断发现和解决问题，实现QHSE管理体系的不断优化。

（二）PDCA循环

在进行QHSE管理体系融合过程中，对每个管理过程通过"策划、实施、检查、改进"（PDCA）循环的方式予以控制。在进行每项工作前应进行策划（P），做到目标清晰、职责明确、措施正确、资源充分；在执行或实施过程（D），做到计划落实、措施落实、有章必循、有法必依；对过程和结果进行检查（C），做到实时检查、监控到位；对检查发现的错误或问题要进行纠正和改进（A），做到有错必纠、持续改进。通过PDCA循环确保在QHSE管理体系运行过程中能及时发现问题、解决问题，不断改进QHSE管理体系融合工作。

二、体系运行的模式

QHSE管理体系是指实施QHSE管理的组织机构、职责、做法、程序、过程和资源等构成的整体。它由许多要素构成，这些要素通过PDCA运行模式有机地融合在一起，相互关联相互作用，形成一套结构化动态管理系统。

（一）管理体系建设

QHSE管理体系建设的文件化过程，就是按照各项管理体系标准要素的要求，建立、修订和完善一系列的规章制度、技术标准、管理流程和操作规程。QHSE管理体系实施运行过程，实际就是落实全员HSE责任制的过程，健全岗位责任制，明确全员责任，是体系有效运行的实质和根本保障。职能分配要横向到边、纵向到底、深度到心，要尽可能避免交叉，努力做到责权一致，如图 2-3 所示。

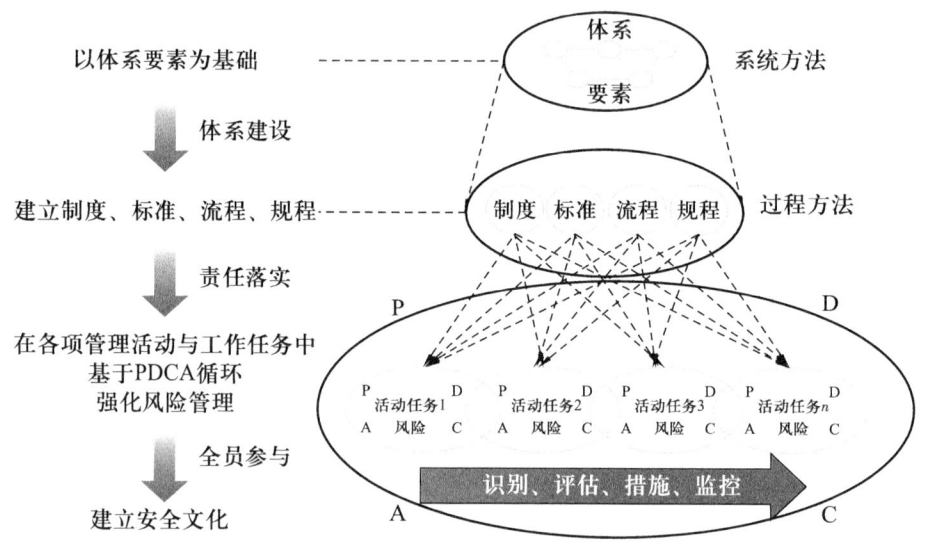

图 2-3　QHSE 管理体系运用模式图

（二）管理体系核心

QHSE 管理体系的核心作用是风险管控，从其功能和作用上讲，QHSE 管理体系的根本目的是实现风险控制，避免和防止各类问题、事件和事故发生。QHSE 管理体系的直接作用是为企业管理提供正确的管理理念和工作方法，它是一种事前进行风险分析，确定活动可能发生的危害和后果，从而采取有效的防范手段和控制措施防止其发生，以便减少可能引发各类问题和事件的有效管理模式。

（三）体系建设结果

通过各类风险辨识实施对风险的事前预防，通过 PDCA 实现对所有管理活动和工作任务的闭环管理，形成一种自我约束、自我激励、自我改进和自我完善的长效管理机制，QHSE 管理体系的长远目标是培育企业文化，推进体系建设的过程实际上是一个培育企业 QHSE 文化的过程。

最后应强调的是：QHSE 管理体系建设和运行，重在文件上下协调统一，重在全员岗位责任的落实，重在各类风险的识别与管控，重在闭环管理工作习惯的养成，重在融入生产经营的各环节。一定要求真务实，少些形式主义，使之成为改进管理的有效手段，而不是生产经营中的负担。从某种意义上讲，一个好的体系是无形的,它隐藏在全体员工的心中、行为中,隐藏在企业生产经营的活动中。可以说是一切都是体系,一切又都不是体系。工作中切忌为了体系而体系,不然换来的结果只能是两张皮。

三、QHSE 体系文件

QHSE 管理体系的文件架构在借鉴 ISO 管理体系文件总体架构的基础上,以本企业规章制度内容为基本遵循,形成一套统一的以管理手册、规章制度和操作规范构成的体系文件,实现对 QHSE 业务活动的全面覆盖,为 QHSE 规范运行奠定制度基础。

(一)体系文件的层次

根据企业的管理现状和改革方向,确定企业体系文件的层次。业务相对集中或标准化程度高、机构层次较少的炼化、销售、工程建设、工程技术和装备制造等企业,原则上企业上下融合形成一套 QHSE 管理体系,统一组织建设三层次体系文件,实现一套体系一贯到底。

业务相对复杂分散、机构层次较多的大型企业,难以做到体系一贯到底的,可以在局级单位和二级单位分层次融合形成综合管理体系。局级单位和二级单位可根据业务重点不同在三级体系文件建设上分工负责、各有侧重和取舍,但应坚持一套综合管理体系"集中统一、覆盖全面"的原则,尽量简化文件种类和形式,各层次文件如图 2-4 所示。

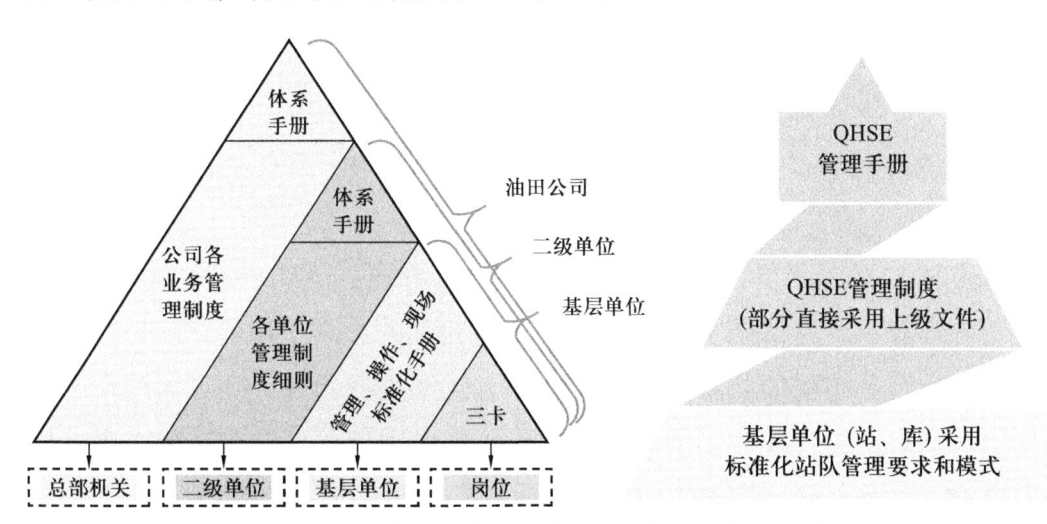

图 2-4 体系文件层次与标准化站队建设的关系

（二）标准化站队建设

基层站队标准化建设是 QHSE 管理体系建设在基层单位的延伸，是管理体系建设成果在基层的一种表现形式，是管理体系的有机组织部分和重要内容，是将安全管理重心下移的结果。需切实将体系管理的先进理念和各项制度要求融入基层站队业务流程，消除基层管理体系工作与日常生产脱节的现象。各级企业应建立健全基层站队持续改进提升的工作机制，根治现场"低老坏"问题和习惯性违章，结合国家安全生产标准化工作要求，推进基层站队（车间、装置、库站、所）标准化建设工作。

第四节　体系审核与管理评估

审核是为获得审核证据并对其进行客观的评价，以确定满足审核准则的程度所进行的系统的、独立的并形成文件的过程。审核是体系有效运行的保障，应确保其客观性、系统性、独立性和文件化的要求。系统性是审核应依据明确规定的、并以文件支持的方法和系统化程序予以实施；独立性审核员独立于受审核的活动，并且不带偏见，没有利益上的冲突，以确保审核的公正和客观。HSE 管理体系审核需制订相应的管理制度，以保证审核过程的系统性、一致性和可靠性。

HSE 管理体系标准中要求企业的最高管理者应定期主持开展管理评审，高层管理者的充分参与，评审健康安全环境管理体系运行绩效，对体系进行系统性、全局性、战略性的评价，寻求改进机会，形成改进决议。由此可见，管理评审是企业的最高管理者一项重要 HSE 活动和实施 HSE 管理的重要手段，是对管理体系高屋建瓴、高瞻远瞩、审时度势的自我剖析和总结。

体系审核与管理评审各有侧重，视角、层次不同，互相补充，承前启后，各得其所。管理评审通常是在体系审核评估基础上进行的。管理评审是组织的最高管理者就管理体系的适宜性、充分性和有效性进行评审，其目的就是通过这种评价活动来总结管理体系的绩效，同时还应考虑任何可能改进的机会，从而找出自身的改进方向，实现企业对持续改进的承诺。

一、管理体系审核

审核是 HSE 管理体系建立过程中的一项重要的管理活动，审核的主要目的是确定 HSE 管理体系是否符合 HSE 管理工作的策划安排，包括满足审核准则的要求；是否得到了恰当的实施和保持；是否有效地满足企业的方针和目标；并向管理者报告审核的结果，提出改进建议。QHSE 管理体系审核工作遵循"三不审核"原则，即没有审核方案不审核，没有审核检查表不审核，审核人员没有进行培训不审核。

（一）原则与方式

1. 审核的原则

企业应按照"一体化、差异化、精准化"审核原则，组织实施 QHSE 管理体系审核工作：

——一体化：质量管理体系与 HSE 管理体系审核工作同步部署、同步实施、同步总结。

——差异化：对不同风险类别企业采取不同的审核方式，既覆盖全面，又突出重点。

——精准化：对发生了事故事件的少数重点企业实施"一企一案"针对性审核，深度剖析短板差距。

2. 审核的方式

企业应当每年根据所属二级单位的风险类别和实际情况，采取不同审核方式，开展全覆盖审核。QHSE 管理体系审核按照审核方式分为全要素量化审核、专项审核和内审指导：

——全要素量化审核：对 QHSE 管理体系涉及的所有要素进行审核并量化评分，以量化评分结果衡量 QHSE 管理体系运行水平。

——专项审核：根据特定的审核目的，选取一个或几个（一般不超过五个）体系要素或业务活动进行针对性审核。

——内审指导：对企业内部审核的策划准备、组织实施、总结通报、问题整改等关键环节进行跟踪指导。

（二）审核的策划

企业应当每年至少完成一次覆盖领导层、职能部门和所属二级单位的内部审核，建设单位应当对重点工程施工承包商开展 QHSE 管理体系审核工作。企业应当制订年度 QHSE 管理体系审核方案，对全年审核工作作出统筹安排。

1. 审核方案

审核方案包括审核目的、审核依据、审核范围、审核内容、审核时间、审核方式等内容，并经正式批准后实施。根据地方政府安全环保监管工作有关部署，可对审核范围、内容、时间、方式等进行调整，将体系审核与安全环保检查统筹实施。

企业应当结合年度质量健康安全环保重点工作安排、有关事故事件等情况，确定 QHSE 管理体系审核重点内容，突出对重大风险管控、重点工作落实、重要制度执行、严重问题整改等方面工作的审核验证。

2. 审核组成

企业应当结合审核重点内容及被审核单位的生产经营规模、风险性质、专业特点等组建审核组，审核组应当人员精干，专业搭配合理。原则上，全要素量化审核组应当包括质量、安全、环保、健康、技术、生产、设备等专业审核人员。专项审核应当根据专项审核内容抽调相关专业审核人员组成审核组，内审指导应当由审核专家组成审核指导组。

企业可采取聘请外部技术机构、企业交叉审核等方式对本单位领导层和职能部门进行审核。各级领导应当积极参加 QHSE 管理体系审核工作，企业领导班子成员每年至少参加一家所属二级单位的全过程审核。

3. 审核组长

QHSE 管理体系审核实行审核组组长负责制，审核组组长应当由接受过审核培训、具备审核经历的领导干部担任，全程带队审核，并负责审核总结通报。根据需要，审核组可配备一名技术副组长，协助组长对审核质量进行把关。

审核组组长应当提前与被审核单位沟通协商，结合其组织机构、生产经营等情况编制审核计划，明确审核重点内容、审核日程和任务分工等具体安排，突出对关键业务活动、关键岗位人员、关键装置和要害部位、高风险作业现场的审核。

4. 审核准备

正式审核前，应当组织对所有参加审核的人员进行统一培训，就审核标准、审核内容、审核计划、审核方法、审核追溯等进行培训研讨，并进一步细化和明确审核任务、人员分工和具体日程安排。

审核人员应当针对任务分工，依据量化审核标准和相关法规文件等，编制审核检查表，明确现场审核的重点内容、审核方法、时间安排、抽样安排、结果记录等。

（三）审核的实施

现场审核前，根据需要审核组可组织召开首次会议，说明审核目的、审核日程安排及其他有关事项。原则上，被审核单位主要领导、分管领导及相关部门和单位负责人应当参加首次会议。

1. 审核过程

审核人员应当根据审核计划的安排，合理确定审核抽样，依据审核检查表，采取人员访谈、查阅资料、现场观察等方式开展审核，获取审核证据。根据需要，可借助审核信息化工具提高审核效率。

审核组可采取知识测试、模拟操作、应急演练、"四不两直"抽查等方式开展审核验证，重点关注管理的实际效果、岗位人员的风险意识和实际岗位技能，减少对一般性文件资料和静态设备设施的审核。

对审核过程中发现的普遍性、重复性、典型性问题，审核人员应当开展审核追溯，根据被审核单位的管理层级，追溯、查找导致问题的管理根源。审核组应当与被审核单位充分沟通审核发现，确认审核问题。

审核人员应当完整、准确描述审核发现的问题情况，按照严重、一般、轻微对问题进行分级，按照审核主题、管理要素或专业类别对问题进行分类，并明确问题的判定依据，按照统一格式规范、完整填写问题清单。

2. 工作要求

审核人员应当按照"客观、规范、严谨、负责"的原则开展现场审核工作，根据任务分工，采取与审核内容相适宜的审核方法获取审核证据，并严格依据法规制度和有关文件获得审核发现，确保审核质量。避免凭个人主观判断随意判定或得出问题结论。

审核组组长应当全过程参加现场审核，按照审核计划的安排，规范组织实施现场审核工作，督促指导审核人员有效完成审核任务，保持与审核组织单位、被审核单位和审核组成员的沟通联络，及时协调处理有关问题和异议，确保审核规范有效。

被审核单位应当积极配合和支持审核工作，配合做好审核访谈，及时完整提供相关文件资料，并协助审核组做好审核期间的沟通联络、交通出行、生活保障等工作。

审核期间，被审核单位应当保持正常的生产经营状态，禁止为审核而故意停工停产、临时拼凑记录资料等弄虚作假行为。

（四）审核的通报

对在审核过程中发现的直接影响安全生产的重大隐患和突出问题，审核组应当在现场及时向被审核单位反馈通报，督促落实整改和防范措施，防止发生事故。

现场审核结束后，审核组组长应当及时组织汇总分析审核发现情况，明确审核结论，编写审核报告。审核报告应当规范严谨，内容包括审核基本情况、典型有效做法、主要问题、审核结论、整改要求等，以及问题清单、审核主题量化得分统计表等附件。

审核组应当在现场审核结束后，及时组织召开末次会议，由审核组组长宣读审核报告，向被审核单位通报审核情况，重点通报问题情况、审核结论和整改要求。被审核单位的领导班子、职能部门负责人及其他相关人员应当参加末次会议。

末次会议结束后，审核组应当及时将与被审核单位确认后的正式审核报告及问题清单等附件，提交给审核组织单位和被审核单位。

审核任务结束后，可选取部分审核组的审核计划、审核报告、问题清单等审核文件和资料，开展审核质量评审，及时发现和纠正审核工作存在的问题，持续规范审核工作，提升审核质量。

（五）问题的整改

审核任务结束后，企业应当及时对审核发现问题进行汇总、统计，录入HSE信息系统，对问题整改进行跟踪督办。对审核发现的严重问题应当挂牌督办、限期整改。

被审核单位应当举一反三，从责任落实、制度标准、教育培训、资源投入、检查考核等方面分析、整改问题根源，并将整改信息及时录入 HSE 信息系统，做到闭环整改、及时销项。

原则上，审核发现的问题应当在一个审核周期内整改完毕，不能及时完成整改的问题，由被审核单位说明原因，落实监控措施，报审核组织单位批准。

对弄虚作假问题、严重不合规问题、严重违章问题，以及其他构成较大及以上事故隐患的问题，审核组织单位应当督促被审核单位分析原因，对履职不力而导致问题的有关人员实施考核问责。

企业应当将审核结果与 HSE 绩效考核、评先评优工作挂钩，责成审核排名末位或靠后的单位制订落实专项整治计划，针对短板差距，重点改进提升。

企业和被审核单位应当定期汇总审核发现的问题，开展问题数据的分析研究，深度挖掘问题数据的应用价值，为 QHSE 管理持续改进提供决策支持。对于共性问题及整改措施应当实现资源共享。

二、QHSE 量化审核

中国石油为进一步规范和深化 QHSE 审核工作，提高审核质量和效果，推动企业加快提升整体 QHSE 管理水平，在认真总结分析多年以来的全覆盖体系审核工作经验的基础上，编制了 QHSE 体系量化审核标准，并在每年总结审核经验的基础上不断修订和完善。

（一）功能和定位

审核标准主要应用于对企业整体 QHSE 管理水平的总体量化评价，便于企业清楚自身 QHSE 管理水平，对标先进、改进差距。改变过去审核长期存在的重安全、轻环保和职业卫生的现象。采取得分制突出正向激励，引导企业积极展示 QHSE 工作及成效也有利于审核员与企业沟通交流，便于审核工作顺利进行。审核标准既考虑了 QHSE 管理的系统性，又突出强调了各项管理活动的过程管控，有利于推动企业持续改进和不断完善 QHSE 管理体系。

（二）思路和原则

将质量管理体系有机融入 HSE 管理体系标准。审核标准以 HSE 管理体系的七个一级要素为主线，在原有健康、安全、环保三个方面内容基础上，将质量管理体系的共性要素和采购产品及服务监督检验、井筒质量管理、地面工程建设等质量管理的重点内容有机融入现有审核主题，或增加为差异化审核主题，涵盖了企业 QHSE 管理的所有内容。

进一步突出有感领导和直线责任的落实。审核标准既是对企业 QHSE 管理体系的系统审核，又突出了对各级领导带头作用、引领效果及职能部门落实"管业务管安全、管业务管质量"原则的推动审核。

通用管理内容与专业管理要求相结合，丰富完善 QHSE 管理的重点内容。审核标准修订了通用的 QHSE 管理内容，加大了对风险分级防控、承包商管理、隐患治理、作业许可、污染减排等日常安全环保重点工作关注的同时，完善丰富了审核内容。例如明确了油气站场和管道完整性管理要求；完善了钻井、井下作业质量管控重点、地面工程建设全过程 QHSE 控制要点；强化了质量监督和产品检验、质量绩效监测、持续改进三项质量管理审核主题。

QHSE 管理的规定动作与最佳实践相补充。审核标准既包含国家法规标准和规章制度明确要求的各项规定动作，又增强对提倡的、部分企业已实施的 HSE 最佳实践和推荐做法的导向性。

（三）框架和内容

审核标准框架包含要素、审核主题、审核项、审核内容、评分项、评分说明及相应分值。

（1）要素：是指 HSE 体系规范标准的七个一级要素。即领导和承诺，健康、安全与环境方针，策划，组织结构、资源和文件，实施和运行，检查和纠正措施，管理评审。

（2）审核主题：以 HSE 管理体系规范标准的七个一级要素为框架，设置了 31 个审核主题（包括设备设施和生产运行）。审核主题包含 QHSE 管理体系标准的主要二级要素。

（3）审核项：每个审核主题下，按照制度规定的管理活动，设置内容相对独立的审核项。

（4）审核内容：按照 PDCA 循环，针对每个审核项确定若干审核内容，明确具体的审核依据（如法规、制度、标准等），突出体现各项工作的重点内容和落实要求。

（5）审核要点（评分项）：针对每项审核内容细化展开设置评分项，内容设置关注过程管理，体现基础、良好和优秀的递进层级。

（6）审核（评分）说明：为便于审核实施，针对每个评分项给出明确的评分说明，包括审核对象、评分内容、评分方式及相应分值等。四种类型的评分方式具体如下：

——是否型评分项，即做了或有，得满分；不做或没有，不得分。

——百分比型评分项，设置了两种得分情况，一是视审核样本的符合比例得分（一般是对于审核单位等样本量较少的情况）；二是审核样本量全部满足，得满分；50%及以上满足，得60%分；低于50%满足，不得分（一般是对于审核人员、资料等样本量较多的情况）。

——频度型评分项，即根据开展工作频率的高低得分，频率高的得分高。

——程度型评分项，根据工作质量和效果，由审核员视情况判断得分。

同时，对于企业应遵守的守法合规红线要求和公司规定的最基本和关键的要求，设置了不同程度的否决项。特别是审核过程中如发现有资料造假，相应的"评分项"不得分。

另外，为鼓励企业积极创新最佳实践，审核组在充分讨论并达成一致的基础上可以对运行三个月之上、值得推广的HSE管理有效做法给予适当加分，但加分后的分值不能超过所在评分项的总分值；且对每个企业进行加分的最佳实践个数不能超过两个。

（7）分值说明：标准分值采取开放式设计，对每个审核主题和审核项、审核内容、评分项分别逐级展开赋分。内容重要或流程复杂、工作内容比较多的事项，赋予较高比例的分值。

（8）审核结果及分级：审核的总分值最后折算到百分制，根据审核得分情况对企业QHSE管理情况分成四级七档，见表2-3。

表2-3 QHSE量化审核分级标准

级别	优秀级（A级）		良好级（B级）		基础级（C级）		本能级（D级）
分值	95～100	90～95	85～90	80～85	70～80	60～70	低于60
档级	A1	A2	B1	B2	C1	C2	D

注：各分值均包含其下限起点。

以下情况在审核结果的基础上采取降级或降档：一是当企业在审核年度内发生生产安全亡人事故或造成较大负面影响的事故事件，进行降一级处理；二是出现审核主题的得分率在40%以下的，进行降一档处理。

（四）审核员管理

审核员应当具有中级及以上技术职称，五年及以上安全、环保、质量、健康、生产、技术、设备等业务工作经历；参加过企业组织的审核员培训，考核合格；身体健康，具有较好的语言表达能力、沟通能力和组织协调能力。

企业应当根据需要，定期开展审核员培训和交流研讨，建立满足内部审核工作需要的审核员信息库。每次审核，从审核员信息库中选取符合要求的人员组建审核组，初次参加审核的人员不应超过审核组人数的三分之一。

企业应当结合内部审核情况，对审核员的表现予以考评，对表现突出的审核员予以表彰和奖励。企业应当鼓励各级业务管理人员积极参加QHSE管理体系审核工作，对积极选派审核人员参加审核工作的单位予以通报表扬。

审核人员应当严格遵守差旅接待、廉洁自律、安全生产和保密等方面的规定和纪律要求。对于违反规定和纪律要求的人员，按照相关规定严肃处理。

三、安全标准化定级

为进一步规范和促进企业开展安全生产标准化建设，建立并保持安全生产管理体系，全面管控生产经营活动各环节的安全生产工作，不断提升安全管理水平，化工、危险化学品、石油开采等企业应当按照安全生产有关法律、法规、规章、标准等要求，加强标准化建设，自愿申请标准化定级。企业标准化等级由高到低分为一级、二级、三级。标准化定级工作不得向企业收取任何费用。

（一）标准化定级程序

各级定级部门可以通过政府购买服务方式确定从事安全生产相关工作的事业单位或社会组织作为标准化定级组织单位（以下简称组织单位），委托其负责受理和审核企业自评报告、监督现场评审过程和质量等具体工作。企业标准化定级按照自评、申请、评审、公示、公告的程序进行。

1. 自评

企业应当自主开展标准化建设，成立由其主要负责人任组长、有员工代表参加的工作组，按照生产流程和风险情况，对照所属行业标准化定级标准，将本企业标准和规范融入安全生产管理体系，做到全员参与，实现安全管理系统化、岗位操作行为规范化、设备设施本质安全化、作业环境器具定置化。每年至少开展一次自评工作，并形成书面自评报告，在企业内部公示不少于十个工作日，及时整改发现的问题，持续改进安全绩效。

2. 申请

申请定级的企业，依拟申请的等级向相应组织单位提交自评报告，并对其真实性负责。组织单位收到企业自评报告后，应当根据下列情况分别作出处理：

——自评报告内容存在错误、不齐全或不符合规定形式的，在五个工作日内一次书面告知企业需要补正的全部内容；逾期不告知的，自收到自评报告之日起即为受理。

——自评报告内容齐全、符合规定形式，或企业按照要求补正全部内容后，对自评报告逐项进行审核。对符合申请条件的，将审核意见和企业自评报告一并报送定级部门，并书面告知企业；对不符合的，书面告知企业并说明理由。审核、报送和告知工作应当在十个工作日内完成。

3. 评审

定级部门对组织单位报送的审核意见和企业自评报告进行确认后，由组织单位通知负责现场评审的单位成立现场评审组，在20个工作日内完成现场评审，将现场评审情况及不符合项等形成现场评审报告，初步确定企业是否达到拟申请的等级，并书面告知企业。

企业收到现场评审报告后，应当在20个工作日内完成不符合项整改工作，并将整改情况报告现场评审组。特殊情况下，经组织单位批准，整改期限可以适当延长，但延长的期限最长不超过20个工作日。

现场评审组应当指导企业做好整改工作，并在收到企业整改情况报告后十个工作日内采取书面检查或现场复核的方式，确认整改是否合格，书面告知企业，并由负责现场评审的单位书面告知组织单位。企业未在规定期限内完成整改的，视为整改不合格。

4. 公示

组织单位将确认整改合格、符合相应定级标准的企业名单定期报送相应定级部门；定级部门确认后，应当在本级政府或本部门网站向社会公示，接受社会监督，公示时间不少于七个工作日。公示期间，收到企业存在不符合定级标准及其他相关要求问题反映的，定级部门应当组织核实。

5. 公告

对公示无异议或经核实不存在所反映问题的企业，定级部门应当确认其等级，予以公告，并抄送同级工业和信息化、人力资源和社会保障、国有资产监督管理、市场监督管理等部门和工会组织，以及相应银行保险和证券监督管理机构。对未予公告的企业，由定级部门书面告知其未通过定级，并说明理由。

（二）承诺符合的条件

申请定级的企业应当在自评报告中，由其主要负责人承诺符合以下条件：

——依法应当具备的证照齐全有效。

——依法设置安全生产管理机构或配备安全生产管理人员。

——主要负责人、安全生产管理人员、特种作业人员依法持证上岗。

——申请定级之日前一年内，未发生死亡、总计三人及以上重伤或直接经济损失总计 100 万元及以上的生产安全事故。

——未发生造成重大社会不良影响的事件。

——未被列入安全生产失信惩戒名单。

——前次申请定级被告知未通过之日起满一年。

——被撤销标准化等级之日起满一年。

——全面开展隐患排查治理，发现的重大隐患已完成整改。

申请一级企业的，还应当承诺符合以下条件：

——从未发生过特别重大生产安全事故，且申请定级之日前五年内未发生过重大生产安全事故、前两年内未发生过生产安全死亡事故。

——按照《企业职工伤亡事故分类》（GB 6441）、《事故伤害损失工作日标准》（GB/T 15499），统计分析年度事故起数、伤亡人数、损失工作日、千人死亡率、千人重伤率、伤害频率、伤害严重率等，并自前次取得标准化等级以来逐年下降或持平。

——曾被定级为一级，或被定级为二级、三级并有效运行三年以上。

发现企业存在承诺不实的，定级相关工作即行终止，三年内不再受理该企业标准化定级申请。

（三）直接延期的条件

企业标准化等级有效期为三年，已经取得标准化等级的企业，可以在有效期届满前三个月再次申请定级。对再次申请原等级的企业，在标准化等级有效期内符合以下条件的，经定级部门确认后，直接予以公示和公告：

——未发生生产安全死亡事故。

——一级企业未发生总计重伤三人及以上或直接经济损失总计100万元及以上的生产安全事故，二级、三级企业未发生总计重伤五人及以上或直接经济损失总计500万元及以上的生产安全事故。

——未发生造成重大社会不良影响的事件。

——有关法律、法规、规章、标准及所属行业定级相关标准未作重大修订。

——生产工艺、设备、产品、原辅材料等无重大变化，无新建、改建、扩建工程项目。

——按照规定开展自评并提交自评报告。

（四）撤销等级的条件

各级应急管理部门在日常监管执法工作中，发现企业存在以下情形之一的，应当立即告知并由原定级部门撤销其等级。

——发生生产安全死亡事故的。

——连续12个月内发生总计重伤三人及以上或直接经济损失总计100万元及以上的生产安全事故的。

——发生造成重大社会不良影响事件的。

——瞒报、谎报、迟报、漏报生产安全事故的。

——被列入安全生产失信惩戒名单的。

——提供虚假材料，或以其他不正当手段取得标准化等级的。

——行政许可证照注销、吊销、撤销的，或不再从事相关行业生产经营活动的。

——存在重大生产安全事故隐患，未在规定期限内完成整改的。

——未按照标准化管理体系持续、有效运行，情节严重的。

企业标准化定级各环节相关工作通过应急管理部企业安全生产标准化信息管理系统进行。

四、管理评审的实施

管理评审是企业有目的地对 HSE 管理体系运行过程中存在问题进行开放式的讨论和评价的平台，是对体系运行情况进行审视并识别改进机会的良好机会。为了使得管理评审能够达到预期的目的和效果，需要事先开展管理评审的策划和准备工作。

（一）基本的思路

企业 HSE 委员会会议本身带有管理评审的性质，HSE 管理体系运行的核心要义就是将 HSE 管理要求有机融入企业生产经营活动中，不要脱离了原来的做法而另整一套，正确的做法是用管理评审的要求来改进和充实原有的 HSE 委员会会议。

按管理评估输入的要求进一步明确各部门或专业分委会提交评审材料的相关内容，按管理评估输出的要求进一步明确会议形成决议的内容，并就会议中提出的改进决议，按 PDCA 要求，形成有效督办，实现闭环管理。

（二）形式和时机

最高管理者组织管理评审会议，高层管理者参加会议并认真进行评审，建议与 HSE 委员会会议一并进行。管理评估的时机如下：

——一般一年一次，可安排在年底或年初与 HSE 委员会一起进行。

——组织机构和职能分配发生重大调整时。

——外部环境发生重大变化时。

——发生较大健康、安全与环境事故时。

——法律、法规及相关方的愿望与要求有重大变化时。

——采用新技术、新工艺，对健康、安全和环境将造成较大影响时。

——产品与活动发生重大变更时。

开展管理评估前，应拟订管理评审计划，明确评审的目的和内容，评审的形式和组织；要求参加管理评审的部门和人员作好充分准备，确定本次管理评审的时间、地点。

（三）评审的输入

选择以下内容中的部分作为管理评审的输入：

——内、外部 HSE 审核的结果，以及合规性评价的结果。

——和外部相关方的沟通信息，包括自顾客、员工及社会的投诉和意见。

——企业的健康、安全与环境绩效。

——目标和指标的实现程度，以及适宜性。

——现行组织机构、文件体系的适宜性与充分性。

——事故、事件的调查和处理。

——纠正措施的实施状况。

——以前管理评审确定的后续改进措施及落实情况。

——客观环境的变化，包括与组织有关的法律法规和其他要求的发展变化。

——改进建议。

以上输入的内容可分别形成多个文件作为管理评审的资料，由主管部门或专业分委会在管理评审会议上向最高管理者报告。

（四）评审的实施

最高管理者一定要认清管理评审对体系持续改进的重要意义，对这项活动给予足够的重视；在评审过程中，一定要从实际出发，把管理评审视为对 HSE 管理进行全面"会诊"，并"对症下药"的有效评价手段，决不搞走过场，草草了事的形式主义。

——与会者签到，最高管理者主持管理评审会议。

——体系主管部门汇报体系运行情况。

——主要职能部门或专业分委会专题汇报。

——高层管理者就评审议题开展讨论与评审。

——最高管理者总结，形成结论。

会议安全管理部门做好会议记录，会后整理形成管理评审报告，可采用 HSE 委员会纪要形式，由最高管理者批准、发放。管理评审报告至少应包括以下内容：

——评审的目的和内容。

——主持人员，参加管理评审的人员。

——对每一个评审项目给予简要描述及形成的结论。

——对HSE管理体系的有效性和适宜性给予总结。

——若有改进事项，应确定责任部门并规定实施和验证的日期。

安全管理部门应将有关管理评审的资料收集、整理、保存，对管理评审提出的问题应进行原因分析。根据管理评审的决议，责成责任部门制订纠正和改进措施并实施，对纠正和改进措施实施跟踪验证，并对其进行有效性分析。

管理评审的完成并不意味着体系运行的终结，而是下一个运行过程的开始。在管理评审中形成新的目标和指标，制订新的方案，实现新一轮的持续改进。

第五节　四不两直与安全承包点

根据《关于建立健全安全生产"四不两直"暗查暗访工作制度的通知》（安监总厅〔2014〕96号）等文件，要求各级安全监督检查要广泛开展"四不两直"暗查暗访活动，主要以突击检查、随机抽查、回头看复查等方式进行。特殊情况下，可在不告知具体事宜的情况下临时通知相关部门陪同。

坚持和落实领导干部安全承包点制度，但不要使之成为各级领导干部的"走秀场"，各级领导干部不仅要"身入"基层，更要"心到"基层，关心承包点的基本员工和安全生产，真心实意地了解基层工作、解决现场问题，做好基层问题和管理要求上传下达，直接了解、反馈和解决基层员工的"所想、所急、所盼"。

一、"四不两直"检查

为加强重点地区、重点企业、重点领域、重点项目、重大风险作业现场的安全监督检查工作，落实安全责任，强化风险管控，消除重大隐患，建立规范、常态化的安全生产"四不两直"监督检查机制。"四不两直"是指以不发通知、不打招呼、不听汇报、不用陪同接待、直奔基层、直插现场的方式开展安全生产监督检查（以下简称"四不两直"监督检查），"四不两直"监督检查工作应常态化开展，可以与体系审核、安全监督检查等工作结合开展。

（一）检查内容

"四不两直"监督检查应当坚持"问题导向、突出重点，常态开展、随机抽查，通报督办、整改闭环"等原则，按照"管工作必须管安全、管业务必须管安全、管生产经营必须管安全"的要求分级负责实施。

"四不两直"监督检查主要以突击检查、随机抽查、回头看复查等方式进行，可在不告知具体事宜情况下临时通知被检查单位相关部门。"四不两直"监督检查主要内容包括：

——各类安全风险管控与责任落实情况。

——专项督查自查自改及问题整改情况。

——年度安全生产工作要点及专项工作方案落实情况。

——重大安全隐患和突出问题整改进展。

——生产作业现场用工组织、安全管理和安全措施落实情况。

——汲取近期同行业生产安全事故教训及自查自改情况。

——其他需要开展安全生产"四不两直"监督检查的内容。

（二）工作程序

可采取组织联合检查组或专项检查组、专业检查组等方式进行检查，由相应级别领导及相关专业技术或管理人员组成。

——制订检查方案。突出油气泄漏、井控、设备、工艺、油气库站、高后果区、油气装卸作业站场、作业许可管理等重点，制订检查计划或方案，统一检查要求。

——开展现场检查。对基层单位和现场有关工作措施落实和现场安全生产情况开展"四不两直"监督检查，对非法违法及违规违章行为进行取证记录，填写检查记录表。

——编制检查报告。梳理检查发现问题并进行管理追溯，编制检查报告和问题清单。

——沟通反馈情况。检查组及时向被检查单位反馈检查情况，提出整改要求和措施建议。

——问题整改督办。检查组织单位对检查发现的问题进行整改督办，对发现的突出或严重问题以会议或文件形式通报。

（三）管理要求

企业应将"四不两直"监督检查的结果纳入各自层级的安全环保业绩过程考核。通过 HSE 管理体系审核、专项督查等方式对"四不两直"监督检查工作的开展情况进行督促、检查、指导，并进行通报。

检查组人员在"四不两直"监督检查中应当严格执行廉政建设相关要求，规范言行，注意形象；进入危险作业场所、高风险设施检查时必须遵守安全生产规定，严格遵守保密纪律，维护被检查单位正常生产经营秩序。

二、安全生产承包点

为加强企业安全生产风险管控工作，压实安全生产责任，充分发挥领导人员在安全生产监管工作中的关键作用，各级领导干部要坚持和落实安全承包点制度，承包点检查督导应当坚持"党政同责、一岗双责、齐抓共管、失职追责"的原则。领导干部要深入基层、深入群众，要多跑、多问、多听、多想，加强调查研究，弄清楚基层员工的"急、难、愁、盼"，弄清楚基层亟待解决的突出问题，有针对性地研究加以解决，当好群众的"服务员"。

（一）承包点的范围

企业应当按照生产安全风险防控管理相关规定，对重点基层单位（场所）进行安全风险评估，确定承包点，主要包括但不仅限于：

——风险探井、深井及超深复杂井施工项目。

——海上（滩海）勘探开发生产设施（平台）。

——陆上相对集中的油气生产与处理装置区域。

——涉及储气库生产、大型压裂施工、含硫天然气及页岩气生产的单位或施工项目。

——危险化学品企业涉及"两重点一重大"的生产装置和储存设施。

——涉及对安全生产起关键作用的公用工程系统的单位或场所。

——加油（气）站、罐装站、油品交接站、洗槽站、装卸站台、油气码头等场站，集输站、储配站、调压站、门站等燃气场站。

——涉及管道高后果区、高风险段的单位或场站（库）。

——涉及设备检维修作业、多工种联合作业或频繁吊装、拆卸、搬迁、安装等流动性强、危险性大的重要施工项目或单位。

——重点消防设施及人员密集场所。

——专业运输车船队。

（二）按风险分级承包

企业应当评估确定承包点安全风险等级，由高到低划分为重大风险、较大风险、一般风险。企业应当根据承包点安全风险等级排序，明确对应的承包人，每年公布承包点和对应的承包人名单。

——企业领导班子成员应当承包重大风险等级的承包点。

——企业助理副总师应当承包较大及以上风险等级的承包点。

——企业职能部门主要负责人应当承包一般及以上风险等级的承包点。

企业应当在承包点采取挂牌等方式进行公示，明确承包点名称、承包人姓名和职务。承包点或承包人发生变更时，企业应当对承包点检查督导工作及时做出相应调整并及时告知相关方。

（三）安全管理要求

承包点检查督导必须由承包人亲自组织开展，禁止授权、委托。承包人开展的承包点检查督导不能代替直线管理该单位（场所）的各级领导人员履行安全生产监督管理责任的相关工作。

企业应当分年度制订承包点检查督导计划，承包人应当按计划定期到承包点开展检查督导，企业领导班子成员每年至少两次，企业助理副总师、职能部门主要负责人每年至少四次。

承包人应当结合国家法定节假日、国家和中国石油重大活动及重要会议等敏感时间的有关要求，及时开展承包点检查督导。

承包点应当落实安全生产主体责任，主动向承包人汇报安全生产管理工作现状，及时整改检查督导发现的问题隐患，并落实纠正预防措施和改进建议。

企业应当利用HSE信息系统备案承包点和承包人名单、承包点检查督导计划和记录，将企业承包点检查督导开展情况纳入HSE管理体系审核及各类安全生产专项监督检查，定期组织对承包点检查督导开展情况进行检查考核，并通报检查考核结果。

在体系审核或安全生产专项监督检查中发现承包人未按规定开展承包点检查督导，且承包点存在较大及以上安全隐患情形的，按照有关规定对承包人问责。承包点发生事故的，按照有关规定追究承包人相应的领导责任。

（四）检查督导内容

承包人对承包点负有安全生产监管职责，承担领导责任，对承包点开展检查督导的主要内容应当包括：

——宣传安全生产法律法规，传达党中央、国务院和中国石油关于安全生产工作的各项部署要求，督促承包点健全落实安全生产责任制、严格执行安全生产规章制度和操作规程。

——督促承包点推进安全风险分级管控和隐患排查治理双重预防机制建设，了解掌握承包点主要生产安全风险，督促做好风险防控措施落实和隐患排查治理工作。

——督促承包点开展安全管理现状评估，听取承包点对风险分级管控、隐患排查治理、安全教育培训、应急演练、事故教训吸取等安全生产相关工作情况的汇报，帮助承包点反映和解决安全生产工作中的突出问题，提出改进建议。

——开展安全观察与沟通，组织检查承包点日常安全管理情况，并督办各类审核检查发现的问题隐患整改情况，对问题隐患整改工作落实不及时、不到位的责任人，提出处理建议。

——承包人认为其他需要开展的安全生产相关工作。企业应当明确承包点检查督导记录样式和要求，承包人应当根据检查督导开展情况及时填写记录。

需要注意的是，各级领导干部要深刻认识安全承包点工作的重要性，深入基层中寻找解决问题的方案和办法，深入研究新要求下基层工作的规律和特点，充分调动基层员工的积极性、主动性、创造性，拉近与基层员工的思想感情距离，解决基层现实问题，改进管理不足。

相关链接：飞轮效应（flywheel effect）

飞轮效应（flywheel effect）指为了使静止的飞轮转动起来，一开始必须使很大的力气，一圈一圈反复地推，每转一圈都很费力，但是每一圈的努力都不会白费，飞轮会转动得越来越快。达到某一临界点后，由于飞轮的惯性，无须再费更大的力气，飞轮依旧会快速转动，而且不停地转动，这就是"飞轮效应"，如图2-5所示。

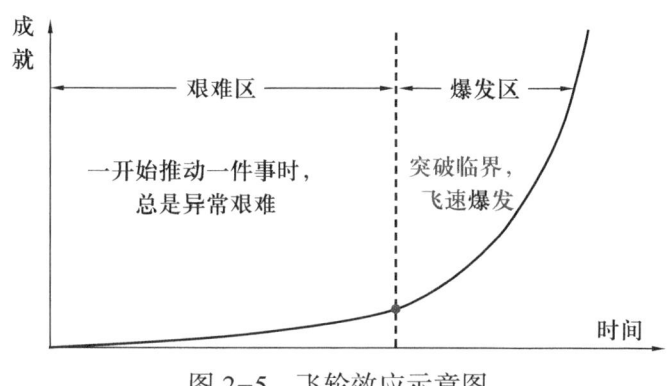

图 2-5　飞轮效应示意图

一、基本原理

飞轮效应源于物理学中的飞轮原理：要使静止的飞轮转动起来，初始需要施加巨大的能量；但随着飞轮逐渐加速，惯性会使其保持运转，甚至产生自我强化的动力。在管理学中，这一概念被引申为：通过持续投入和积累势能，最终实现系统自我驱动和高效运转的过程。其核心逻辑是"量变积累质变"，强调长期坚持、正向循环和复利效应。

这一原理告诉我们，万事开头难，努力再努力，光明就在前头。在每件事情的开头都必须付出艰巨的努力才能使你的飞轮转动起来，而一旦你的事业走上平稳发展的快车道之后，一切都会好起来。在所有优秀企业的转型过程中，根本没有什么"神奇时刻"，成功的唯一道路就是清晰的思路、坚定的行动、一贯的坚持，而不是频繁地变换轨道和方向。

二、关键特点

一是初始投入大，启动阶段需付出较多资源（如时间、人力、制度设计）；

二是正向反馈循环，各环节相互增强，形成"努力→成果→激励→更多努力"的闭环；三是惯性持续，一旦进入稳定状态，系统可依靠惯性维持运行，降低后续投入成本。

富兰克林说过："如果有什么需要明天做的事，最好现在就开始。"尽快行动，熬过了开头，事情就成功了一半，并持之以恒坚持下去。人生没有白走的路，每一步都算数。最终，量变会带来质变。

成功离不开坚持不懈的努力。飞轮效应是一个具有广泛应用价值的概念，它告诉我们无论在哪个领域追求目标或实现愿景时都需要付出巨大的努力和坚持，并且这些努力不会白费，而是会逐渐积累起来形成一股强大的推动力。同时，它也提醒我们要保持耐心和毅力，面对困难和挑战时不要轻言放弃。

三、安全启示

HSE管理体系持续的推进和提升绩效中蕴藏了巨大的力量。只要指出实际的工作目标和工作步骤，然后说明这些步骤如何呼应具体可行的HSE理念。当管理者和安全管理人员这么做的时候，其他人逐渐了解并察觉公司HSE管理工作正在加速向前冲，因此也会团结一致，热情支持。必须要脚踏实地做好基础工作，打好根基，才能够为以后的发展提供有效的保障。

目前，体系推进中任何新HSE管理工具方法的推行，制订和实施有效的管理方案，并集中各方优势资源，是可以使飞轮转起来的！但是这个时候的转动是非常被动的，一旦失去推力马上就会停止下来，只有不断持之以恒地加力，轮子才会越转越快。所以，任何新HSE管理工具方法的推行，所取得的阶段成果要不断总结、固化、推广和改进，不然就会前功尽弃。

当飞轮所受力达到临界点时，由于惯性的存在，即使飞轮失去推力，也可以自己转动很长时间停不下来。这时员工已经养成了良好的习惯，进入自觉执行阶段。即使在某个时刻或在某个方面发生一点点失误也不会导致完全的失败。只要在失误之后能够及时意识到并及时更正，员工就会愿意继续地认可与依赖这种管理模式。

自我优化与扩展（惯性运转）体系内化后，员工主动提出改进建议；制度从"强制遵守"转变为"自发维护"，员工从"被动遵守"转向"主动参与"（如报告隐患、提出建议）。安全行为成为习惯，新员工受团队氛围影响自发合规。安全管理从"治标"转向"治本"(如通过技术改造消除风险源)。

四、关键策略

飞轮效应在体系建设和安全管理中的本质是通过持续投入与正向反馈，将外部约束转化为内部动力。企业和员工实施飞轮效应的关键策略如下：

——长期视角：应避免追求短期效果，容忍初期缓慢进展。

——数据驱动：量化关键指标（如隐患整改率、培训覆盖率），持续追踪飞轮转动效果。

——激励机制：将安全绩效与晋升、奖励挂钩，增强个人动力。

——文化渗透：通过标语、案例分享、领导示范，将飞轮逻辑植入组织价值观。

飞轮效应成功的关键在于：初始阶段的坚定投入，过程中及时修正偏差，最终实现"体系自转"与"文化自治"。企业若能善用飞轮效应，可显著降低管理成本，提升安全与效率的可持续性。

第三章　安全生产责任制落实

HSE管理体系推进的关键是落实全员安全生产责任制。有感领导、直线责任和属地管理就是明晰并落实全员HSE责任制的有效方式和具体体现，这既是一种管理理念，也是一种工作要求。三者之间互为载体，具体内涵又有交叉，但针对不同职能层次也有不同的侧重点。践行有感领导、强化直线责任、落实属地管理也是健全和落实安全生产责任制的必然要求。要正确认识和大力落实安全责任，将安全工作与业务工作相融合，尽快从相"加"阶段迈向相"融"阶段，从"你是你、我是我"变成"你中有我、我中有你"，进而变成"你就是我、我就是你"。

第一节　有感领导、直线责任与属地管理

有感领导、直线责任、属地管理是三个不同的层次，有感领导是点、直线责任是线、属地管理是面，通过点、线、面把安全生产、安全管理、安全责任有机地、立体地、紧密地结合起来。通过实施有感领导、直线责任和属地管理推动实现"三个转变"，最终促进"全员参与"向"全员负责"转变，确保安全生产责任制落实到位。有感领导、直线责任和属地管理关系逻辑如图3-1所示。

——通过践行有感领导，推动领导干部对安全管理的态度由"重视"向"重实"转变。

——通过强化直线责任，推动职能部门由HSE管理的"参与者"向"责任者"转变。

——通过落实属地管理，推动基层员工由"岗位操作者"向"属地管理者"转变。

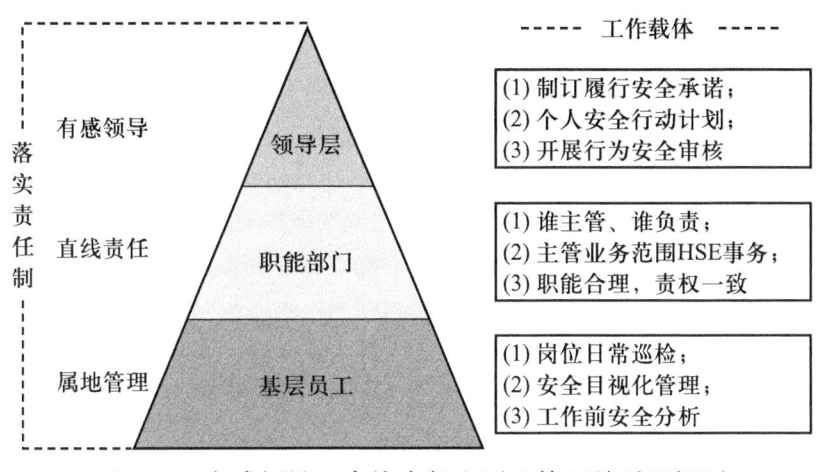

图 3-1 有感领导、直线责任和属地管理关系逻辑图

践行有感领导、强化直线责任、落实属地管理是健全和落实安全环保责任制的必然要求。有感领导重点是通过领导干部以身作则的良好安全行为带动全员积极主动参与 HSE 管理；直线责任重点是按"三管三必须"的原则，完善和落实职能部门的 HSE 职责；属地管理重点是基层员工通过明确属地区域、建立属地职责来落实 HSE 职责。

一、践行有感领导

"风成于上，俗形于下"。领导干部的工作作风和生活情趣，不仅关系着本人的品行和形象，更关系到领导干部在员工中的威信和形象，对企业良好风气的形成、对员工生活情趣的培养，具有"上行下效"的示范功能。有感领导是从杜邦公司引入的安全管理理念，是杜邦公司在安全文化建设方面的一个重要组成部分，它的核心是从关心人的生命角度出发，要求领导带头引领全员参与。

（一）有感领导的由来

有感领导源于美国杜邦公司强化高级管理层对安全的负责制演变而来。杜邦公司早期火药生产过程风险性高，曾发生过多次严重安全事故，特别是 1818 年杜邦历史上最严重的爆炸事故（爆炸中有 40 多名工人丧生，E.I. 杜邦的几位亲人也没能逃脱厄运）。发生以后，公司规定在高级管理层亲自操作之前，任何员工不允许进入一个新的或重建的火药生产工厂。在当时规模不太大的情况下，杜邦要求凡是建立一个新的工厂，厂长、经理要先进行操作，目的是体现安全的直接责任，体现对安全重视，你认为是安全的，你先进行操作，然后再让员工进入。发展到现在，杜邦公司成为规模很大的跨国公司，不可能让高级总裁参加这样的现场操作，该制度演变为如今的高级管理层的"有感领导"，进一步强化高级管理层对安全的负责制。

（二）有感领导的内涵

有感领导是指企业各级领导通过以身作则的个人安全行为，体现出良好的领导行为和组织行为，使员工真正感知到安全生产的重要性，感受到领导做好安全工作的示范性，感悟到自身做好安全工作的必要性。HSE管理的领导力具体体现在重视力、支持力、参与力、示范力、影响力五个方面，是一个层层递进的逻辑关系。

——重视力：是指各级领导干部要真正把HSE放到与生产经营同等重要的位置上，任何决策首先考虑安全，体现了有感领导中的领导行为。

——支持力：是指领导干部在HSE管理过程中应提供人、财、物、技术和信息等方面的资源保障，体现了有感领导中的组织行为。

——参与力：是指领导干部通过制订实施个人安全行动计划，带头培养安全、健康的行为习惯等方式展现良好的个人安全行为。

——示范力：是指领导干部通过良好的组织行为、领导行为、个人行为展示以身作则的示范作用，各级管理者深入现场，自上而下，以身作则，亲力亲为。

——影响力：是指领导展现的安全行为及对安全工作的期望，对员工的正面影响。有感是下属的感觉而不是领导者本人的感觉，是让员工和下属体会到领导对安全的重视。

践行有感领导，要用基层员工听得到、听得懂、听得进的途径和方式，积极传播安全管理文化，阐发安全管理意识，展现领导魅力，让员工对安全管理多一分理解、多一分支持、多一分参与。

（三）有感领导的作用

HSE管理是一个自上而下的过程，领导的最低标准就是员工的最高要求；安全文化实际上就是"一把手"文化，各级领导以身作则，率先垂范，是履行自身HSE职责的内在要求，也是构建安全文化的一个重要部分；有感领导是贯彻落实 HSE 管理原则的具体体现。

要让员工转变观念必须领导首先转变观念，要让员工养成习惯必须领导首先养成习惯，要让员工提高能力必须领导首先提高能力。只有有感领导才能带动全体员工参与，而全体员工参与又会促进有感领导进一步强化，形成相互促进的良性循环。一旦形成全员参与氛围，必将促进全体员工安全责任意识和安全能力的提升，促进安全执行力的进一步强化，促进提高自主管理能力。

推动领导干部践行有感领导，这是各级管理者落实 HSE 责任的基本要求，也是各级管理者履行领导承诺的有效载体，同时通过领导带头的示范作用引领全体员工积极主动参与 HSE 管理，通过有感领导的影响力引领全体员工深入推进安全文化建设，从而持续提升企业 HSE 业绩和基层 HSE 管理水平。

（四）有感领导的落实

履行岗位安全环保职责是体现有感领导的基本要求。各级领导都要按照"三管三必须"的原则，切实认识到抓安全是自己分内的工作，必须认真履行好岗位安全职责，加强安全工作领导，科学管理，严格要求，严格考核。

落实有感领导必须要从自身做起，充分发挥示范性和引导作用。各级领导要以身作则，率先垂范，制订并落实个人安全行动计划，坚持安全从小事做起，从细节做起，切实通过"可视、可感、可悟"的个人安全行为，引领全体员工做好安全环保工作。

落实有感领导必须要不断提升自身 HSE 领导力，掌握基本安全知识和管理方法是落实有感领导的基础条件。想安全、懂安全、能安全，时刻注意做安全的有感领导，让员工"听到、看到、体会到"领导对安全的重视；在生产和生活中，在安全方面处处以身作则，多学习掌握安全知识和技能，并与员工分享；平时注意多与员工进行安全方面的沟通；始终如一地坚持对安全高标准严要求，经常进行行为安全观察与沟通；对安全生产方面作出贡献的员工进行奖励。

某公司提出有感领导"七个带头"的具体做法，明确诠释了有感领导的具体内涵，包括带头宣贯安全理念、带头遵守安全规章制度、带头制订实施个人安全行动计划、带头开展行为安全审核、带头讲授安全课、带头开展安全风险识别、带头开展安全经验分享活动。

二、落实直线责任

做好安全工作，保护自身及他人的健康和生命安全是每一个管理者的天职。落实各级管理者职责是推进HSE管理体系建设、建立安全管理长效机制的关键。通过强化落实直线责任，明晰各级领导和职能部门HSE管理的责任和权限，理顺管理流程，避免多头管理和管理脱节。

（一）直线责任内涵

直线责任是指各职能部门和管理层次及其管理人员，承担其业务范围内工作的相应健康、安全与环境责任。直线责任是指落实各项工作的负责人对自己承担工作的HSE管理直接负责，做到"谁主管谁负责、谁组织谁负责、谁执行谁负责"。

企业主要负责人对本单位HSE管理全面负责，各分管领导要对其分管工作范围内的HSE工作直接负责；各机关职能部门要对分管的业务范围内的HSE工作负直线责任；项目负责人要对自己承担的项目工作和负责领域的HSE工作负责；各级安全管理部门对本单位的HSE工作负综合管理、制度制订、咨询指导和监督检查责任；每名员工都要对所承担工作（任务、活动）中的HSE负责。

（二）直线责任要求

落实直线责任主要体现在各级管理者对本单位、分管业务的HSE工作负责，在实际工作中时刻关注安全，了解安全生产状况，清楚存在问题，并对存在的问题加以解决。直线领导不仅要对结果负责，更要对安全管理的过程负责，并将其管理业绩纳入考核。

完善各职能部门和管理岗位的HSE职责，这不是孤立或分开的，应该与岗位职责紧密结合，互为一体。职能部门人员应制订、实施岗位责任清单，将部门和岗位HSE职责细化为过程指标，可操作性更强。职能部门领导应积极参与体系审核，这是对业务范围内HSE工作的一种过程控制，可以了解现状，找出改进空间。各级管理者应对其直接下属进行HSE培训，这也是直线责任的重要体现和内容。

应将HSE管理融入到生产经营业务管理流程中，真正做到"管工作管安全、管业务管安全"。各级职能部门均需结合具体业务管理工作明晰自身的HSE职责，而不是被赋予HSE管理的职责；管理者通过逐级下达HSE目标指标，由此实现安全责任的有效传递，使得各个岗位都有HSE管理职责和目标；应通过逐级的培训及指导，提高各级管理人员的HSE管理能力，从而促进HSE目标指标的实现；通过过程管理和逐级考核，一级管理一级，实现一级为一级负责，实现直线责任的有效传递。

三、强化属地管理

HSE管理需要全员参与，HSE职责必须明确，必须落实到全员，尤其是基层的员工。员工的主动参与是HSE管理成败的关键；属地管理是落实基层员工HSE职责的有效方法，是传统基层岗位责任制的继承和延伸。通过实施属地管理，可以树立员工"安全是我的责任"的意识，实现从"要我安全"到"我要安全"的转变，真正提高员工的执行力。

（一）属地管理内涵

属地管理是指工作场所的人员对所管辖区域内人员（包括自己、同事、承包商员工和访客）的安全、设备设施的完好、作业过程的安全、工作环境的整洁负责任。属地管理可通过划分属地范围、明确属地主管、落实属地管理职责等环节具体贯彻和落实。

属地管理的重点是指生产作业现场的每一个员工都是属地主管，都要对属地内的安全负责，即对自己属地区域内人员（包括自己、同事、承包商和访客）的行为安全、设备设施的完好、作业过程的安全、工作环境的整洁负责。"谁在岗、谁负责，交班交责任，我的地盘我做主"。

属地管理就是将工作职责按照工作区域（如作业区、处理站、车间、泵房）、资产（如装置、采油井、处理装置等）、职能部门、风险的大小等进行划分，具体落实到岗位上，达到企业内每个设备、位置都有直接管理者，实现安全无缝化管理的一种方式。

广义上的属地是指主要领导的管理范围、副职领导的分管领域、职能部门的业务领域、基层单位和员工的生产作业区域。属地主管即属地的直接管理者，包括经理、主管、操作员工等。每个员工都是本岗位的属地领导，都应对自己岗位涉及的生产作业区域属地内的管理对象按标准和要求进行组织、协调、领导和控制。

（二）属地范围划分

属地的划分主要以工作区域为主，以岗位为依据，把工作区域、设备设施及工器具细划到每一个人身上。比如，对操作人员来说，属地是岗位区域；对维修人员来说，属地是维修工作区域；对办公室人员来说，属地是办公区域。

划分属地范围需要明确大属地和小属地的概念。大属地指的是管理范围，小属地指的是工作区域。属地划分主要是指将工作区域的 HSE 职责细化到每个员工身上，同时确保员工的属地之间不能有交集，避免造成职责的混淆。

各单位应将对所辖区域的管理落实到具体的责任人，做到所属的每一片区域、每一个设备（设施）、每个工（器）具、每一块绿地、闲置地等，在任何时间均有人负责管理，可在基层现场设立标示牌，标明属地主管和管理职责。

（三）落实属地管理

通过属地管理推动岗位职责的履行，通过职责描述明确每个区域、每项工作的安全责任。各级属地主管必须对其自身和其管辖工作区域内的其他人员（包括承包商员工和访客）的安全负责，具体包括：

——管理所辖区域 HSE 工作，严格遵守安全规定及工作程序，完成本岗位描述中的各项工作和任务。

——保证其自身及在所辖区域内的工作人员、承包商、访客的安全，保证设备运行状态良好，保证环境整洁、没有污染。

——对本区域的作业活动或过程实施监护，确保安全措施和安全管理规定的落实。

——确保管辖区域的各种非常规作业和特殊作业按照制度实施，施工时做好现场监管，确保安全措施的落实，对区域内不安全行为进行制止。

——对作业对象进行危害识别、风险评价，对安全隐患实施排除、隔离，实现无责任生产事故运行。

——对管辖区域的工艺、设备、设施进行巡检，发现异常情况，及时进行应对处理并报告上一级主管。

——做好管辖区域设备设施的日常维护保养，确保设施性能和防护设施完好。

通过落实属地管理，确保每个生产区域、每台设备、每次作业都有明确的属地主管，做到"事事有人管，人人有专责"，保证了安全管理无空白，提升了基层生产作业现场的 HSE 管理水平，避免了各类事故事件的发生，最终实现安全生产。

第二节　安全生产责任清单的编制

为进一步细化安全生产责任制，深入推进安全管理全员履职，企业应开展岗位安全生产责任清单编制，实行安全生产责任清单式管理，照单履职，失职追责，确保企业岗位安全生产责任制有效落实。按照"管行业必须管安全、管业务必须管安全、管工作必须管安全"要求，结合企业各类岗位的性质、业务特点和具体工作内容，规范并细化各级领导班子和各类管理岗位的安全生产责任，确保责任覆盖全面、边界清晰、上下衔接，明确责任落实的工作任务，量化任务完成的工作标准，规范任务达标的可追溯性结果，形成"一岗一清单"。

一、清单的主要内容

安全生产责任清单内容应包括安全生产职责、工作任务、工作标准、工作结果和安全承诺等内容，要简明扼要、清晰明确、便于操作。工作结果可在工作标准中描述，也可单独列出。

（一）安全生产职责

安全生产职责包括通用安全生产职责和业务风险管控职责。

——通用安全生产职责：要考虑国家、地方政府、上级公司及企业相关规定，包括贯彻落实法律法规具体职责及上级要求、健全岗位安全责任制、完善业务管理制度和操作规程、事故教训吸取和资源利用、岗位人员安全培训和能力提升等通用要求。

——业务风险管控职责：要考虑所管理具体业务的危害因素辨识、风险分析评估、风险防控方案或措施制订和落实、事故隐患排查整改、应急措施制订和落实、对下级单位（岗位）的监督检查，以及持续改进业务领域安全绩效等要求。

（二）工作任务

工作任务是保障安全生产职责落实所需要完成的具体任务，是对每一项安全生产职责的进一步细化分解。要结合业务管理全过程中的具体环节、步骤和程序，明确履行每一项安全生产职责要完成的具体工作。工作任务可按照负责、组织、协调、参与及监督检查等形式描述具体内容。

（三）工作标准

工作标准是为评价岗位安全生产工作任务完成情况所确定的标准。对每一条工作任务进行细化描述，包括完成每一条工作任务的程序、方法、时限、频次、工作结果（可单独列出）等。工作标准要明确具体，尽可能量化，对于工作标准的执行情况，要能够监督考核。

（四）工作结果

工作结果是检验工作任务完成并符合工作标准的可查询结果，包括阶段性和结果性的工作成果等。工作结果要有可溯性，有痕迹可查，要能通过工作结果验证或推定工作达标、任务完成和履职尽责。工作结果可与工作标准融合编制，也可单独列出。

（五）安全承诺

安全承诺内容要符合《国务院安全生产委员会关于加强企业安全生产诚信体系建设的指导意见》（安委〔2014〕8号）要求，结合岗位实际，明确本岗位落实安全生产责任清单各项要求的个人履职承诺。承诺内容要简洁、明确、可操作，并具有约束力。

构建完善以生产经营安全风险管控为核心，"明职知责、履职尽责、考职问责、失职追责"的全员安全生产责任体系，确保岗位安全生产责任制"可落实、可执行、可考核、可追溯"，形成企业生产经营各项业务安全管理"层层负责、人人有责、各负其责、履职尽责"的工作格局。

二、清单编制与落实

开展安全生产责任清单编制工作是岗位安全生产责任制的进一步深化，是推动岗位安全生产责任落实的重要抓手，是深化安全生产责任制建设的重要工作，有利于解决业务领域安全生产责任落实不到位的问题，对解决企业安全生产责任传导不力问题，以及各级领导和部门对安全工作"不肯管、不敢管、不会管和不善管"等问题有重要意义。

（一）工作要求

企业要通过召开HSE（安全生产）委员会会议或其他有效形式，及时传达部署本项工作，制订编制计划，明确组织方式、目标任务和进度，落实工作措施，细化责任分工，认真策划好启动、培训、编制、检查、评审和发布工作。

各级主要领导要加强工作督办，落实健全本单位安全生产责任制的法定职责，确保此项工作落到实处。企业要按照安全生产责任制管理制度，建立健全保障安全生产责任清单实施的培训、监督考核机制，推进责任清单在日常工作中的有效落实。

企业要按编制内容和要求，形成本单位统一的安全生产责任清单编制模板。在满足上述要求的情况下，可按照管理实际将环境保护和职业健康管理职责有关内容编入安全生产责任清单。为满足政府安全监管要求，在模板形式和内容编制上应保持安全生产责任清单的相对独立性。

（二）教育培训

企业应将安全生产责任清单纳入各级领导和管理人员教育培训计划，作为干部员工安全教育培训和履职评估的重要内容，并纳入岗位培训矩阵，及时组织开展培训。

企业要通过针对性的教育培训，促使各业务领域的各级领导和管理人员熟知自身的安全生产责任，掌握落实责任需要完成的具体工作任务，牢记各项工作任务的工作标准，把握尽责履职的关键环节和结果，做到安全意识增强、履职能力提升、安全责任落实、问责追责有据。

（三）监督考核

企业要采取适当方式对安全生产责任清单进行长期公示。上级岗位要积极发挥督查督导作用，及时督促下一级岗位落实责任清单，及时履行责任清单规定的安全职责和工作任务，及时形成有效的工作结果。

企业要通过安全履职能力评估、安全履职述职、管理体系审核、专项督查等方式对各级领导和管理人员责任清单建立与落实情况进行考核，要通过过程管理隐患问责、事故责任追究等手段全面促进责任清单落实。

企业要将考核结果与评先评优、履职评定、职务晋升、奖励惩处等挂钩，确保各级岗位安全生产责任清单所规定的各项安全职责和工作任务按标准落实到位。

第三节 操作岗位"两清单"的应用

为进一步强化基层岗位风险防控能力建设，提升一线员工安全执行力，规范基层岗位HSE责任清单、HSE风险清单（以下简称"两个清单"）编制与运用工作，确保最基层一级生产作业单元中的各个岗位，安全履职与风险防控实行清单式管理，确保职责落实到位、防控精准有效。"两清单"是推动企业HSE管理体系在基层岗位落地落实的具体载体，是优化基层管理、强化责任落实、提升精准防控水平的重要措施。

一、总体工作要求

按照"统一、规范、简明、可操作"的推进要求，坚持重心下移，立足基层岗位，聚焦风险，精准防控，强化落实，形成易懂、易记、易用的"两个清单"。通过强化教育培训、执行应用和检查考核，引导员工对单知险、照单履职、按单做事，着力提升基层岗位人员履职尽责、风险防控能力。

（一）继承融合

以落实全员安全生产责任制为根本，紧密结合双重预防机制建设要求，对现行有关清单内容再梳理、再优化、再聚焦，构建简明实用、精准高效、易懂易记的清单式管理模式，加快推动基层员工由严格监管向自主安全管理转变。

（二）精准防控

围绕岗位风险防控核心，立足岗位生产作业实际，汲取有关事故事件教训，开展岗位风险再辨识再评估、防控措施再完善再落实，并与岗位日常工作任务融合衔接，确保岗位风险防控对象明确、重点突出、任务清晰、措施有效。

（三）突出差异

突出岗位职责有差异、防控任务有区分要求，将岗位 HSE 职责与主要任务、岗位 HSE 风险与防控措施对应衔接，体现不同岗位风险防控对象、职责、任务、措施的差异性和针对性，确保清单适用有效，可操作、可执行。

（四）简明实用

"两个清单"编制应紧扣实际、突出重点，简明实用、差异有别，全员参与、易懂易记，不求全责备、包罗全部，便于岗位员工随身携带清单卡片，基层岗位员工能做到熟练记忆、随用随查、随问随答。

（五）动态完善

定期开展"两个清单"适用性评审，根据法规制度、管理模式、业务领域、工艺设备、作业环境变化和有关事故事件教训，学习借鉴典型有效做法，及时完善清单内容，确保清单持续合规、适用有效。

二、HSE 责任清单

HSE 责任清单是对基层岗位 HSE 职责及履行职责需完成主要任务的清单式表述，是员工照单履职、按单做事的重要依据。

（一）编制流程

编制 HSE 责任清单应先依据岗位职责，按照基层生产作业流程和工序，梳理明确岗位生产作业（操作）活动，包括正常作业（操作）活动、故障或异常情况处理、紧急突发情况处置；再根据国家法规和企业有关制度要求，对应岗位职责和生产作业（操作）活动，按照"一岗双责"要求，梳理明确岗位 HSE 职责及履行职责需要执行的主要任务。

（二）重点内容

岗位 HSE 职责应体现业务特点，表述简洁明了，包括负责、参加、配合等相关职责，既有从事不同生产作业（操作）活动特有的 HSE 职责，也有各个岗位均应承担的通用 HSE 职责，如参加安全教育培训、参与突发事件处置等。

主要任务是落实岗位 HSE 职责应开展的具体工作，包括工作方法、途径、措施，应对照每项 HSE 职责梳理明确主要任务，不必列举全部，突出重点关键任务；任务描述应具体，有工作内容、执行标准、工作结果，便于执行和考核，如每月开展一次应急演练，参加每周一次的班组安全活动，建立特种设备档案等。

（三）立足实际

HSE 责任清单是对现有岗位安全生产责任清单的简明和优化。不应虚化、泛化岗位 HSE 职责及任务，不拔高要求，不扩大范围，不脱离岗位生产作业实际，写实写真清单。加油（气）站经理、油库主任、井队长、装置负责人等基层单位主要负责人 HSE 职责应符合安全生产法"七条职责"要求。

三、HSE 风险清单

HSE 风险清单是对基层岗位生产作业（操作）活动中存在的 HSE 风险及对应防控措施的清单式表述，是员工防控风险、排查隐患的重要依据。

（一）编制流程

编制 HSE 风险清单应先按照基层生产作业（操作）流程和工序，对岗位生产作业（操作）活动及相关重点作业区域、设备设施进行梳理划分；在此基础上，再对每一个生产作业（操作）活动中存在的 HSE 风险进行辨识，兼顾考虑相关重点作业区域、设备设施本身运行风险；同时，对每项风险逐一明确和完善重点防控措施，防控措施应是在岗位现场采取的具体操作性、技术性措施，如静电接地有效、气体检测合格、全程现场监护等措施。

（二）重点内容

每一项生产作业（操作）活动、作业区域、设备设施可能存在多项风险，如火灾、泄漏、物体打击等；每一项风险可能需要采取多项防控措施，如禁止明火、消除静电、佩戴个人防护装备等；不应无限细分、面面俱到、包罗全部，应抓住主要矛盾，针对重点风险明确关键防控措施。岗位生产作业（操作）活动、作业区域、设备设施的梳理划分应符合逻辑、突出重点、大小适中、相对独立、便于辨识。

（三）立足实际

HSE 风险清单聚焦岗位风险防控重点对象和重点措施，是基层单位 HSE 风险台账的分解简化，是风险分级防控在基层岗位的具体体现。基层单位应紧密结合现场工艺设备和作业环境变化，持续深化开展风险辨识评估工作，不断完善易记易用的岗位风险清单，建立健全覆盖全面、内容完整、格式规范、逻辑合理、结果明确的风险台账。

四、两清单的运用

基层单位完成"两个清单"编制后，应开展针对性培训，基层各岗位人员熟知牢记清单内容，提升岗位履职和风险防控意识，进一步完善岗位操作卡、应急处置卡和岗位检查表，提升基层岗位人员履职尽责、精准防控能力。

（一）加强教育培训

基层单位应将"两个清单"纳入培训范围，强化员工上岗培训和岗中日常培训，确保每名员工对清单内容熟稔于心、落实于行。依据清单内容进一步梳理明确基层岗位风险防控能力要求，完善基层岗位培训矩阵，规范基层 HSE 培训和履职能力评估工作。通过开展岗位练兵、班组安全活动、安全经验分享、应急演练等安全活动，促进员工掌握和运用清单，持续提升岗位风险精准防控和安全环保执行能力。

（二）完善制度规程

基层单位应将"两个清单"作为完善岗位操作卡、应急处置卡和岗位检查表等岗位作业文件的重要依据，把岗位风险防控职责、防控任务、防控措施紧密融入相关作业文件中，确保清单内容真正落实到日常生产作业活动之中。将清单运用与岗位交接班检查、岗位巡检、日查周检、隐患排查、反违章等基层安全工作充分结合，严肃工艺纪律、操作纪律、劳动纪律执行落实。推动员工按照清单履职责、识风险、查隐患。

（三）强化过程管理

基层单位依据"两个清单"进一步规范和强化安全环保过程考核，把岗位员工日常生产作业（操作）中 HSE 职责落实、防控任务执行、防控措施落实、工作达标等情况作为日常过程考核的重要内容，及时奖优罚劣，严格奖惩兑现，推动和引导岗位员工积极应用"两个清单"。定期修订完善清单内容，当法规制度、业务领域、工艺设备、作业环境等发生变化，或发生有关事故事件时，及时评审修订清单，确保清单持续适用。

（四）促进贯通融合

基层单位应将"两个清单"的编制与运用作为强化风险管理、构建双重预防机制最基础的一个环节，与基层风险管理台账建立、风险管控方案编制、重大危险源管控等工作紧密融合衔接，一体推进，全员参与，落实到位。紧密结合"五型"班组建设、基层"两册"编制、基层站队 HSE 标准化建设等基础工作有效做法，统筹推进"两个清单"，做到各有侧重、互为支持、一体协同、注重实效。

第四节　员工安全培训与教育

企业开展员工安全教育培训是国家法律法规的要求，安全教育培训是风险防控、事故预防的重要内容，是企业安全生产管理的需要，也是安全生产从业人员的权利，包括安全教育和安全培训两部分。安全教育是通过宣传、活动、竞赛等各种形式，提高从业人员的安全意识和素质；安全培训则更具体，主要是培训技能，使从业人员在特定的作业内容、作业环境下，能够正确、安全地完成工作任务。安全培训与教育将伴随员工能力提升全过程，如图 3-2 所示。

《中华人民共和国安全生产法》第五十八条规定"从业人员应当接受安全生产教育和培训，掌握本职工作所需的安全生产知识，提高安全生产技能，增强事故预防和应急处理能力"。为确保安全生产教育培训的要求得到贯彻落实，原国家安全生产监督管理总局陆续修订颁布了《生产经营单位安全培训规定》《安全生产培训管理办法》等一系列规章，对从业人员的安全教育和培训做出了详细的要求。

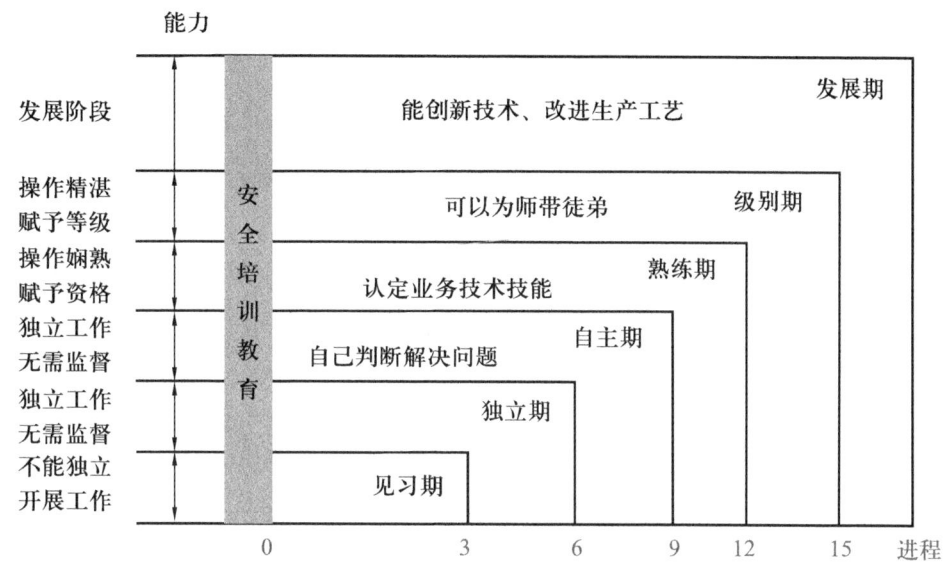

图 3-2　安全教育培训伴随员工能力提升全进程

注：数字是相对的，单位一般是月。

一、关键岗位持证上岗

关键岗位人员是指企业的主要负责人、安全生产管理人员和特种作业人员，关键岗位人员必须具备与所在单位从事的生产经营活动匹配的安全生产知识、管理能力和操作能力，必须按照国家有关规定经专门的安全培训，取得相应资格，持证上岗。新提拔、新调整到关键岗位的领导干部，应接受岗位安全环保履职能力评价和相应的安全培训。

（一）主要负责人

1. 初次安全培训的内容

《生产经营单位安全培训规定》（国家安全生产监督管理总局令〔2015〕第80号）第七条规定，企业主要负责人安全培训应当包括下列内容：

——国家安全生产方针、政策和有关安全生产的法律、法规、规章及标准。

——安全生产管理基本知识、安全生产技术、安全生产专业知识。

——重大危险源管理、重大事故防范、应急管理和救援组织及事故调查处理的有关规定。

——职业危害及其预防措施。

——国内外先进的安全生产管理经验。

——典型事故和应急救援案例分析。

——其他需要培训的内容。

发生造成人员死亡的生产安全事故的，其主要负责人和安全生产管理人员应当重新参加安全培训。

2. 培训时间

——企业主要负责人初次安全培训时间不得少于32学时，每年再培训时间不得少于12学时。

——煤矿、非煤矿山、危险化学品、烟花爆竹、金属冶炼等企业，油气勘探开发、炼油化工、油气储运销售、工程建设、技术服务等企业主要负责人初次安全培训时间不得少于48学时，每年再培训时间不得少于16学时。

3. 再培训的主要内容

对已取得上岗资格证书的主要负责人，应每年进行再培训，主要内容是新颁布的政策、法规，有关安全生产的法律、法规、规章、规程、标准等，安全生产的新技术、新知识，安全生产管理经验，典型事故案例等。

（二）安全管理人员

1. 初次安全培训的主要内容

《生产经营单位安全培训规定》（国家安全生产监督管理总局令〔2015〕第80号）第八条规定，企业安全生产管理人员安全培训应当包括下列内容：

——国家安全生产方针、政策和有关安全生产的法律、法规、规章及标准。

——安全生产管理、安全生产技术、职业卫生等知识。

——伤亡事故统计、报告及职业危害的调查处理方法。

——应急管理、应急预案编制及应急处置的内容和要求。

——国内外先进的安全生产管理经验。

——典型事故和应急救援案例分析。

——其他需要培训的内容。

发生造成人员死亡的生产安全事故的，其主要负责人和安全生产管理人员应当重新参加安全培训。

2. 培训时间

——企业安全生产管理人员初次安全培训时间不得少于32学时，每年再培训时间不得少于12学时。

——煤矿、非煤矿山、危险化学品、烟花爆竹、金属冶炼等企业，油气勘探开发、炼油化工、油气储运销售、工程建设、技术服务等企业和安全生产管理人员初次安全培训时间不得少于48学时，每年再培训时间不得少于16学时。

3. 再培训的内容

对已取得上岗资格证书的安全生产管理人员，应每年进行再培训，主要内容是新颁布的政策、法规，有关安全生产的法律、法规、规章、规程、标准等，安全生产的新技术、新知识，安全生产管理经验，以及典型事故案例等。

（三）特种作业人员

特种作业是指容易发生事故，对操作者本人、他人的安全健康及设备、设施的安全可能造成重大危害的作业，特种作业的范围由特种作业目录规定。特种作业人员是指直接从事特种作业的从业人员。特种作业人员必须按照国家有关法律、法规的规定接受专门的安全培训，经考核合格，取得特种作业操作资格证书后，方可上岗作业。

1. 培训要求

特种作业人员应当接受与其所从事的特种作业相应的安全技术理论培训和实际操作培训。培训内容按照国家应急管理部制订的特种作业人员培训大纲进行。

——特种作业人员必须经专门的安全技术培训并考核合格，取得《特种作业操作证》后，方可上岗作业。

——离开特种作业岗位六个月以上的特种作业人员，应当重新进行实际操作考试，经确认合格后方可上岗作业。

——特种作业人员对造成人员死亡的生产安全事故负有直接责任的，应当按照《特种作业人员安全技术培训考核管理规定》（国家安全生产监督管理总局令〔2015〕第80号）重新参加安全培训。

2. 发证与复审

特种作业人员的安全技术培训、考核、发证、复审工作实行统一监管、分级实施、教考分离的原则。特种作业操作证由应急管理部统一式样、标准及编号，在全国范围内有效。特种作业操作证有效期为六年，每三年复审一次，满六年需要重新考核换证。

特种作业人员在特种作业操作证有效期内，连续从事本工种十年以上，严格遵守有关安全生产法律法规的，经原考核发证机关或从业所在地考核发证机关同意，特种作业操作证的复审时间可以延长至每六年一次。

特种作业操作证申请复审或延期复审前，特种作业人员应当参加必要的安全培训并考试合格。安全培训时间不少于8学时，主要培训法律、法规、标准、事故案例和有关新工艺、新技术、新装备等知识。

二、三级安全培训教育

煤矿、非煤矿山、危险化学品、烟花爆竹、金属冶炼等企业必须对新上岗的临时工、合同工、劳务工、轮换工、协议工等进行强制性安全培训，保证其具备本岗位安全操作、自救互救及应急处置所需的知识和技能后，方能安排上岗作业。

（一）培训教育要求

企业应当根据工作性质对其他从业人员进行安全培训，保证其具备本岗位安全操作、应急处置等知识和技能。入厂安全教育主要通过三级安全教育开展。三级安全教育是指厂、车间、班组的安全教育，是安全生产领域多年发展、总结、积累而形成的一套行之有效的安全教育培训方法。

1. 教育时间

——一般企业新上岗的从业人员，岗前安全培训时间不得少于24学时。

——煤矿、非煤矿山、危险化学品、烟花爆竹、金属冶炼等企业新上岗的从业人员安全培训的时间不得少于72学时，每年再培训的时间不得少于20学时。

2. 重新培训

——从业人员在本企业内调整工作岗位或离岗一年以上重新上岗时，应当重新接受车间（工段、区、队）和班组级的安全培训。

——企业采用新工艺、新技术、新材料或使用新设备时，应当对有关从业人员重新进行有针对性的安全培训。

——班组长每年接受安全培训的时间不得少于24学时。

对于新招的危险工艺操作岗位人员，除按照规定进行安全培训外，还应在师傅带领下实习至少两个月，并经考核或鉴定合格后方可独立上岗作业。

（二）培训教育内容

企业应当教育和督促从业人员严格执行本单位的安全生产规章制度和安全操作规程，并向从业人员如实告知作业场所和工作岗位存在的危害因素、防范措施及事故应急措施。三级安全培训教育的内容如下。

1. 厂级安全培训

厂（矿）级安全培训的内容应包括：

——本单位安全生产情况及安全生产基本知识。

——本单位安全生产规章制度和劳动纪律。

——从业人员安全生产权利和义务。

——有关事故案例等。

煤矿、非煤矿山、危险化学品、烟花爆竹、金属冶炼等企业厂级安全培训除包括上述内容外，应当增加事故应急救援、事故应急预案演练及防范措施等内容。

2. 车间级安全培训

车间级安全培训是在从业人员的工作岗位、工作内容基本确定后由车间一级组织，车间（工段、区、队）级岗前安全培训内容应当包括：

——工作环境及危害因素。

——所从事工种可能遭受的职业伤害和伤亡事故。

——所从事工种的安全职责、操作技能及强制性标准。

——自救互救、急救方法、疏散和现场紧急情况的处理。

——安全设备设施、个人防护用品的使用和维护。

——本车间（工段、区、队）安全生产状况及规章制度。

——预防事故和职业危害的措施及应注意的安全事项。

——有关事故案例。

——其他需要培训的内容。

3. 班组级安全培训

班组级安全培训是在从业人员具体工作岗位确定后，由班组组织，除班组长、安全员对其进行安全教育培训外，还有自我学习、师带徒等方式。班组级岗前安全培训内容应当包括：

——岗位安全操作规程。

——岗位之间工作衔接配合的安全与职业卫生事项。

——有关事故案例。

——其他需要培训的内容。

新从业人员都应安排具体的跟班学习、实习期，期间不允许安排单独上岗或顶岗作业。

4. 外来人员教育培训

外来检查、参观等人员，职业学校、高等学校等学生实习的，企业应对其组织专项教育培训，告知生产经营场所的安全生产管理要求、行为规范、主要风险、应急疏散等内容，提供必要的劳动防护用品。培训完成后，确认外来人员同意遵守企业管理，了解、掌握相应的安全生产教育培训内容后，方可入厂。

（三）承包商教育培训

企业应当将承包商派遣劳动者纳入本单位从业人员统一管理，对被派遣的劳动者进行岗位安全操作规程和安全操作技能的教育和培训。同时，承包商也应当对被派遣的劳动者进行必要的安全生产教育和培训。

承包商的教育培训由企业和承包商分别负责，企业应当在合同中约定，承包商根据建设（工程）项目安全施工的需要，编制有针对性的安全教育培训计划，入厂（场）前对参加项目的所有员工进行有关安全生产法律、法规、规章、标准和建设单位有关规定的培训，重点培训项目为执行的规章制度和标准、作业计划书、安全技术措施和应急预案等内容，并将培训和考试记录报送建设单位备案。

企业应当对承包商参加项目的所有员工进行入厂（场）施工作业前的安全教育，考核合格后，发给入厂（场）许可证，并为承包商提供相应的安全标准和要求。入厂（场）安全教育开始前，企业应当审查承包商参加安全教育人员的职业健康证明和安全生产责任险，合格后才能参加安全教育。

三、日常安全教育培训

由于企业的生产环境、工艺技术、机械设备，以及从业人员的安全意识、技能、心理状态都始终在不断变化，因此安全教育培训不可能一劳永逸，必须开展经常性的安全教育培训。

（一）培养职责

企业主要负责人是安全培训管理的第一责任人，负责定期组织研究安全培训工作，对相关重大事项进行决策，组织制订并实施本单位安全培训计划，协调保障各类培训资源。

培训管理部门负责建立安全培训管理制度，将安全培训计划纳入本单位培训计划进行统筹管理，并提供培训资源保障，负责对安全培训工作开展情况进行督导，负责将安全环保履职考评纳入整体考核管理工作之中，并将考评结果与奖惩、任用晋级等挂钩。

安全管理部门负责组织本级业务部门及所属单位识别安全培训需求、编制安全培训矩阵，组织编制安全培训大纲、制订实施安全培训计划，如实记录安全教育和培训情况，对培训效果进行评价与跟踪，负责组织安全师资、课件等培训资源的开发。

各级业务部门负责根据安全培训工作要求，结合本业务系统特点对本业务系统人员开展安全培训，并对培训效果进行评价与跟踪。直线领导负责下属员工培训需求识别与维护、培训计划的编制与实施、实施效果的评价与跟踪。

（二）培训计划

培训内容主要通过培训需求调查来确定，需求主要包括岗位基本技能要求、岗位风险、岗位操作规程、管理规范或程序、相关法律法规及其他要求、人员（工艺、设备）等变更、事故和意外事件的教训、履职能力考评、应急演练与应急相应的总结、单位安全方针（目标、指标）、再培训等。

企业应依据岗位风险和任职要求，分层次编制岗位安全培训需求矩阵，并每年对岗位安全培训需求进行评估，根据评估结果及时更新培训需求矩阵。依据培训需求矩阵及直线领导对下属的期望，结合员工现有能力，制订员工个人培训计划，由培训管理部门对培训计划进行汇总，编制年度培训计划。

（三）效果评估

培训后还应跟踪开展培训效果评估，根据评估结果，对教育培训进行持续改进和完善。主要评估：

——学员的安全意识和能力是否提高及提高的程度。

——安全管理制度、程序和操作规程是否得到有效执行。

——培训课程的设置（包括培训方法、培训内容、培训师等）是否满足学员的实际需要。

建立健全从业人员安全教育和培训档案，详细、准确记录培训的时间、内容、参加人员及考核结果等情况。

第五节　全员安全生产记分

为进一步加强安全生产工作，提升全员安全生产责任意识，促进安全生产全员履职，预防和减少生产安全事故，制订安全生产记分管理制度，人事、纪检、监察部门将领导人员安全生产记分结果作为考核管理和处理的重要参考。

一、记分基本要求

企业领导人员安全生产记分总分为 6 分，经营管理人员、专业技术人员和技能操作人员安全生产记分总分为 12 分。因职务升降引起记分总分发生变化的人员，按新职务的记分总分计算。

（一）总分与周期

安全生产记分周期为一年。安全生产记分周期满后，记分清零。现职人员记分周期自本办法实施日开始计算，新入职人员记分周期自正式上岗之日起计算。

安全生产记分以自然年为周期进行记分计算。当年的记分在当年底清零，安全生产记分周期内的记分不因岗位调整、工作调动而清除。

（二）记分的事项

企业组织开展的安全生产检查、专项督查、QHSE管理体系审核、生产安全事故事件调查中，对发现符合记分情形的事项，根据后果严重情况可以责令所属单位对相关责任人进行安全生产记分。对符合下列情形之一的事项，对相关责任人记分：

——发生一般A级及以上生产安全事故（含升级调查处理的其他事故事件）。

——存在安全生产违法违规行为、重大生产安全事故隐患并被政府公开通报处罚或公开披露。

——存在符合中国石油较大及以上生产安全事故隐患判断标准的隐患且未采取有效控制措施。

——违章指挥、违章作业，违反劳动纪律、工艺纪律、操作纪律的行为。

——与安全生产相关的履职不力、失职失责或弄虚作假的行为。

二、记分参考标准

（一）管理失职行为

未开展业务管理职责范围内的生产安全风险识别和管控，未识别出业务范围内的高风险作业，或对管理职责范围内的生产异常和生产安全风险等情况不及时进行分析研判和处置的，记1~3分。

业务管理职责范围内所制订的操作规程、制度、文件等存在影响安全生产或明显违规要求的，记1~3分；导致严重后果的，记3分。

业务管理职责范围内涉及的生产装置设施设备存在生产安全事故隐患且未及时报告处置的，记1~3分；未按规定期限对特种设备、电气仪表、防雷防电接地等设施进行检测检验维护的，记1~3分；对存在能量意外释放安全风险的新装置设备设施、检修或停用后重新启用的装置设备设施，在启用前不按规定开展安全风险识别评估与风险管控的，记3分。

对业务管理职责范围内的承包商不按职责开展资质准入审查、施工前安全能力评估、施工过程安全监管等工作的，对各管理环节相关责任人各记1~3分；不按规定对正在使用的承包商关键岗位人员开展专项安全培训的，记3分。

对已确定的高风险作业或高危作业等不按规定进行现场协调、指挥、监督、带班或安全条件审查确认的，记3分；不按规定安排现场监护或安全监督人员的，记1~3分；不按规定向作业人员提供有效的劳动防护用品的，记1~3分；不按规定组织岗位安全教育培训、安全交底的，记1~3分。

不按规定编制或审批设计、作业等方案或计划，造成设计或作业计划、施工方案、施工组织、作业流程、作业环境等存在事故隐患或严重安全风险的，记1~3分。

强令冒险违章指挥危险作业的，记6分；故意安排不具备相应资质的人员从事危险作业的，记3分；纵容下属员工故意违规违章或违反工作纪律等行为的，记1~3分。

违规批准危险作业许可、违规签发危险作业许可票证、违规组织危险作业实施或开工的，记3~6分。

对风险隐患问题虚假整改、假造工作痕迹或结果的，记3分；安排他人弄虚作假的，记3分。

（二）违章违规行为

在确定的风险作业环节或场所不按规定穿戴和使用有效劳动防护用品的，记1~3分。对确定的风险作业不按规定参加岗位安全教育培训、安全交底的，记1~3分。

特种作业人员、特殊岗位操作人员等确定需要持证上岗的岗位，持无有效资格证、冒用他人资格证或使用虚假资格证上岗的，记1~3分。

作业中违反确定的操作规程、施工方案、作业流程、工作步骤等规定要求的，记1~3分；导致事故险情或严重安全风险的，记3~6分；确属故意违反的，记6分；唆使他人违反的，记3分。

作业中使用各类起重机械设备时，在吊物和吊臂规定的安全距离范围内有人作业或活动时继续起吊，对指挥吊装作业者记3~6分，对操作起重设备者记3分；对复杂吊装作业不执行关键性吊装作业计划的，各记3~6分。

不按规定开展巡检、巡护、巡线、监督、查验等工作的，记1~3分；对工作中发现明显影响生产安全的异常情况、泄漏、警报、风险、隐患等不按规定及时报告和处置的，记 3 分；交接班时对新发现的上述异常状况不按规定进行交接的，记 3 分。

非紧急情况下未经有效许可而动用、开闭、中断关键装置设备设施的，记 3 分；擅自拆除报警等安全设施的，记 3 分；擅自拆除联锁的，记 6 分。

在生产监控、安全监护、监督过程中擅自离岗、脱岗或在关键环节监护监督中从事与工作无关的行为、监护职责履职不力的，记 1~3 分；睡岗、酒后上岗的，记 3~6 分。

故意掩盖本人或他人"三违"行为造成的风险、隐患、异常情况的，记 3~6 分；对问题整改弄虚作假的，记 1~3 分。

三、记分结果运用

安全生产记分不代替生产安全事故事件责任追究、管理失职问责、处罚和安全生产业绩考核。对在生产安全事故事件、事故隐患或其他安全生产责任追究中受到行政处分的责任人，不再对其就受行政处分的具体事项进行安全生产记分。

（一）处置的措施

企业应当对记分周期内安全生产记分达到如下分值的经营管理人员、专业技术人员和技能操作人员采取相应的处置措施：

——记分满 3 分的，当年度综合绩效评价不能评为优秀，不能批准申报中国石油安全生产先进个人评比。

——记分满 6 分的，责令在所在单位有关会议上做检查，所在单位或部门应当对其进行岗位培训教育，并经安全生产履职能力评估合格后，方可独立上岗。

——记分满 9 分的，所在单位应当对其进行约谈或通报批评，企业的人事、安全生产管理部门应当安排专人对其进行脱岗培训，培训期间的薪酬按岗位培训有关规定发放，培训考核合格后方可重新上岗。

——记分满 12 分的，视为不满足本岗位安全生产能力要求，企业应当对其调离本岗位，且经脱岗培训考核合格后方可从事其他岗位，培训期间的薪酬按岗位培训有关规定发放。

——一次或 24 小时内记分满 12 分的，应当予以撤职或经岗位培训后在其他岗位留用察看，情节特别严重的应当解除劳动合同。

（二）其他的措施

企业可以结合实际依法依规对安全生产记分赋予相应的经济处罚措施。对正在使用的承包商人员的现场违章违规行为疏于管理的，视情况对属地管理负责人、项目负责人、现场负责人等有关责任人连带记分。对安全生产记分或相应处置有异议的，可按有关程序申请复议、复核，或向上级单位有关部门申诉。

相关链接："懒蚂蚁"效应

日本北海道大学进化生物研究小组对三个分别由 30 只蚂蚁组成的黑蚁群的活动进行了观察。发现大部分蚂蚁都很勤快地寻找、搬运食物，而少数蚂蚁却整日无所事事、东张西望，人们把这少数蚂蚁叫作"懒蚂蚁"。有趣的是，当生物学家在这些"懒蚂蚁"身上做上标记，并且断绝蚁群的食物来源时，那些平时工作很勤快的蚂蚁表现得一筹莫展，而"懒蚂蚁"们则"挺身而出"，带领众蚂蚁向它们早已侦察到的新的食物源转移。

一、懒蚂蚁效应的启示

原来"懒蚂蚁"们把大部分时间都花在了"侦察"和"研究"上了。它们能观察到组织的薄弱之处，同时保持对新的食物的探索状态，从而保证群体不断得到新的食物来源。所谓的"懒蚂蚁效应"就是懒于杂务，才能勤于动脑。相对而言，在蚁群中"懒蚂蚁"更重要。

勤与懒相辅相成，"懒"未必不是一种生存的智慧。懒于日常杂务，才能勤于思考。一个企业安全管理中，如果所有的人都很忙碌，没有人能静下心来思考、设计、规划，就永远不能跳出狭窄的视野，找到发现问题、解决问题的关键，看到企业未来的发展方向并做出一个长远的战略规划。

在一个分工协作的组织内部，勤者与懒者都是不可或缺的。大量勤者的存在，是一个组织赖以生存的必要条件。但是一个组织的生存和发展，还需要存在懒于具体事务，却勤于思考、创新、决策、谋划、组织、指导、协调的懒者。没有了这样的懒者，勤者极易无所适从，乱了头绪，多会作无谓劳作，往往事倍功半。这些"闲人"似乎就是企业里的"懒蚂蚁"，但是关键时候他们将发挥比那些兢兢业业的人士更大的作用。

二、懒蚂蚁与直线责任

通过近十几年的HSE管理体系建设与推进工作，直线职责虽然正在得到逐步落实，但各级安全管理人员还没有真正从日常繁杂的管理事务中逐步脱离出来，总是被动地应对和接受着各类文件、检查和审核，还依然忙碌得像个"热锅上的蚂蚁"，忙于奔命。这些蚂蚁们依然没时间去思考、积累、分析、沉淀来自安全管理的各类信息和反馈，没有时间和精力对企业安全管理进行顶层设计，为领导决策出谋划策，更没有时间为业务部门和基层单位提供相应的指导、咨询和服务。

由此可见，安全管理人员的直线责任还没有真正得到落实，还没有成为"懒蚂蚁"。一个企业，既要有脚踏实地、任劳任怨的"勤蚂蚁"，也要有运筹帷幄，站得高看得远、清晰头脑的"懒蚂蚁"。这些"懒蚂蚁"不被杂务缠身，而擅长于辨别方向和指导前进，能想大事、想全局、想未来。可以从安全管理的顶层设计、制度建设、机制建立、环境改善、发展目标、团队建设、文化建设方面来改进和提升HSE管理工作。

三、三个美好的祝愿

——祝愿所有的安全管理人员，都能成为企业里的"闲人"（懒蚂蚁），真正履行"综合管理、制度建设、咨询指导、监督检查"的直线责任。

——祝愿我们的领导者能够认清和尊重"懒蚂蚁"的工作价值，根据其能力和特点分配工作，使他们正确定位，不断认识和提高自我，注重扬长避短，逐步实现由运动员向裁判员和教练员身份的转变。

——祝愿我们的"勤蚂蚁"和"懒蚂蚁"们可以相互支持、相互依托、和谐共处，贡献其最大智慧和能量，携手确保企业安全、稳定、健康、和谐发展。

第四章　办公室与工作外安全

安全基本知识和技能指的是每一位领导干部应掌握工作内外所需最基本的安全知识、常识和技能，主要体现重视办公室安全和工作外安全等。办公室和八小时以外的安全问题经常被大家所忽略，但实际情况是办公室和日常生活中通常也都存在安全问题和风险。要做到每天"平平安安回家去"，良好的安全意识和习惯至关重要。一旦办公室和家中里出现意外事故，轻则正常的工作受影响，重则伤及自身、家人或同事，甚至引起惨痛的后果。所以每一个人对办公室和八小时以外的安全都不应等闲视之，时时处处都想着安全，时时处处都注意安全，才能真正安全。

第一节　办公室常见风险与危害

推进办公室安全是安全管理不可缺少的一部分，通过了解办公区域常见的风险及可能导致的危害，使员工对办公室安全有着更为直观、清晰的认识，促进安全意识的进一步提高，促进工作人员积极参与安全管理。调查发现，针对一些办公场所发生的人身损伤和火灾、触电等意外事故，人们安全意识松懈、使用物品不当及防救护设备不足是三个主要原因。

一、办公室常见风险

办公室作为日常工作场所，安全风险直接关系员工健康和企业正常运转。以下是常见的容易造成不良后果的风险。

（一）办公家具和设施

例如桌椅腿或转轮有缺陷、损坏未及时维修；办公家具摆放不当或办公家具中堆放的东西过多过高；办公家具有突出的棱角，不符合人机功效等；玻璃门未作防撞标识；有房门或柜门容易撞到人等。

（二）走道和地面

有杂物阻碍通行；地面有明显变化时，无提示标志；走道上有散乱的可能绊倒人的电线；地面积水可能让人滑倒；地面破损、翘起可致人绊倒；楼梯扶手损坏等；天花板有可能坠落伤人。

（三）电器使用

线路混乱；电线被门挤压；电源插座随意摆放，或插座旁边放置有液体导致插座等有进水可能；电线、插座维护不良等。

（四）物品堆放

文件柜上堆放大量物品；重物未放在低的位置上，没有遵循低重高轻的原则；饮水机放置过高；文件柜系非同类组合使用，放置不稳固且过高；物品摆放凌乱、不当或不稳，影响通行和导致伤人损物；存有过量易燃液体等，玻璃器皿摆放不当；个人物品管理不当。

（五）消防管理

消防设备设施检查不及时，缺乏维护；应急照明设施和疏散标识缺乏维护；消防通道被锁死，消防栓被阻挡、无钥匙，灭火器被重物挤压；人员未接受消防器材使用培训；安全通道没有安装闭门器。

（六）火灾事故

一般办公室内都会有纸张、木制桌椅等易燃物品，在存在点火源并达到引燃温度的情况下可能会发生火灾。办公室的插座、电脑等电器设备发生电气火灾，办公室内人员吸烟的烟头等都有可能成为点火源。一旦办公室着火，轻则烧毁资料、设备，重则危及人员安全，所以需要格外注意。

二、常见人身伤害

安全风险不仅仅存在于基层生产作业现场，在办公室同样存在安全风险，由此带来的常见的包括跌倒、滑倒、机械伤害和职业损伤等方面的伤害。

（一）可能各类摔伤

1. 滑倒

被水淋湿的地板会打滑，刚打过蜡的地板和湿度高的水泥地板、瓷砖地板"出汗"也容易打滑，人员走在潮湿的地面上容易滑倒，因此当地板被水浇湿后要及时擦干。

2. 摔倒

办公室比较多的事故是在楼梯摔倒。摔倒的原因之一往往是穿拖鞋或高跟鞋，或是搬东西、端茶时，由于物品挡住了视线，看不到脚下，因此上下楼梯时要注意慢上慢下，不得奔跑。

3. 绊倒

办公室的安全要从脚下做起，拉出的文件柜抽屉、地毯的边角、临时放着的皮包等，都可能造成摔倒。长软电线拖在地上时，要用胶带固定，不使线凸出来。可能的话，在地板下布线，或用扁平电线从地毯下通过，也可以把设备挪到插座附近。

4. 踩翻

在高处放东西、取东西时，往往随手使用办公室的转椅、折叠椅，但这类椅子不具有稳定性，一定要用结实的脚凳，还要有人帮助扶住脚凳。

（二）各类机械伤害

1. 物体打击

防止物品因各种原因坠落而伤人。柜子顶部不应放置文件、工具等，不得不放时应注意不要凌乱、分散地堆放，要统一放入平稳、结实的盒子里，再置于柜顶，但绝对不能放重物，或掉下来易伤人的物品，如玻璃制品、刀具等。

2. 碰撞

被桌子夹在中间，或进出口旁边放着桌子导致身体碰到了桌角，这样的事时常发生。人的本能是总想抄近路，要充分考虑人的这一"毛病"，摆放桌子时，桌与桌之间的距离要留有空间，至少需要60cm宽。

3. 夹伤

为了防止敞开的门被风吹撞，可以安装门吸；无条件时，也可以塞上木楔子，或拴上把手拉绳。如果能装上弹簧栓，门可以缓慢关上，就会很安全。另外，清除切纸机塞住的纸时，一定要先切断电源。

4. 砸伤

文件柜靠上的几层抽屉使用方便，所以文件都习惯装在上面几层，这样很容易使柜子失去平衡，文件柜要在底下的抽屉里放东西作为配重。另外，要经常检查挡块，如果没有挡块，抽屉拉出过猛，有掉下来的危险。

5. 割伤、扎伤

办公室使用的刀具有切边刀、裁纸刀等，用完即收起，防止割伤。小文具如图钉、钉书钉、大头针、曲别针等，不用时应统一装在文具桶中，用完后不要随意撒落在桌面上，以防手无意按上而扎伤。另外，在使用复印机时，可以事先在手易被纸割伤的部分贴上透明胶带或橡皮膏。

最后，还有烫伤，如端着热水在拐角拐弯时，尽可能绕大弯慢行，以防止与别人迎头碰撞。在来往行人多的走廊拐角，可以安装曲面镜。

（三）可能职业损伤

1. 电脑眼病

计算机操作人员，由于长时间注视电子屏幕、屏幕亮度与对比度不当、显示器距离过近、光线不足或光线直射，使眼睛处于紧张状态，容易导致眼睛干涩、疲劳等症状，以致发生眼睛酸痛、视线模糊、发痒、灼热和畏光等症状，有时还伴有头痛和颈痛。预防电脑眼病的方法主要包括调整使用习惯，调整屏幕亮度和对比度，使其适应环境光线，每隔一段时间休息一下眼睛，每20min看远处20s，避免长时间低头使用电子设备，进行适当的眼部按摩和体育锻炼，如眼球转动、眼睛闭合、颈部伸展等，有助于缓解眼睛疲劳和颈痛。

2. 颈椎痛

办公时应尽量使用可调式办公椅，无论是伏案写字或使用电脑都可根据人体舒适程度随时调节。在工作时应避免长时间低头俯视，这样容易造成颈椎拉直，压迫中枢神经，引起疼痛，伏案工作两小时左右，一定要伸展上肢，头部后仰3～5min，让颈椎得以休息。可能的话，要做办公室工间操，全面调整恢复。

3. 腰痛

办公室也有搬运资料、纸箱等重物时，由于姿势不当而腰痛的伤害。正确的做法是，搬重物时蹲下去把东西抱起来，这样对腰部的负担要小一些。再有，搬运重物时要抱紧，不要让物品远离身体。

4. 腰椎间盘突出与腰肌劳损

长期伏案工作，腰部肌肉长时间处于静止状态，导致血液流动变慢，局部供血不足。腰椎间盘突出主要症状为腰痛、坐骨神经痛、下肢麻木等，腰肌劳损则表现为局部酸痛、肌肉无力。虽然腰椎间盘突出和腰肌劳损是两种不同的疾病，但它们之间存在一定的关联。腰肌劳损可能会加重腰椎间盘突出的症状，因为腰椎间盘本身就已经处于炎症状态，而肌肉劳损会增加脊柱负担，进一步压迫椎间盘和神经根。因此，预防这两种疾病的关键在于保持正确的体姿、避免长时间保持同一姿势、减轻负重、适度锻炼腰部肌肉等。

5. 鼠标手

在临床上被称为"腕管综合征"，是一种因长时间使用电脑鼠标或进行高强度重复性手部工作导致腕管内压力增高，正中神经在腕管内受到压迫，而引起手腕疼痛、肿胀、僵硬或麻木，严重的患者可能会出现手部功能障碍，如持物不稳、抓握无力等。使用电脑时，鼠标的高度最好低于坐着时的肘部高度，选用弧度大、接触面宽的鼠标，避免过度使用滚轮，每工作一小时就要起身活动活动肢体，做一些握拳、捏指等放松手指的动作。

6. 空调病

空调病是指长期处在空调环境中而出现的一系列症状或疾病的总称。空调病的症状多样，可能包括鼻塞、流涕、咳嗽、喉咙痛等；胃肠功能紊乱，出现腹痛、腹泻等；皮肤干燥引发过敏症状如皮疹、荨麻疹等。主要是由于空调房间的温度与外界存在较大差异，空气流通不畅质量下降，空调房间内空气干燥，空调设备清洁不彻底或不定期清洗维护，细菌和霉菌可能会在空调内部滋生。定期开窗通风，保持室内空气新鲜，控制空调温度和时间，避免室内外温差过大，在空调房间内使用加湿器或放置水盆等方式增加室内湿度，定期清洗空调设备，适当锻炼和合理的饮食来增强体质，提高身体免疫力。

第二节　办公室安全管理要求

企业应明确办公区域安全职责，并传达至所有员工。应指定部门和人员，协调办公区域安全和职业健康等方面的专业服务和支持。企业各级管理人员应将办公区域安全培训作为重要工作，通过培训持续提升员工安全意识。

一、基本安全要求

企业针对不同岗位人群，编制安全、环境与健康手册，宣传和普及安全、环境与健康基本理念、基本知识和基本技能。

（一）通用要求

——企业应建立沟通机制，定期组织安全活动，建立宣传栏，向全体员工宣传办公区域安全政策，促进员工有效参与。

——企业应为有潜在风险的办公区域的员工配备个人防护装备，并确保员工正确穿戴。

——企业应对办公区域进行定期安全检查，及时整改发现的隐患。

——企业应鼓励员工报告办公区域发生的任何事故，包括不安全的工作方法、设备和环境、火灾、伤害、未遂事件等。

——企业应将逃生路线、禁止吸烟、防火设备等安全标识牌放置在办公区域明显位置，并及时更新，更新后应及时告知员工。

——企业要定期组织对办公室进行专项审核，将办公室安全纳入机关安全审核的内容。

——办公室发生的事故、事件与生产现场应该遵循同样的管理原则。

（二）培训要求

——应对所有办公室员工进行办公室安全培训，培训项目应涵盖行为安全要求和工作技术要求。

——员工要树立安全健康意识，积极参加安全健康培训，培训内容包括办公室安全基本要求和行为准则、人工搬运技术、紧急报警和撤离、消防、防御性驾驶、人体工效学、心肺复苏（CPR）、体外自动除颤仪使用、人员急救等内容。

——经常性对员工进行防灾减灾、突发事件应对知识和技能的传播和培训，提高自救和互救能力。指导员工采取有效措施预防控制环境污染相关疾病、道路交通伤害、消费品质量安全事故等，形成健康生活方式。

——充分利用广播、电视、书刊、网站、微信、微博、宣传栏、橱窗、移动客户端等平台，传播自尊自信、乐观向上的现代文明理念和心理健康知识，调整员工工作状态，减少工作失误。

（三）行为要求

办公区域人员应遵守以下要求：

——遵守各类安全标识，无关人员不得进入安全围栏、专用机房、设备室等。

——始终靠右行走，除紧急情况外不得奔跑。

——上下楼梯扶扶手，一次上下一个台阶，不得超越他人或奔跑，不得查看或操作手机。

——在无法使用扶手的情况下应集中注意力，避免跌倒。

——禁止嬉戏、喧哗、投掷物品等行为。

——禁止在工作期间和工作日午间饮酒。

——禁止在非吸烟区吸烟。

——熟知所有安全设施的位置和用法。

——熟知所在区域的紧急出口及紧急撤离程序。

——积极践行简约适度、绿色低碳、科学运动、益于健康的生活方式，争做"健康达人"。

（四）健康设施

企业应根据本单位的员工人数和健康风险程度，依据有关标准设置医务室、紧急救援站、有毒气体防护站，配备急救箱等装备，或采取购买服务形式，为员工提供免费测量血压、体重、腰围等健康指标的场所和设施。

企业应依托本单位党团、工会、人力资源部门、健康管理部门等设立心理健康辅导室，并建立心理健康服务团队，或通过购买服务形式，为员工提供健康宣传、心理评估、教育培训、咨询辅导等服务，引导员工科学缓解压力，正确认识和应对常见精神障碍及心理行为问题。

二、构建筑物与设施

应确保办公区域所在建筑物结构合理，安全通道、照明、温度、通风、防火和卫生设施符合国家相关要求。应妥善保存建筑物的相关设计和结构资料，供应急情况下使用。

（一）地板与楼梯

铺设地板和地毯的办公场所，地板和地毯应保持硬度，易擦洗、防滑、阻燃、抗静电，同时定期维护检查，重点检查有重物压着的地方。

应确保楼梯牢固，每一级楼梯应有防滑措施。楼梯第一层和最后一层应有目视化标识；楼梯扶手高度应不小于0.90m，楼梯踏步宽度不应小于0.26m，高度不应大于0.175m。办公区域的走道，宽度应满足防火疏散要求，不应存放货物和物品，并确保最小净宽满足表4-1的要求。

表4-1 走道净宽

走道长度，m	单面布房	双面布房
≤40	1.40	1.40
>40	1.50	1.80

走道地面有高差时，当高差不足二级踏步时，不得设置台阶。应设坡道，其坡度不宜大于1∶8。

（二）天花板与屋顶

应牢固固定天花板瓦片和照明灯具，不得在天花板和灯具表面（或内部）粘贴和放置物品、装饰品。应制订通往屋顶通道的防摔落措施，并明确安全标识。

（三）墙壁和阳台

对于永久性挂在办公室墙壁上的所有材料（如照片、油画和证书等）都应配备合适的框架和支撑。在墙上钉钉子时，应避免损坏墙内的隐蔽设施。应确保办公室隔墙（不包括防火墙）防火并阻燃。隔墙由玻璃制成时，应粘贴安全标识，还应隔音。

所有的阳台和屋顶花园都应安装围栏，围栏高度符合要求且六层及六层以下的建筑其围栏高度不应低于1.05m；七层及七层以上的建筑其围栏高度不应低于1.10m。阳台和屋顶花园地面的载荷要满足能够承重最多人数的要求，还应设应急逃生路线。

（四）车库

应确保车库地板防滑，进出口路线标识清晰，光照符合要求。封闭停车场应具有足够的通风，光照充足，在出口路线和防火装置处做出明显标识。应定期检查和维护空气压缩机、千斤顶、活塞、提升设备及各种通用工具等。

三、办公环境安全

推进无烟工作场所建设，室内采用简约绿色装修装饰，做好室内油烟排风，防治室内空气污染，提高工作生活环境水平。

（一）空调

办公区域室内温度夏季采用空调时应控制在27℃，冬季应为18℃，室内相对湿度夏季应小于或等于65，冬季不控制；新风量每人每小时不应低于30m³，风速应小于或等于0.30m/s；室内空气含尘量应小于或等于0.15mg/ms。应定期对办公区域的通风和空调系统进行检查，防止病菌感染，并及时清除通风系统的灰尘。

（二）照明

应确保办公区域有良好的照明和采光，高度较低的房间，如办公室、教室、会议室等场所宜采用细管径直管型荧光灯，照度要满足正常的书写阅读需要，采光应尽量减小眩光，作业区应减少或避免直射阳光、工作人员不应面窗而坐等。应定期检查照明灯具，保持照明灯具清洁，并便于摘取、维修。

（三）噪声

办公区域的背景噪声（指室内技术设备引起的噪声或是室外传来的噪声）值应低于55dB（A），一般情况下应维持在35～45dB（A）。

（四）植物

应将植物花盆、盆栽等摆放在远离计算机、电源插座等用电设备的位置，防止给植物浇水时溢出或溅出的水迹影响用电设备。

（五）卫生

应保持办公区域整洁有序，始终保持走道、楼梯、办公区域地面无障碍，通道上的临时电线应正确固定，漏水、溢出物应及时处理，材料储存保持有序。同时应对清洁物品和设备、清洁工的责任做出明确规定。

四、特定工作区域

企业可根据实际情况定期评估办公区域所有潜在的安全、健康和环境危害，评估内容可包括空气质量、噪声、照明、通风条件、化学品存放情况、静电、电离辐射等，并应采取措施确保满足相关标准要求。

（一）工作空间

应为员工提供足够的办公空间，每一位员工的办公面积不小于 $2m^2$，办公空间高度不小于 2m。天花板吊顶时，应确保员工在屋内站立时头顶部无压迫感。

（二）财务室

财务室应安装有防盗门、防盗窗、火灾报警装置、盗窃报警装置、通风装置、防火装置等，逃生路线标识清晰。

（三）复印室

应采取下列措施降低复印设备和化学物质带来的危害：
——选择合适的地点安装复印设备，根据要求进行通风换气。
——明确复印设备和化学物质的安全使用程序和培训要求。
——确保防护措施完好，必要时，使用个人防护用品。
——确保复印机所用化学物质正确标识和安全储存。
——正确处理复印机硒鼓、碳粉盒、墨盒，在更换这些物质时，应注意安全。

（四）健身房

企业可根据实际情况，在办公区域为员工设置健身房。同时应对健身房设备设施定期进行清洁消毒，将健身设备设施的使用注意事项放置在明显位置，确保员工安全使用。

（五）图书室和档案室

——应采取防潮、防尘、防蛀、防紫外线、防盗等措施。
——地面应用不起尘、易清洁的面层，并有机械通风措施。
——阅览室应光线充足、通风良好，避免阳光直射及眩光。
——书架应安全可靠，结构合理，书本应易于获取。
——配备符合要求的灭火器，确保图书室、档案室符合防火要求。
——走廊足够宽，逃生路线标识明显。

五、办公物品安全

办公物品安全涉及对办公环境中各类物品（如办公桌椅、文件柜、危险物品等）的正确配置和使用。

（一）座椅

座椅高度应可调节，宜使用不带扶手的座椅。座椅宜有可调节的靠背，能够给使用者提供充分的背部支持。就座时，操作者应坐姿端正，确保至少五点（使用者的脚和座椅的支撑点至少保证五点在地面上）着地。不应在光滑的办公场所使用带有转轮的座椅（有制动装置的除外）。从高处取物时应使用搁脚凳或梯子，禁止使用座椅或桌子。

（二）办公桌和文件柜

应保持办公桌面整洁有序，离开办公桌时，不得将保密文件和资料放置在桌面上。工作结束后，应及时整理桌面上所有材料。应整齐摆放文件柜内的资料，并注意：

——首先使用离地面最近的底层抽屉。
——保持柜门或抽屉处于关闭状态，一次只开启一个抽屉。
——轻关抽屉，并使用把手，避免夹手。

——避免在顶部抽屉盛装过量物品。

——禁止将文件柜作植物托架使用。

——禁止将箱子等作为临时文件架。

（三）书柜和储物柜

禁止将书柜和储物柜摆放在通道或紧急出口的位置。书柜和储物柜内的物品应整齐摆放，避免过载，避免在柜顶放置物品，重物或易碎物品应放置在底部位置，常用物品应放置在容易获取的位置。

（四）垃圾箱

宜使用金属制垃圾箱，且垃圾箱尽可能放置在角落或其他人员不易碰触到的地方，以避免人员碰到垃圾箱而碰伤。

（五）危险物品

应妥善放置尖锐物品（如小刀、剪刀等），尖头朝下放置，宜使用圆头剪刀。应妥善处理和储存危险物品，存放化学物质（如复印机墨水、清洗剂、润滑剂等）时应遵守下列规定：

——不得私自在办公室（含茶水间、休息室、卫生间）存放易燃、易爆、毒性等危险物品。

——应严格按照规定储存易燃品，宜将易燃品储存在金属储物柜里，并做出清晰标识。

——应确保存放危险化学品的容器有封盖和标签。标签应注明物品名称、保质期、化学品安全说明书（MSDS）基础信息等；发现有未标识的容器应向管理部门报告，不得擅自启封；妥善储存和弃置存放易燃品的容器。

——应确保员工意识到危险物品的危害并按照说明书使用；应将清洁用品放置在指定区域，标识清晰，不得他用。

——应将办公纸品放置在员工方便使用的位置，避免搬运过程对员工造成伤害，储存办公纸品的房间应做出禁烟标识。

六、服务过程安全

办公室服务过程主要包括环境卫生、治安保卫、园艺绿化、建设维修等物业服务。

（一）办公室卫生

应定期对办公室进行专业卫生服务，包括清扫灰尘和垃圾、清洁地板、墙壁和天花板，同时应对卫生间、洗漱间和衣物间进行专业清洁；在清洁过或抛光过的地板上设置警示标识，清洁设备应由专业人员定期检测维护。

卫生间和洗漱间应保持清洁、干燥。卫生间应通风良好、隔音，洗漱间应配备洗手盆、洗手液或其他清洁和干燥用品等。应为员工提供衣物间，工作服和平日穿的衣服宜分开放置。

卫生人员进行玻璃清洁作业时，要给予适当提示；使用安全设备和危险化学品时，要提出相关安全要求。

（二）门卫（收发室）

门卫应对进出办公区域的人员进行登记、确认和检查，必要时对参观人员进行安全告知。在正常工作时间以外，人员进入办公区域，应通知相关管理部门和人员。夜间巡逻时，门卫应按时巡逻，检查门锁和窗户，识别是否存在火灾等隐患。

（三）园艺

有绿地的办公区域，应采取措施对绿地进行维护，对操作人员进行除草机、修剪器等方面的培训，并进行正常维护、检查。应采取措施，控制这些工具产生的噪声，确保噪声级数维持在限制值以下。

使用杀虫剂和化肥等化学物质时，应为作业人员提供书面信息，并就如何安全使用和储存对员工进行培训，同时应提供个人防护装备，制订防护措施。

（四）建筑维修

办公建筑物应由有资质的人员进行定期维护。办公建筑物维修用机械设备、个人防护装备和应急程序等应向员工及时培训，确保维修设备有防护设施等安全要求，并正确放置、定期检查维护，同时保持仓库环境干净整洁。对于受限空间作业、动土作业、高处作业等应遵守作业许可管理的相关规定。维修区域应设置围栏、拉线，进行隔离，明确禁止随意进出等标识。

第三节 用电设备与消防安全

办公室用电设备众多，如线路过载会使电线发热，绝缘层老化或损坏，严重时可能引发短路和火灾。人员违规操作，如在插座上过多地连接插头，导致接触不良产生电火花等，都可能引发火灾。

一、用电设备安全

办公室人员应正确使用用电设备，包括电脑、打印机、复印机、扫描仪、投影仪等办公设备；吊灯、台灯、筒灯等照明设备；饮水机、电热水壶、咖啡机、加湿器等小型电器和空调设备。熟知用电设备的潜在危害和预防措施。

（一）通用要求

——用电设备应固定牢靠，保持正常工作状态，禁止使用有故障及超过检修期的设备；用电设备应按要求进行接地、绝缘。

——用电设备（包括线路）的安装、维护、修理或拆除应由专业人员进行，并采取安全措施（如上锁、挂牌等）。

——电插板、插座、开关、电线等应符合相关标准要求，保持清洁，不得被任何物体覆盖。

——所有电线电缆应完好无损，排列整齐，远离易燃物、热源、腐蚀品、金属管路等。

——非专业人员不得随意进入配电室。

——在地下埋有电缆的地方应做出明显的警告标识，并确保电缆线阻燃、定期检测。

——所有便携式用电设备应进行正常的维护、检测。

——下班离开时，应关闭办公区域的所有电源开关，各类充电器不得在办公室无人情况下使用。

——禁止在计算机、磁性存贮设备附近使用磁铁等磁性物品。

——每天应目视检查用电设备，确保连接紧固。

（二）操作要求

操作用电设备应注意以下事项：

——使用设备之前应熟知操作规程。

——开启设备之前应确保防护装置完好。

——移动、调整设备之前应先切断电源。

——通风装置应确保完好，避免设备过热。

——禁止电路过载。

——禁止操作挂有危险标牌的设备。

——设备发生故障应及时隔离，并做出标识，及时请专业人员处理。

（三）人体工效学

使用电脑应满足以下人体工效学相关要求：

——工作面和座椅的高度适中，确保下肢有足够的活动空间。

——正确放置键盘，操作者保持前臂处于水平位置，胳膊肘和前臂的角度保持在 70°～90°。

——电脑屏幕摆放在正前方，屏幕上方比视线略低；文件放置位置应容易存、取，方便时可使用文件架。

——操作者和屏幕的距离宜保持在 35～80cm。

——显示屏不宜直接面对、背对窗户或墙壁，不宜直接放置在光源的正下方。

二、电梯乘用安全

（一）电梯使用要求

——应由专业人员对电梯进行定期检查、维护、检验并确保状态完好。

——遵守电梯指南和限制条件，着火或紧急情况下，不得使用电梯。

——禁止在电梯内吸烟；禁止用手或脚保持电梯门的开放状态，不得乘坐货物电梯。

——应按要求对扶梯定期检测，并确保应急按钮完好，供紧急情况下使用。

——应在扶梯的底段和顶段设立标识牌，提示员工乘坐扶梯要扶扶手、禁止逆向行走、脚和松散衣服要远离扶梯边缘等注意事项。

(二) 乘梯"四看"

——看是否有"停梯检修"标志，如果有，请不要乘坐。

——看是否有"安全检验合格标志"，如果没有或过期，请不要乘坐。

——看是否超载，如果超载，请不要乘坐。

——看是否运行正常，有异常响声或抖动，请不要乘坐。

(三) 乘梯"十不"

——不倚靠电梯门。

——不强行阻挡电梯关门。

——不冲抢挤入。

——不一只脚在内，一只脚在外停留。

——不打斗嬉戏。

——不在电梯内抽烟。

——不携带危险易爆物品。

——不身体挡门，等候他人。

——不超载乘梯。

——不在发生地震、火灾时乘梯。

(四) 故障的应对

——电梯发生紧急故障时，往往出现异常震动和声响，有时轿厢内一团漆黑，使用人员应保持镇静，不要慌乱。

——遇有电梯停运困人故障时，及时通过轿厢内报警装置或随身携带的电话通知电梯管理单位或维护保养单位，电梯管理单位采取应急措施实施救援。

——当电梯运行中突然出现剧烈震动和异常声响时应立即停止电梯运行，等待救援。

——当电梯运行中突然停车，且停在非开门区域时，应通知电梯维修人员先将轿厢的控制电源切断，再去机房盘车，使轿厢就近平层，打开轿、层门，有序撤离。当电梯停车后，若轿厢地坎高于层门地坎60cm或是轿厢停在上下相邻两层门出口之间，要耐心地在轿厢里等待维修人员前来营救，不应从安全窗撤离轿厢。

（五）突然下坠应对

当电梯行驶时，突然产生超速下坠时，在轿厢内的人员必须保持镇静，绝不允许扒开轿门。这种超速下坠故障出现后，电梯的安全装置会起作用，轿厢会迅速停止运行。

假如轿厢并未停止运行，突然发生失控现象，乘客需赶快将脚跟提起来，双腿微曲、后背抵住厢壁，双手抱住头部；如有扶手的电梯，双手可扶住扶手，双臂微曲，整个身体要绷紧，让自己的身体变成弹簧，以增加缓冲力，防止因轿厢冲顶或撞底而发生伤亡事故，如图4-1所示。

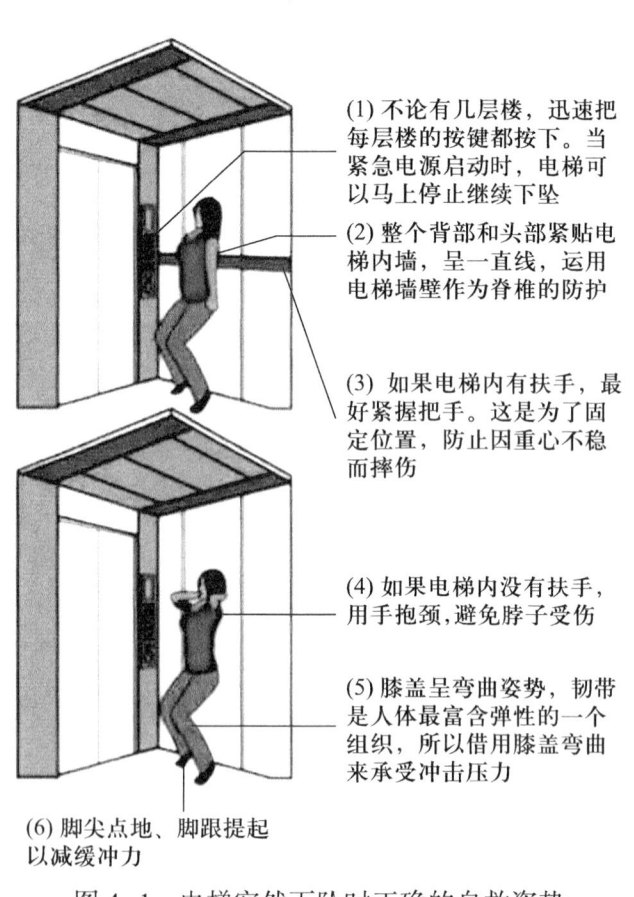

(1) 不论有几层楼，迅速把每层楼的按键都按下。当紧急电源启动时，电梯可以马上停止继续下坠

(2) 整个背部和头部紧贴电梯内墙，呈一直线，运用电梯墙壁作为脊椎的防护

(3) 如果电梯内有扶手，最好紧握把手。这是为了固定位置，防止因重心不稳而摔伤

(4) 如果电梯内没有扶手，用手抱颈，避免脖子受伤

(5) 膝盖呈弯曲姿势，韧带是人体最富含弹性的一个组织，所以借用膝盖弯曲来承受冲击压力

(6) 脚尖点地、脚跟提起以减缓冲力

图4-1 电梯突然下坠时正确的自救姿势

三、办公室消防安全

火灾是办公区域最有可能发生的事故，一旦发生，轻则造成财产损失，重

则致使人员伤亡。要做到"预防为主，防消结合"就必须做到：制订结合本单位实际的消防应急预案，组建义务消防队伍，绘制消防器材平面布置图；消防器材管理要指定专人负责，并进行登记造册，建立台账；做到防火安全人人有责、处处有人管；建立定期检查制度，杜绝火灾、爆炸事故的发生，若发现隐患，应及时整改。

（一）消防设施配置

入驻办公楼之前，应确保办公楼经过消防机构的专项消防验收达标，符合要求并考虑建筑物逃生设施、灭火设施、报警方式、人数限制等要求。

办公室内部布局应符合相关要求，办公桌椅等设施应合理摆放，确保员工快速方便地到达出口。应定期对便携式灭火器进行检查、更换和维护。

办公区域的火灾自动报警、自动灭火、应急照明、疏散指示标识、消防控制室的设计应符合现行国家有关防火规范的规定，并定期维护，确保完好。

应保持办公区域的良好卫生，明确"禁止吸烟"的区域。可燃物质使用完毕或工作日结束后，应放置在金属箱里。

应将便携式灭火器放置在专门的托架里，高度适中，易于识别。灭火器不应放置在壁橱里或地面凹处，也不应影响逃生路线；应在灭火器附近给予提示，说明此灭火器能处理何种火灾。

（二）逃生消防标志

1. 设置基本要求

——逃生设施应进行正常维护，标识清晰，逃生路线应畅通无阻，应急照明完好，标牌尺寸和颜色应符合规定。

——消防安全标志应设在与消防安全有关的醒目的位置，标志的正面或其邻近不得有妨碍公共视读的障碍物。

——安全标志不应设置在门、窗、架等可移动的物体上，也不应设置在经常被其他物体遮挡的地方。

——设置消防安全标志时，应避免出现标志内容相互矛盾、重复的现象。尽量用最少的标志把必需的信息表达清楚。

——方向辅助标志应设置在公众选择方向的通道处，并按通向目标的最短路线设置。

——疏散标志牌应用不燃材料制作，否则应在其外面加设玻璃或其他不燃透明材料制成的保护罩；其他用途的标志牌制作材料的燃烧性能应符合使用场所的防火要求。

2. 室内消防标志要求

——疏散通道中，"紧急出口"标志宜设置在通道两侧部及拐弯处的墙面上，标志牌的上边缘距地面不应大于1m。

——也可以把标志直接设置在地面上，上面加盖不燃透明牢固的保护板。

——标志的间距不应大于20m，袋形走道的尽头离标志的距离不应大于10m。

——疏散通道出口处，"紧急出口"标志应设置在门框边缘或门的上部。

——标志牌的上边缘距天花板高不应小于0.5m，下边缘距地面的高度不应小于2.0m。

3. 室外消防标志要求

——室外附着在建筑物上的标志牌，其中心点距地面的高度不应小于1.3m。

——室外用标志杆固定的标志牌的下边缘，距地面高度应大于1.2m。

——设置在道路边缘的标志牌，其内边缘距路面（或路肩）边缘不应小于0.25m，标志牌下边缘距路面的高度应在1.8~2.5m。

——对于地下工程，"紧急出口"标志宜设置在通道的两侧部及拐弯处的墙面上，标志的中心点距地面高度应在1.0~1.2m，也可设置在地面上，标志的间距不应大于10m。

（三）消防检验检查

消防设施的检验检查应当每年至少组织一次，主要对消防设施系统的联动控制功能进行综合检验、评定。消防设施的检查内容要求：

——火灾自动报警装置每层、每回路报警系统和联动控制设备的功能试验，每12个月累计对每只探测器、手动报警按钮检查不少于一次。

——应能每月、每季度进行一次系统应急照明启动功能和自检持续时间的检查；月自检的自检持续时间应为300~600s；季度自检的自检持续时间应为30min±5min；不能应急启动或自检持续时间不满足要求时，系统应发出自检故障报警。

——自动喷水灭火系统在末端放水，进行系统功能联动试验，水流指示器报警，对消防设施上的仪器仪表进行校验，每 12 个月累计对每个喷头、末端放水阀检查不少于一次。

——每 12 个月累计对每个消火栓、卷盘、水带、水炮检查不少于一次。

——通过报警联动，检查气体灭火系统功能，并进行模拟喷气试验，还应检查电梯迫降功能、防火卷帘门、电动防火门的功能、消防广播切换功能、正压送风或机械排烟系统功能，并测试风速及风压值。

（四）应急处置要求

应制订办公楼火灾、地震等紧急情况下的应急预案，并进行定期演练，确保员工熟知紧急情况下的职责和正确处理程序。

应建立火灾情况下的应急报警体系并定期维护，包括火险报警钟、警报点和电话等。在应急电话附近做出明显标识，所有的应急沟通系统应定期测试。

应确保员工熟悉紧急疏散程序、报警方法、逃生出口位置和紧急集合点位置。听到火灾报警离开办公楼时，应关闭窗户和门。

存在出租区域的办公楼，应和承租方制订联合火灾应急预案。声明出租方和承租方的应急职责，还要考虑各自的报警系统、逃生路线、急救房间和灭火设备等，应将应急预案提供给所有相关方。

第四节 餐饮安全与燃气安全

餐饮安全是确保员工在餐饮服务过程中食用的食品无毒、无害，符合应有的营养要求，且不会对人体健康造成任何危害。燃气在餐饮场所中的使用带来了便利，但同时也伴随着燃气泄漏，引发火灾和爆炸的安全风险。

一、餐饮安全要求

企业餐饮服务商必须依法取得餐饮服务许可证，按照许可范围依法经营，并在就餐场所醒目位置悬挂或摆放。

（一）餐饮场所要求

餐饮场所应当保证安全出口的畅通，不得封闭、堵塞安全出口；安全出口处不得设置门槛。安全出口数目、安全疏散距离、疏散门和疏散通道的宽度应当符合国家标准或行业标准。

餐饮场所应配有相应的更衣、采光、照明、通风、防腐、防尘、防蝇、防鼠、洗涤、存放垃圾和废弃物及安防设施；食品加工区与就餐区地面防滑、易清洗，污水排放达标，门窗装配严密。

餐饮场所应配备足够的周转餐（饮）具，使用前后应当彻底清洗、消毒、保洁，消毒效果符合国家有关卫生标准。禁止重复使用一次性餐（饮）具，不得使用无证生产和未经检验的餐（饮）具或检验不合格的一次性餐（饮）具、餐巾（纸）。

（二）食物食品储存

企业及餐饮服务商应当设立专用的库、架贮存食料并应有防潮、防霉、防蛀、防鼠等防害设施。贮存食品原料的场所、设备应当保持清洁，禁止存放有毒、有害物品及个人生活物品。应当分类、分架、隔墙、离地存放食品原料，并定期检查、处理变质或超过保质期限的食品。

储物柜和烘箱应距地面 10~15cm（除非其设计已经能够满足防尘、防虫的功能）。墙壁应刷成浅色，表面光滑。

天花板应表面光滑、浅色、透气性好，避免水蒸气凝结滴落在设备、食物和员工身上，同时定期清洁，推荐的频次是一年三次。工作面最好是不锈钢桌面，易于清洗，不吸收食物的水分，边缘圆滑。

干燥食品应储存在阴凉、干燥、通风的环境，温度保持在 8℃ 左右。食物应放置在有盖的箱子里或货架上，离地面至少 45cm 高。储存的货架应防潮，最好使用不锈钢支架。

易腐败的食物（如新鲜的肉、鱼和奶制品等）应储存在冷藏区域，期限不要超过三天。冷冻食物也最好在保质期内使用。冷藏设备不应过载，防止空气循环受阻。正常冷藏温度在 1~4℃，冷冻温度在 −18~−24℃。

应定期检查冰箱或冰柜的温度计。确保冰箱或冰柜的门密封完好，使用冰箱储存食物时，生熟食物应分开储存。所有的食物都不应裸露放置。容易溢出的液态食物应放置在低层，罐头食品不要开盖保存。

（三）食品卫生要求

餐饮场所食品加工制作的专用设施实行"三定一挂"，即定人、定岗、定责、挂牌管理；食品容器、工具、设备应按国家卫生标准要求清洗和消毒。

食物准备区域都应有洗手盆，可供应冷热水，并备有肥皂，洗手盆只能洗手不得他用。洗盘子时可用手洗也可机洗，手洗盘子时应按四个步骤进行：冲去废弃物、用热水和洗涤剂洗、漂洗和干燥。

要有两个相邻的洗涤槽备用，用来控去盘子上的水。机洗盘子时，清洗的温度控制在 55～60℃，漂洗的温度控制在 80℃，洗碗机需定期检查和维修，每天清理内部的过滤网。

应采取下列措施控制消除老鼠、蟑螂和苍蝇：

——清洁是关键，尤其要移除阴暗角落、设备固定点四周和墙缝、地板缝里的食物残渣。

——食物应放置在地板以上一定高度，避免食物渣洒落在地给害虫提供食物。

——剩余食物应密封保存，食物应保存在带有盖子的容器内，避免苍蝇叮食。

——搬运食物的设备应定期清洁检查，防止感染鼠疫。

——运进来的食物应仔细检查，拒绝接受有撕咬过迹象的食物。

——垃圾处理区域应保持清洁，垃圾箱应有盖子防止害虫进入。

——排水管道应处于良好状态，阻止有害动物进入。

——可考虑使用紫外线杀虫灯。

——在食物储存间合理使用杀虫剂，禁止在裸露的食物附近喷洒杀虫剂。

——看到老鼠、蟑螂或其他害虫应立即报告主管人员。

各单位可以在食堂和餐厅配备专兼职营养师，开展减盐、减油、减糖"三减"活动，定期对员工开展营养、平衡膳食和食品安全相关培训，为不同营养状况的员工推荐相应食谱。食堂管理人员应保证食品储存区及时进行仔细清洁，负责食品处理的员工应满足标准规定的卫生、健康等要求；食品处理设备应定期清洁并安全使用。

（四）从业人员要求

企业或餐饮服务商应当建立从业人员健康档案。每年应对从业人员进行健康检查，取得健康合格证明后，方可从事餐饮服务工作。所有取得健康证人员证件应张贴在食堂醒目处进行公示。

从业人员应保持个人清洁卫生，穿戴合适的工作服，洗碗工应戴手套，工作时不得戴首饰、手表，不得化妆；不得将工作服穿到办公区域外面。

进行食品加工的操作人员，手部应保持清洁，操作前应洗手，接触直接入口食品应戴口罩，手部严格消毒；接触过食物（尤其是生的食物）或接触过身体（尤其是头发）之后，应彻底洗手后才可进行食物处理或进入食物服务区。

从业人员要做到"四勤三短"，即勤洗工衣、勤剪指甲、勤洗澡、勤理发，保持头发短、胡子短、指甲短，私人物品不得带入食品加工操作场所。

定期组织对食堂操作人员开展上岗前的燃气安全专业知识培训，包括燃气安全操作规程、燃气泄漏检测方法、应急处置措施等知识技能，培训考核合格后方可上岗。

应在食物处理区域配备急救药箱，并定期检查急救药品的使用情况及状态。割伤、擦伤、烧伤等应使用防水创可贴。

（五）食品加工设备

食品加工区与就餐区地面防滑、易清洗，污水排放达标，门窗装配严密。食品处理设备应紧固牢靠，定期清洁和消毒；有效监控危险设备，并确保监控措施到位；在使用这些设备之前，员工必须经过培训，熟知设备的正确使用和清洁方法。

用于加工植物性食品原料和动物性食品原料及半成品和成品的刀、墩、板、桶、盆、筐、抹布及其他工具、容器等应标志明显，分开使用，定位存放，使用前后清洗、消毒，确保卫生清洁。各种食品原料在使用前必须清洗干净，蔬菜类应与肉类、水产品类分池清洗，切配好的半成品与原料分开存放。

用于餐饮加工操作的工具、设备必须无毒无害，标志或区分应明显，并做到分开使用，定位存放，用后洗净，保持清洁；接触直接入口食品的工具、设备应当在使用前进行消毒。

应当按照要求对餐具、饮具进行清洗、消毒，并在专用保洁设施内备用，不得使用未经清洗和消毒的餐具、饮具。

应当定期维护食品加工、贮存、陈列、消毒、保洁、保温、冷藏、冷冻等设备和设施，校验计量器具，及时清理清洗，确保正常运转和使用。

二、燃气设施要求

办公场所的燃气设施主要包括锅炉房、直燃机房、食堂等燃气场所，用于燃气调压、配送的管道、阀门、计量器具和设备，以及紧急切断装置、报警系统、燃气泄漏检测仪器和安全标志标识等。

（一）燃气检测要求

——锅炉房、直燃机房、食堂和使用燃气的租赁经营场所，必须安装使用燃气浓度检测报警器、自动切断装置和抽排风联动装置，并保障其正常使用，报警器系统应有备用电源。

——天然气浓度检测报警器与燃具或阀门的水平距离不得大于8m，安装高度应距顶棚0.3m以内，且不得设在燃具上方。

——燃气浓度检测报警装置和便携式燃气泄漏检测仪应在有效期内使用，每年应由专业机构进行一次检定。

——餐饮场所燃气设施每日每班至少应巡检一次。下班离开食堂时，对所有设施应进行检查，确认安全完好后，关闭燃气进气总阀。

（二）安全标识要求

——应在有燃气管道的区域设置用于表明管道走向、里程、权属单位、抢修电话、安全警示的标志桩，标注"燃气管道"字样。标志桩可设置在路面、草坪、道路转弯、路口等地段。

——埋地管道应在直管段每15~20m处、转角处、路口两端设置标志桩，在地面平坦、视碍少、管道顺直的地段，标志桩的安装间距可大于20m，特殊地段可以缩短安装间距。

——标志桩应安装在管道的正上方，当标志桩用作转角桩时，应安装在转角段中点的正上方；根据管道压力大小可设置为立方体、等边三角形柱体标志桩；标志桩的正面应包含警示用语并面向道路。

——管道沿线应设置路面标识，混凝土和沥青路面宜使用铸铁标识；人行道和土路宜使用混凝土方砖标识；路面标识应设置在燃气管道的正上方，能正确、明显地指示管道的走向和地下设施。标识上的字体应端正、清晰,并应采用红漆描红。

——调压柜、调压箱、阀门井等设施必须具有清楚且永久性的安全标志标识;标识内容应包括禁止标志、警示用语、燃气设施权属单位名称、抢修电话。

(三) 安全用气要求

燃气包括天然气(含煤层气)、液化石油气(简称液化气)和人工煤气等。使用燃气时有"十不准":

——不准在厨房使用多种气源(使用管道气的用户,厨房内严禁使用瓶装液化气或生煤球火)。

——不准在厨房内堆放易燃易爆物品,谨防火灾和爆炸事故发生。

——不准在燃气设施上拴绑绳索、电线或吊挂物品,燃气设施周边禁止燃放鞭炮。

——不准燃气用户擅自增、改、迁、装燃气设施和燃气计量器具。

——不准占压、覆盖燃气管道设施。

——不准将设有燃气管道、燃气器具的房间改做卧室、客厅和卫生间。

——不准将燃气管道、阀门、燃气器具等燃气设施密封或暗设安装。

——不准擅自移动、覆盖、涂改、毁坏、拆除燃气设施安全警示标志。

——不准非法使用燃气设施和盗用、转供燃气。

——不准擅自开启或关闭阀门箱和燃气表箱,破坏燃气设施。

同时,注意不要使用非燃气胶管,不要使用长度超过2m的胶管,不要使用非专用管夹固定,不要使用胶管超过两年。

第五节 正确认识工作外安全

工作外安全与工作以内安全同样重要,员工即使在家中受伤也要向公司报告,且工作外安全与工作内安全相互影响,工作外安全不仅关乎员工个人的生命安全和身心健康,还直接影响到家庭的幸福和社会的稳定。工作外安全是家庭成员幸福生活的基石。每个家庭成员都应该时刻保持警惕,遵守安全常识,加强家庭安全教育，共同营造一个安全、和谐的家庭和社会环境。

一、家庭安全

家庭安全是员工幸福生活的基石，包括燃气安全、用电安全、消防安全、食品安全、装修安全、防盗安全、居家安全等。人的安全是第一位的，没有人的安全，就没有家庭成员的团圆、安宁和幸福。同时，财产的安全也是家庭安全的重要组成部分，财产的损失是对家庭劳动成果的毁灭，是对家庭成员幸福指数的剥夺。因此，每个家庭成员都必须坚持"安全第一"的思想，时刻提防各类不安全事件的发生。

（一）燃气安全

安全使用液化石油气和天然气，使用后随手关闭阀门，再闭合燃气灶开关。烧饭或烧水时，专心看守，不远离厨房。出门前检查关闭燃气设备。液化气瓶应远离火源（至少1m），直立使用，严禁私自倒掉残液和抽气倒灌。使用燃气时，若听到微小漏气声音或闻到异味，应立即关火检查，开窗通风，勿使用电器。

（二）用电安全

正确使用各种家用电器，选择安全可靠电源开关，出门前关闭电源。不私拉乱接电线，不超负荷用电，插座上不使用过多用电设备。不用湿手触摸电源，不用湿布擦拭电器。电器冒烟或火花闪时，立即关掉总电源。家有孩童的，插座应配备安全塞。

（三）消防安全

不卧床吸烟、不乱扔烟头，不叫孩子玩火。熨烫衣服时不远离。不把点燃的蚊香靠近床沿、窗帘处。使用高压锅时，勤查通气孔。不在公共区域随意堆放杂物，保证公共通道、安全出口的畅通。不乱停乱放车辆，以免占用或堵塞消防车通道。

（四）食品安全

不买不吃不新鲜、腐败变质和过保质期的食品，果蔬清洗要浸泡、多换水，以去除致病性微生物、农药残留、重金属和污染物质。教育孩子不要到无证摊贩处购买食品，不买不食三无食品。食品工具（刀、砧板、揩布等）要生熟分开，做到专用。餐具要及时洗擦干净，有消毒条件的要经常消毒。家中不存放农药等有毒物品。

（五）装修安全

尽量挑选无污染、无毒害、无危害的装饰装修材料和家具。不拆除承重墙（柱）。妥善预埋电线，确保绝缘良好。加强通风换气，减少尘毒危害。装修完毕不立即搬入，防止污染危害健康。

（六）防盗安全

不向外人泄露家中的作息习惯、经济状况等。家中不存放现金及贵重物品。随时留意门外附近出现的特殊标识。通过安装防盗门、"猫眼"和设置有金属链的暗锁等有效措施防止盗窃。

（七）居家安全

不留孩子单独在家。家庭药物妥善保管，刀具、钉子等尖锐物品妥善存放。家住楼房时，窗户需有防护设施，不爬高或在阳台护栏上擦窗户、探取东西。家中宠物规范饲养，定时检查、注射疫苗。

为了进一步提升家庭安全，可以考虑安装一些安全设备，如户外摄像机、盲点摄像机、水传感器、运动检测器、烟雾探测器、燃气报警器、智能传感器、智能门锁等。这些设备可以在不同程度上提高家庭的安全防范能力。

二、交通安全

交通安全是指人们在道路上进行活动、行走、驾驶或乘坐交通工具时，遵守交通法规，确保人身安全、避免发生交通事故的一种状态或行为准则。交通安全关系到每个人的生命安全和家庭幸福，是社会发展、文明进步的重要标志。遵守交通规则，可以减少交通事故的发生，保障社会的和谐稳定。

（一）步行安全

——在道路上行走时，要走人行道；没有人行道的道路，要靠路边行走。

——横穿马路时，要走人行横道线，要遵守交通规则，做到"绿灯行，红灯停"。

——不乱穿马路、不闯红灯，要听从交通民警的指挥，在有过街天桥和过街地道的路段，应自觉走过街天桥和地下通道。

——在夜晚或能见度低的情况下出行时，穿着带有反光材料的衣物或配饰，以提高自身的可见性。

（二）公共出行安全

——乘坐公共交通工具时，不要在机动车道等公交车和追逐车辆，排队候车，有序上下车。

——在交通车上要坐稳扶好，不在车内玩耍打闹、饮食，不把头、手等身体任何部位伸出窗外。

——选择正规运营车辆，不乘坐超载或无载客许可证的车辆。

——乘车时系好安全带，以减少在紧急情况下受伤的风险。

（三）驾驶安全

——驾驶机动车时，应依法取得机动车驾驶证，并随身携带。

——严格按照交通标志和标线行驶，不随意变道、插队。

——遵守交通规则，不闯红灯、不逆行、不超速、不超员，不酒后驾车，不疲劳驾驶。

——出发前，要对车辆的安全性能进行认真检查，确保车辆安全。

——骑行各类电动车、摩托车时，按规定上牌，佩戴安全头盔并扎紧。

——骑自行车或共享单车时，走自行车专用道，不要走机动车道和人行道。

——骑行自行车须年满12周岁，骑电动自行车须年满16周岁，并佩戴安全头盔。汽车搭载婴幼儿时，务必使用安全座椅。

——拒绝使用、乘坐非法三无车船。

交通安全是每个人都应该重视的问题。通过加强交通安全教育、宣传和执行交通规则，我们可以共同营造一个安全、和谐的社会环境。每个人都应该自觉遵守交通规则，提高自己的交通安全意识，为社会的和谐稳定贡献自己的力量。

三、个人信息安全

随着互联网的普及和数字化进程的加速，信息安全面临着多方面的挑战，如黑客攻击、恶意软件、网络钓鱼等新型网络犯罪手法层出不穷。员工在非工作时间处理与工作相关的文件或信息时，可能面临个人信息或企业信息数据泄露的风险。

（一）信息安全内容

个人信息安全是指公民身份、财产等个人信息的安全状况，是信息安全领域中的重要组成部分。这些信息包括但不限于：

——基本信息（如姓名、性别、年龄、身份证号码、电话号码、Email 地址及家庭住址等）。

——设备信息（如计算机终端设备的基本信息，包括位置信息、Wi-Fi 列表信息、Mac 地址等）。

——账户信息（如网银账号、第三方支付账号、社交账号等）。

——隐私信息（如通讯录信息、通话记录、短信记录、聊天记录、个人视频、照片等）。

——社会关系信息（如好友关系、家庭成员信息等）。

——网络行为信息（如上网时间、上网地点、输入记录、网站访问行为等）。

（二）泄露途径与危害

个人信息泄露的途径多种多样，主要包括人为倒卖信息、手机泄露、PC 电脑感染、网站漏洞等。个人信息一旦泄露，可能带来严重的危害：

——侵犯个人隐私权：个人隐私权是每个人的基本权利，涉及个人的尊严和自由。如果个人信息被泄露或被滥用，个人的隐私权将受到严重侵犯。

——经济损失：个人信息泄露可能导致财产损失，如诈骗、身份盗窃等非法活动。

——社会信任与安全受损：个人信息泄露会破坏社会的信任体系，增加网络犯罪的风险，对社会安全构成威胁。

（三）保护信息安全措施

——提高信息安全意识：个人应增强信息安全意识，不轻易在网络上留下个人信息，避免在不安全的网络环境中输入敏感信息。

——使用安全软件：在计算机上安装可靠的安全软件，如杀毒软件、防火墙等，以防范恶意软件和病毒攻击。

——谨慎使用公共 Wi-Fi：尽量避免在公共 Wi-Fi 下进行敏感操作，如网上购物、登录个人账户等。如果确实需要使用公共 Wi-Fi，建议使用 VPN 等加密工具来保护信息安全。

——设置复杂密码：避免使用重复的密码，定期更换密码，并开启短信认证等安全措施。

——保护设备安全：确保使用的计算机和其他设备的安全，防止设备被盗窃或感染恶意软件。

——及时报警与维权：一旦发现个人信息泄露，应立即报警并向相关机构报告，以便及时采取措施防止损失扩大。同时，可以通过法律途径维护自身权益。

四、其他安全问题

员工在非工作时间内的安全状况，往往与其在工作中的表现和生活质量密切相关。因此，各级管理者应重视和加强员工工作外安全管理。

（一）活动安全

员工在工作以外业余时间，参加各类体育、健身、娱乐、旅行、郊游、庆典、集会、游行、演出、比赛等文体活动时，可能发生各类运动伤害、突发疾病、溺水、中暑、火灾、踩踏等意外事件。

（二）社会安全

员工在社交和消费活动中，可能遭遇诈骗、抢劫等违法和犯罪活动，可能参与赌博、打架、斗殴、吸毒、传销等非法团伙或组织。

（三）心理健康安全

员工要关注个人心理健康，学会释放压力，避免长期处于高压状态导致心理问题。积极参与社交活动，与家人、朋友保持良好沟通，分享彼此的快乐与困扰。必要时寻求专业心理咨询或治疗，及时解决心理问题。

（四）安全教育与传承

家庭安全教育在孩子的成长过程中具有重要意义。通过家庭安全教育，孩子们可以学习如何识别危险，掌握基本的自救自护知识，从而在遇到危险时能够迅速做出正确的反应，保护自己的人身安全。同时，家庭安全教育也有助于营造和谐的家庭氛围，增强家庭凝聚力，并传承良好的家风。

综上所述，各级领导要充分认识到工作以外安全的重要性，以及与工作内安全的关联性，一定要通过党政工团各类工作途径，从多个方面入手，包括建立全面的安全文化、关注员工心理健康、确保员工通勤安全、加强社区安全意识及定期评估与改进。同时，各级领导应关注和了解直线下属和员工的思想动态、家庭状况、健康状态、生活情况、精神状态，对存在或将要出现的问题，积极采取合理、可行和有效的措施，解决员工八小时以外的安全问题，营造一个更加安全、健康的工作环境，提高员工的幸福感和企业的运营效率，对促进企业安全生产、维护社会和谐具有重要意义。

相关链接：彼得原理（Peter principle）

彼得原理是由美国管理学家劳伦斯·彼得（Laurence. J. Peter）根据上千个有关企业中不能胜任的失败实例的分析而归纳出来的，其具体内容是："在一个等级制度中，每个员工趋向于上升到他所不能胜任的地位。"

一、核心观点

每一个职工由于在原有职位上工作成绩表现好（胜任），就将被提升到更高一级职位；其后，如果继续胜任则将进一步被提升，直至到达所不能胜任的职位。由此导出的推论是："每一个职位最终都将被一个不能胜任其工作的员工所占据。层级组织的工作任务多半是由尚未达到胜任阶层的员工完成的。"

二、彼得高地

每个职工最终都将达到一个无法再胜任更高职位的阶段，这个阶段被称为彼得高地。在该处，他的提升商数（PQ）为零，意味着无法再通过晋升来提升自己的职业地位。

加速提升到这个彼得高地有两种方法：一是上面的"拉动"，即依靠裙带关系和熟人等从上面拉；二是自我的"推动"，即自我锻炼和进步等，而前者是被普遍采用的。

三、组织应用

彼得原理提醒企业在晋升员工时需要谨慎考虑，不能仅凭员工在某一职位上的出色表现就盲目晋升。应该建立科学、合理的人员能力评估与选聘机制，客观评价每一位员工的履职能力和管理水平，将员工安排到其可以胜任的岗位。

不要把岗位晋升当成对员工的主要激励方式，应建立如加薪等其他更有效的激励机制。有时将一名员工晋升到一个其无法更好发挥才能的岗位，不仅不是对员工的奖励，反而使员工无法很好地发挥才能，也给企业带来损失。

四、个人启示

对于个人而言，虽然每个人都期待着不停地升职，但不要将往上爬作为自己的唯一动力。与其在一个无法完全胜任的岗位勉力支撑、无所适从，还不如找一个自己能游刃有余的岗位好好发挥自己的专长。应该根据自己的能力和兴趣来选择适合自己的职位，并在工作中不断提升自己的能力和素质。

五、彼得反转原理

彼得在对层级组织的研究中，还分析归纳出彼得反转原理：一个员工的胜任与否，往往是由层级组织中的上司判定，而不是外界人士。如果上司已到达不胜任的阶层，或许会以制度的价值来评判下属。例如，会注重员工是否遵守规范、仪式、表格之类的事；会特别赞赏工作迅速、整洁有礼的员工。他们会被组织认为是能胜任的工作者，因此有资格获得晋升。而以顾客、客户或受害者的观点来看，他们本来就是不胜任的。

综上所述，彼得原理是一个揭示企业中员工晋升现象的重要理论。它提醒人们在晋升员工时需要谨慎考虑员工的实际能力和潜力，以避免将员工晋升到无法胜任的职位上。同时，它也提醒个人在追求职业晋升时需要保持清醒的头脑和正确的态度。

第五章　HSE 常用的管理工具

自工业革命以来，随着安全管理工作的不断深入，国内外的各企业都在积极地探索、总结、完善和推广行之有效的安全管理的工具，安全管理的重点和难点是行为安全管理。人的行为不仅具有自发性、原因性和持久性，同时也是可以改变的，通过有效的 HSE 管理工具的运用，可以固化安全行为，纠正不安全行为。

员工行为的改变是逐步进行的过程，首先改变的是认知、其次是态度，再次是个体行为，最后是集体行为。其中获取认知较为容易，改变态度相对较难，改变个体行为更难，改变集体行为最难。行为的改变往往需要一定周期，在行为的改变过程中，应采取双向模式，分别从获得知识和约束集体行为开始，逐渐完成行为的改变，进而养成习惯，形成安全文化。

第一节　个人安全行动计划

个人安全行动计划是践行和体现有感领导的有效方式，是领导参与 HSE 管理过程的行动指南，是领导落实和践行安全承诺的具体体现，是领导自我改进提升、培养良好习惯、成就更好自我的有效方法。

一、目的和作用

个人安全行动计划的目的是通过各级领导以身作则，展示良好的安全行为，使员工真正感知到安全的重要性，并参与到安全管理中来，从而确保生产作业区域的安全。

（一）主要目的

——落实有感领导：通过个人安全行动计划，领导能够以身作则，展示对安全的重视和承诺，使员工感受到领导在安全方面的示范作用，从而增强员工对安全的感知和认同。

——强化直线责任：个人安全行动计划要求各级管理人员对自己岗位涉及的生产作业区域安全负责，明确各级的直线职能责任，促进系统安全管理，确保每个环节的安全都得到有效控制。

——实现属地管理：通过个人安全行动计划，管理人员能够明确自己所负责的管理工作区域，并按照标准和要求进行组织、协调、领导和控制，确保属地内的安全管理工作得到有效执行。

——指导 HSE 管理过程：个人安全行动计划是领导和管理者参与 HSE 管理过程的行动指南，它帮助管理者明确安全目标、任务和完成时间，从而有计划、有步骤地推进安全管理工作。

（二）主要作用

个人安全行动计划是落实有感领导的一个重要方法，是各级领导者基于岗位职责，结合本单位/部门的生产经营管理实际和个人日常安全行为，为完成自身 HSE 目标，就关键 HSE 工作任务和良好生活习惯，实施频次和完成时间所编制的书面计划或安排。

个人安全行动计划是领导干部自我改进和提升的工具，计划的内容是高于现状，需通过努力才能够实现的；已经能够做到或已经养成习惯的内容，不应列为计划的内容，不要搞成"八股文"的规定动作，要突出个人岗位特点和自我提升的实现需求。

综上所述，个人安全行动计划在安全管理中起着至关重要的作用，它不仅能够提高员工的安全意识，还能够促进安全管理的系统化和规范化，为企业的安全生产提供有力保障。

二、计划的内容

各级领导的个人安全行动计划，其内容主要包括领导行为、组织行为和个人行为三个主要的方面。

（一）领导行为

领导行为是指体现领导干部主动关注、积极推进 HSE 管理的具体行动。

主要应体现如何践行有感领导,包括带头讲授 HSE 知识、辅导直线下属、亲自开展安全经验分享、对员工进行安全观察与沟通、开展安全承包点工作等内容。蹲点调研、解剖麻雀是过去常用的一种调研方式,在信息化时代依然是管用的,可以有选择地开展蹲点调研。

坚持和完善领导干部承包点制度,领导干部不仅要"身入"基层,更要"心到"基层,始终关心安全承包点,关心承包点的员工,真心实意地了解基层工作、解决现场问题,做好基层问题和管理要求上传下达,直接了解、反馈和解决基层干部和员工的"所想、所急、所盼"。

(二) 组织行为

组织行为是立足于岗位职责,结合本专业年度 HSE 目标,确定需要关注并开展的 HSE 重点工作,以推动 HSE 职责与生产经营有机融合。针对组织行为,不同专业的领导应有不同的侧重点。

——办公室类:办公室安全、大型活动安全、办公车辆交通安全、食堂食品卫生安全、应急系统建设及应急信息收集等内容。

——党、工、团类:安全文化培育、员工健康、基层建设、劳动竞赛、文体活动、劳动保护和职业健康监督、基础管理等内容。

——劳资人事类:HSE 培训、HSE 绩效、HSE 组织机构优化、HSE 履职能力评估和领导干部提拔任用等内容。

——生产技术类:作业许可、工艺安全、HSE 管理工具和方法的推广,生产技术、设备管理、项目管理等业务中的 HSE 管理,承包商 HSE 管理。

——财务类:安全生产费用提取、HSE 资金计划制订和落实等管理内容。

——企管类:合规性管理,合同管理、制度建设等内容。

——审计监察类:对重点项目中 HSE 管理要求或 HSE 重点工作落实情况进行审计、监察管理的内容。

(三) 个人行为

个人行为是指领导率先垂范,带头做到要求员工遵守的一些具体安全行为,还包括关注工作外安全的具体内容,良好安全行为习惯、健康生活习惯、健身运动习惯的培养。如分析并解决自身或员工不安全的驾驶行为(副驾或其他乘坐人员不系安全带、疲劳驾驶等)可培养上车系安全带的习惯,如要提倡健康生活、健康饮食、绿色出行，可培养低碳、低脂、低盐饮食，骑共享单车或走路上下班的习惯。

三、制订的要求

通过各级领导个人安全行动计划的制订与实施，形成"管工作必须管安全，谁主管谁负责"的工作态度，形成"人人抓安全、事事讲安全，层层说安全"的氛围。

（一）做到"四个"结合

各级领导必须亲自制订个人安全行动计划，不能照抄照搬、也不能年年一成不变，更不能让安全部门或下属"越俎代庖"，写好个人安全行动计划，要做到"四个结合"，即是：

——与有感领导落实相结合，明确如何带领直线下属和团队的领导行为。

——与年度重点工作相结合，明确如何落实单位或部门的年度重点工作。

——与岗位安全职责相结合，明确如何落实业务范围内的主要安全责任。

——与个人安全行为相结合，明确如何培养良好的工作、生活方面习惯。

（二）遵循 SMART 原则

各级领导要制订出具体、可操作和可考核的个人行动计划，编制个人安全行动计划遵循 SMART 原则：

——S 明确性（specific）。计划任务设定要清晰、明确，要切中特定的工作指标，不能过于笼统，内容应该是具体的。

——M 可衡量性（measurable）。工作任务设定要明确、完成指标可量化，内容具有可衡量性，而不是模糊的。

——A 可实现性（attainable）。任务设定可实现，不能偏高或偏低，要略高于现状，通过努力就是可以实现的，但也不能高到难以实现。

——R 实际相关性（relevant）。任务设定要与工作计划、职责相关，也就是安全计划设定不能偏离实际，不能为做计划而做计划，应确有实际的需求。

——T 时限性（time-based）。计划设定要有时限性，要在规定时间或周期内完成，时间一到，就可以查看结果。

四、制订与实施

通过个人安全行动计划的编制，使各级领导明确地向全体员工传达安全工作的重要性，清晰表明和展示领导对于安全工作的重视的重要方式，以解决各级领导安全工作该做什么、为什么做、多长时间做、什么时间做。

（一）工作流程

各级领导干部应在每年年底前，由直线领导指导下，应亲自制订下一年度个人安全行动计划（不是安全部门人员代为制订），提交直线领导审核后，采取线上或线下的方式进行公示，以接受全体员工的监督。

计划实施过程中，本人填写安全行动计划实时记录，并注明计划内容是否完成，未完成的必须说明原因，直线领导对下属个人安全行动计划实施情况进行检查、督促。

新提拔的领导干部或领导干部岗位调整后，应及时按新任岗位职、业务风险和工作计划等内容，编制和实施新的个人安全行动计划。个人安全行动计划制订流程图如图5-1所示。

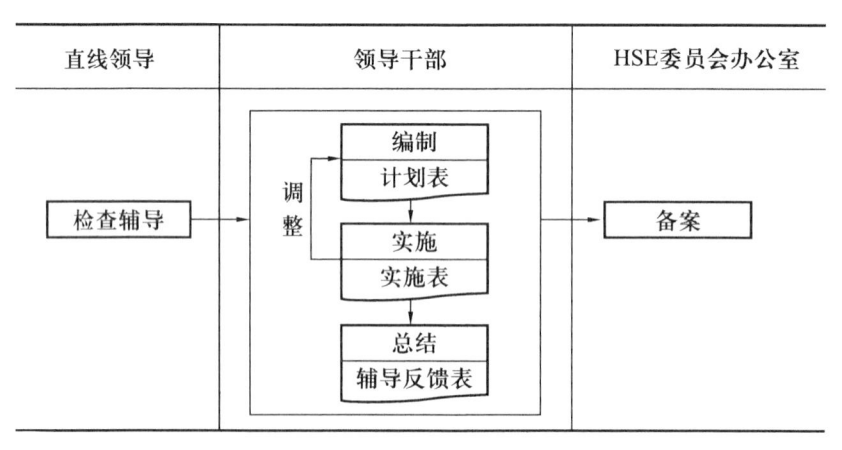

图5-1 个人安全行动计划制订流程图

（二）注意事项

个人安全行动计划制订与实施应注意如下几点：

——个人安全行动计划是领导干部向企业员工展示"有感领导"的重要信息，是营造安全文化的重要推手。各级领导干部应注重个人安全行动计划的编制质量，清楚自身计划的行动项目对于支持和提升自我和企业HSE业绩的价值。

——个人安全行动计划编制应结合本部门或单位的 HSE 文化发展阶段和 HSE 目标指标，计划内容应基于个人岗位职责要求，使之具有适用性和可操作性，并易于量化考核。

——个人安全行动计划不是个人工作计划，不是直接罗列自己的岗位职责和业务工作，内容应充分体现岗位风险特点、个人行动习惯和管理方式。

第二节 安全经验分享

安全经验分享是为了让员工了解和掌握有效的安全工作方法，认识事故事件的原因、危害和教训，使安全工作方法得到应用、安全典型经验得到推广、事故事件教训得到分享，提高全员安全意识和技能，防范事故发生的一种实用有效安全管理工具。安全经验分享是在总结事故案例分析、优秀方法推介、安全经验宣讲等工作基础上产生的一种简便易行、适应性强、易于接受、效果良好的，在当前国际上比较流行的安全管理工具。

一、分享的概述

安全经验分享是提高员工安全意识的一种有效方式，是要让员工讲工作、生活中的安全事例、安全事故，要领导带头让员工全员参与，从而潜移默化地提高员工安全意识。

（一）分享的魅力

"分享"的意思是指和别人共同享有欢乐、幸福、好处、经验等感情、信息资源。至少要具备提供人、分享人、可分享性三个因素，分享是信息传播的"倍增器"。信息不是有形的实物，不会在分享过程中减少或消失，即提供方把信息传递了对方，在对方获得了此信息的同时，提供方并没有失去它。恰恰相反，正是因为这种传递和分享，能为越来越多的传递者和被传递者所共享，这是有别于实物分享的独特之处。

（二）分享的理解

"安全经验"是通过安全事件得来的安全工作方法、安全管理经验、生产安全事故教训及安全认识或技能。积累安全经验的过程就是提高安全认识、提高安全技能的过程。安全经验越丰富，安全认识就越深刻，安全技能就越高超。

"安全经验分享"是指将本人亲身经历或所见、所闻的典型经验、教训、事故事件、安全工作方法、实用常识等总结提炼出来，利用各种时机（如在会议、培训等集体活动前）在一定范围内进行介绍和讲解，使教训和常识得到分享、典型经验得到推广的一项活动，以达到提高全员安全意识和技能的目的。

安全经验分享的目的是要警钟长鸣，吸取教训，让听者受益，要让员工从事故教训中真正得到启迪，防止类似事故的再发生。应从事故教训中举一反三，反思自己的行为习惯，应采取切实可行的预防措施，不断改进工作方法，真正把安全经验应用在今后的工作和生活中。

（三）内容与来源

安全经验分享的内容可以是涉及企业生产经营等诸多方面，也可以是八小时之内的工作经验，也可以是八小时之外的生活常识，可以是自己或别人的遇险经历，可以是从媒体上看到的事故，也可以是自己或别人好的做法等。

——通过介绍、总结自身好的实际做法或看到、听到别人好的经验，对听众起到借鉴和启发的作用，主要是推广典型经验和做法。

——通过讲述亲身经历的事故、事件（险情）或讲解其他事故案例，对听众起到警醒作用，能举一反三，做到事故资源共享和教训的吸取。

——通过讲述自身或看到、听到的不安全行为或状态，使听众进一步认识人的不安全行为、物的不安全状态，从而规范参与者自身行为并有利于查找各类隐患。

二、分享的作用

安全经验分享是提高当前员工安全意识的一种有效形式，具有场面生动、感染力强、内容丰富等特点，容易让员工切身体会到事故带来的危害性和安全的重要性，从正反两个方面引发员工认真思考和领悟。这种方式员工自觉参与性强，印象深刻，达到了潜移默化提高员工安全意识的效果。

（一）改变安全教育方式

安全经验分享过程，是一种互动性的安全教育活动，强调管理层、操作层都参与一起互动。是一个让员工感受、享受安全教育的过程，让员工感觉是在听故事、看图片、观录像，讲解人与员工之间形成了平等的互相交流和信任的关系，使员工感觉轻松愉悦，产生听的乐趣，在不知不觉中受到安全教育，激发员工参与安全管理的积极性。

（二）提高员工防范意识

分享事故教训是一个让员工从分享事故教训过渡到防范事故的过程。在分享过程中，让员工清楚了解事故发生的原因、教训和防范措施，在员工掌握了这些防范措施后，能发现本单位安全管理上存在的漏洞，会按照分享到的经验去防范事故，形成全员安全防范意识。

（三）提高员工防范能力

交流安全工作经验是一个提供人与分享人共同提高安全能力的过程，重要的是不仅在交流中学习安全工作经验，更是在共享先进的安全做法，学会和掌握先进的安全工作方法并应用到工作中，提高企业安全管理水平，增强员工防范事故的能力。

（四）宣传安全管理理念

分享的一个重点内容是安全管理理念，通过提供人用灵活、易于接受的方式灌输各种安全理念，潜移默化地影响员工的思想向正确的方向发展，从而影响和规范员工的安全行为，形成良好的企业安全文化。

通过长期坚持开展安全经验分享，能启发员工互相学习，激发全员积极参与 HSE 管理，创造一种以 HSE 为核心的"学习文化"；同时，能使员工自觉纠正不安全习惯和行为，树立良好的 HSE 行为准则，促进全员 HSE 意识的不断提高，形成良好的安全文化氛围。

三、形式与要求

安全经验分享的形式可以分为现场演讲式安全经验分享（例如各类会议、活动、培训前等）和文化宣传式安全经验分享（文章、板报、宣传栏、安全常识小册子），通过共同分享，可以让听者受益，营造良好的文化氛围。

（一）现场演讲式

安全经验分享的形式非常丰富，人员集中的地方，不限于各类 HSE 会议，各类活动或培训之前都可以，可以是会议或活动的主持人，也可是事前指定的人员，或其他人员主动进行经验分享，可以通过讲故事的方式直接讲述，也可以是口述加多媒体、视频、图片、等形式。

利用各种培训或会议，提前将安全经验分享列入议程，一般由主持人亲自或安排相关人员将自己亲身经历或看到、听到的安全健康环保等方面的事情，以讲故事的方式在会议上讲经过、后果、感受、应吸取的教训，然后由参会人员谈认识、感想、防范措施、注意事项等，最后归纳小结，加深大家的认识和理解。

通过讲安全小故事的方式，达到"将自己的教训成为大家的经验"的目的，让员工在听故事中潜移默化地提高自身安全意识，让员工在分析故事中自然参与安全活动，逐步强化和巩固防范知识与技能。

安全经验分享在时间安排上要灵活，时间不宜过长，一般掌握在 5~10min（1/5 时间讲故事，4/5 时间讲教训）。讲解人员主要起引导和总结的作用，最重要的是让与会人员主动申请，主动参与，形成人人"讲"安全的氛围。

开展安全经验分享的单位将安全经验分享记录在已有的会议记录中。记录的主要内容有分享者姓名、分享的主题内容、所讲的主要情节、吸取的经验教训、好的安全做法、讨论中值得关注的观点、有益的补充等。

（二）文化宣传式

将有关 HSE 方面的知识通过在内网上发表文章，或通过办报纸、制作宣传栏等形式，引起员工的注意，促使员工从事故或事件中汲取教训，充分认识安全工作无小事，将日常工作中的小事做细、做精、做到位，为实现企业安全生产无事故打下坚实的基础。

收集事故现场照片、现场调查资料及权威的事故原因调查分析鉴定意见，对事故现场利用多媒体直观再现，真实触目惊心的事故现场，被爆炸冲击波破坏的建筑物及人员急救等场面，通过具有强烈冲击力的图片、视频效果，使事故现场深刻地印在员工们脑海里。

四、注意的事项

安全经验分享是全员参与安全教育、提高整体安全意识的有效手段，不能像搞运行一样，按时间、分阶段去完成，或分配任务轮流坐庄。而是要抓住一切可以利用的机会，见缝插针式地，自觉自愿主动积极地进行交流分享。贵在长期坚持、重在全员参与，日积月累员工就形成了一种安全习惯，安全就会变成全员的自觉行动，安全意识自然就会提高。

（一）应紧扣会议或培训主题

安全经验分享的内容应该结合会议或培训主题，抓住带有针对性的案例加以剖析，使参与人员从内心深处有所感悟，心灵上产生强烈共鸣，而不能撇开会议或培训的实际，随手抓一个与主题毫不相干的案例，这样既浪费时间又浪费精力。

（二）分享最熟悉鲜活的内容

安全经验分享讲学者要讲自己最熟悉、最专业、最有资格讲的东西，这样才有权威性和可信度，不要讲自己不熟悉、不专业或太陈旧的内容，只有这样其他人才能听进去。要讲自己亲身的经历，自己专业领域的内容，自己最熟悉的事件。也不要总是老生常谈，要与时俱进，跟上时代的步伐和节奏，讲述的事例越鲜活越有吸引力。

（三）分享要互动让听者受益

安全经验分享要避免只是主持者一人在台上讲、大家都在台下听的传统模式，要将话语权交给员工，让大家发表感受和想法，让员工都参与其中，主持者主要起引导、把握方向、营造气氛、归纳小结的作用。在讲述时讲清教训、讲明做法，明确要达到的目的和产生的预期效果，就能使参与人员从心底留下深刻印记并从中受到教益。

（四）分享重点是感受和启示

安全经验分享的重点不是在要分享的事故本身，不仅仅要分享事故经过、后果和谁受到了处罚，更要分享的是分享者的感受和思想，要和参会人员谈认识、感想和防范措施等，最后归纳总结，重点应放在如何吸取经验和教训上。

按 2∶8 原则，少部分的时间分享事件本身，大部分的时间是大家讨论分享各自的感受、认识、启示，以及发出的号召和采取的行动，这才是安全经验分享之根本所在。

第三节　安全观察与沟通

"安全观察与沟通"是一种安全管理方式，起源于美国杜邦公司的"安全培训观察程序"（STOP），现已被很多国际大公司所采用。在国内外不同的公司还有不同的名称，如英国BP公司称为"安全行为路径"（BBS），英荷壳牌公司称为"事故控制卡"（ACT），美国道氏公司称为"基于行为的绩效活动"（BBP）。

一、安全观察与沟通概述

安全观察与沟通是一种管理的方法、沟通的技巧和领导的艺术，是各级管理者履行安全职责，践行有感领导，实现领导承诺的必备技能，是落实有感领导，展现领导承诺的一种有效手段。安全观察与沟通是一种以行为为基准的观察计划，是为各级管理者，上至公司管理层，下至一线主管及班组长特别设计的一种对员工行为进行观察、沟通与干预的系统性管理方法和工具。

安全观察与沟通可以激励和强化安全行为，及时发现和纠正不安全行为，避免伤害和事件的发生；它提供了双向沟通平台，可对员工行为进行干预，提高员工的安全意识，营造安全文化氛围；通过对观察结果的统计分析，可了解安全管理运作良好的部分，识别管理中的薄弱环节，建立安全预警机制，为持续改进提供依据。

安全观察与沟通的实质就是各级领导干部平等地与员工一起讨论安全问题，需要沉下身子，放下架子，撇下面子，像对待自己的兄弟一样对待员工，切忌高压和责骂，建立良好的沟通氛围是成败的关键！通过积极而正面的行动，强化安全行为和纠正不安全行为，提升员工的安全意识，营造一个人人谈安全、人人重视安全的企业氛围，进而形成全体员工共同的价值观，培育良好的企业安全文化。安全观察与沟通是通过改变管理者的态度与员工的心态，进而建立起良好的安全文化。

（一）与安全检查的区别

安全观察与沟通与处罚式传统安全管理方法不同，它是以请教而非教导的方式与员工平等地沟通，引导和启发员工思考更多的安全问题，从而坚持安全行为、纠正不安全行为。安全观察与沟通和传统安全检查是两种不同的安全管理方式，不能相互替代，但可以相互借鉴、相互补充。

——传统的安全检查更多地关注物的不安全状态或隐患，较少涉及到人的不安全行为；而安全观察与沟通的核心在于关注人的安全与不安全行为。

——传统的安全检查只关注找出现场存在的隐患和问题，结果是批评、指责或处罚；而安全观察与沟通不仅要找出作业现场的不安全行为，还要鼓励和表扬安全的行为。

——传统的安全检查是被动的，由上而下的、单向的告知，不能完全达成共识，执行力不好；而安全观察与沟通则是互动的，平等的、双向的沟通，达成共识后，执行力较好。

——传统的安全检查关注的是检查的结果；而安全观察与沟通关注的是沟通的过程，并采取让被观察者更容易接受的方式、方法进行沟通。

——传统的安全检查的结果会与考核、处罚等机制相关联；而安全观察与沟通结果不作为处罚的依据，是非处罚性的。

安全观察并非为了抓住正在进行不安全作业的人！安全观察与沟通是一组原则及技巧，可用来观察人员的安全及不安全的行为，并讨论有关其安全工作的方式。所以无论从哪一种角度来看都不应和惩戒制度有任何关联。"非惩罚"是基本性原则，其目标之一就是由员工探讨自己的行为，了解哪些行为是安全的，哪些行为是不安全的，为何不安全的行为需要加以纠正，从而能更加安全地工作。

安全观察的结果不作为处罚的依据，指的仅仅是针对不安全行为，但如以下两种情况，应按处罚制度执行：可能造成严重后果的违章行为；违反安全禁令的严重违章行为。一旦员工行为会威胁到他人生命安全，或重复违反某项规定或程序，将自己或他人的生命置于危险处境时，就要结束安全观察与沟通，而实施处罚制度。同时，如果真的需要采取处罚行动的时候，千万别将任何先前的观察牵扯在内。

（二）安全观察与沟通作用

安全观察与沟通是中国石油在近几年引进的一种重要的管理工具和方法，是落实有感领导，展现领导承诺的一种有效手段。按照安全观察与沟通"六步法"，领导坚持亲自到现场检查安全问题，以积极和正面的态度与行为人进行沟通和改进。这无疑是最好地展现了作为管理者重视安全的决心。安全观察与沟通在整个组织内推行，能够帮助企业：

——落实有感领导，展现领导承诺，关注安全工作，提升管理技巧。

——提供沟通平台，增强双向沟通的技巧，营造安全文化氛围。

——提高员工的安全意识，激励员工以安全的方式进行作业。

——及时发现不安全行为，避免伤害和事件的发生。

——了解安全标准和工作程序的理解和应用的程度。

——了解安全管理运作良好的部分，识别管理中的薄弱环节，为持续改进提供依据。

——大幅度减少伤害及意外事件，降低事故赔偿或损失成本。

——通过对观察结果的统计分析，建立组织的安全生产预警机制。

安全观察与沟通这种管理方法和工具非常适合在严格监督阶段使用。它能帮助领导干部提升观察技能，改善沟通技巧，通过采取积极而正面的步骤，可以使安全工作细化到每一个工作行为，并了解每项工作程序是否真的被安全地执行。确保一个更安全的工作场所，提升属地范围的整体安全绩效，促进企业安全文化水平的提升。

（三）安全观察与沟通六步法

安全观察与沟通分为"观察、表扬、讨论、沟通、启发和感谢"六个步骤，简称"六步法"，如图5-2所示，紧紧围绕观察的结果与员工进行双向的沟通与交流，整个图又像一只在观察的眼睛。杜邦公司的"STOP"五步工作法更侧重于从"决定、停止、观察、沟通到报告"整个的管理工作流程。而中国石油的"安全观察与沟通"除第一步"观察"以外，"表扬、讨论、沟通、启发和感谢"这五步更侧重于采取的交流与沟通的"行动"上，细化了与员工沟通的具体方式和内容，这种双向的沟通恰恰也是我们在传统安全管理中的薄弱环节。

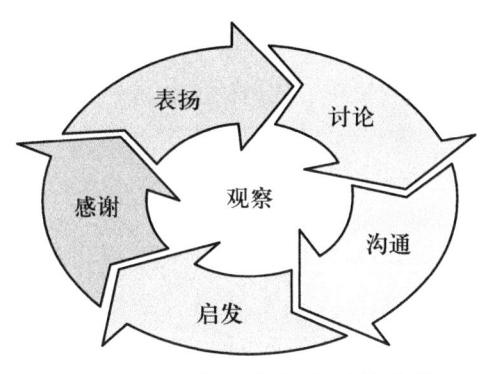

图 5-2 安全观察与沟通的步骤

第一步骤：观察。观察者关注员工的行为，而不只是物的不安全状态或只是工作本身，关心的是员工不要受到伤害，决定采取行动，安全地制止不安全行为。

第二步骤：表扬。采用正面激励的方法激励员工，肯定和表扬员工的安全行为，以便于这种安全行为得到良好的保持，并能形成个人良好的工作习惯。

第三步骤：讨论。从他人的角度去了解，在平等、友好、融洽的氛围下与员工讨论其不安全行为和后果，用问问题来取代直接的要求，启发员工思考安全问题，多听听对方的观点。如可能带来的伤害，以及讨论更安全的作业方法，使对方感觉到照你的意思去做会有什么好处。

第四步骤：沟通。尊重员工，以请教的态度，了解出现不安全行为的原因，就如何安全地工作与员工进行沟通，听取员工的意见和心声，理解员工的想法和愿望。在取得一致的意见的前提下，采取相应的纠正措施，防止同类问题的再次出现。

第五步骤：启发。依靠员工、引导员工讨论工作地点的其他安全问题，培养和提高员工参与管理的意识。引导员工参与管理，挖掘员工智慧与才能，为企业出谋划策。让员工觉得，这个主意是他想到的。万事靠引导，你引导别人，别人也会引导你！

第六步骤：感谢。以真诚的态度，对员工的配合表示感谢，多多鼓励，让员工觉得这个过错很容易改正，增强员工的归属感，营造更为融洽和谐的工作氛围与环境。

安全观察与沟通体现了以人为本的管理理念在安全管理过程中的一种贯彻。安全观察与沟通通过以人格为基础的个性化管理，对员工个人尊严、权益、性格、情感等因素的充分肯定和重视，以"内因"为激励，充分发挥员工技术、才能和经验，从而创造良好的安全效益。

二、安全观察与沟通内容

安全观察的内容主要包括七大类别，包括员工的反应、员工的位置、个人防护装备、工具和设备、程序与标准、人体工效学、整洁，其排列的先后次序主要是根据观察时所应遵照的顺序而定的，如图5-3所示。

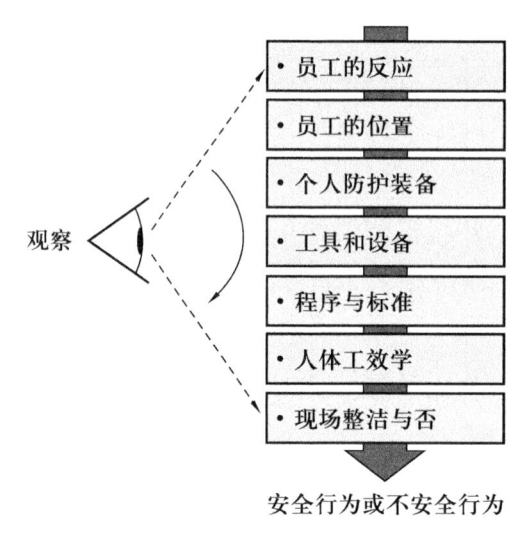

图5-3 行为安全观察的次序和内容

安全观察与沟通的精神是各级管理者与员工共同讨论安全事项，能否成功地运用安全观察与沟通来创造一个安全的作业环境，依赖每个管理者的承诺和实际参与。每一个高层管理者到属地主管或班组长都需要进行安全观察与沟通，并把安全列为每一项工作的优先考虑事项。

（一）人员的反应

当员工注意到自己的工作正在被观察时，可能会立刻改变自己的行为，从不安全状态到安全的状态。这些反应通常表明员工知道正确的作业方法，只是由于某种原因没有采用。或许他们认为安全的作业行为是制度规定的，是被动性的，安全与不安全的行为对员工本身来说并没有任何区别。在这样的思想指引下，员工也许会认为不安全行为是一种需要隐藏的行为，而不是会造成自身或他人伤害的行为。

通常这些反应是在看到管理者进入作业区内的 10～30s 出现，在这段时间内某些不安全行为会完全地"消失"。这就是"消失的行为"，即立即消失不见的不安全行为，包括戴上或调整个人防护装备、改变身体的姿势或自身的位置、改用正确的工具和设备、抓住扶手、系上安全带，甚至于完全停止手中的工作等。必须对这些反应有所警觉，因为这些可能是发现不安全行为的线索。

（二）人员的位置

当观察人员工作时，是否考虑到所观察人员的位置是否安全？是否有人处于危险位置呢？观察重点便是列在安全观察检查表中的伤害原因，可以帮助管理者发现一些原先并未预想到的问题。记住，没有人希望受伤，伤害事件都是一些意料之外的事件。

（三）个人防护装备

个人防护装备能在人与危险之间提供一层屏障，它的主要目的是避免人员暴露在非必要危险状况下。防止伤害是重要的，但更应该注意员工是如何使用个人防护装备的。有经验的观察者发现，正确穿着个人防护装备的人员通常也会遵守其他的安全作业要求。同样地，未能正确穿戴个人防护装备的员工，通常也会忽视其他的安全作业要求。

当观察人员如何用个人防护装备时，需养成一个习惯，从头部开始，由上而下到脚部，要确认身体每一部分均受到保护。进行个人防护装备有关的观察时，必须充分接近地去看员工正在做什么，以及使用何种个人防护装备。

（四）工具和设备

安全观察检查表针对观察员工作业的顺序，依序列出不同类别的观察项目。工具和设备并非是"消失的行为"，换句话说，管理者有 10～30s 以上的时间观察人员。所以，可以在完成员工的反应、人员的位置、个人防护装备的观察后，再观察员工使用工具和设备的行为。

对于员工使用工具和设备的安全观察，需要非常接近和悉心观察，才能看到是否使用正确的工具和设备、是否处在良好的状况、是否正确地使用工具和设备。而且还需要详细地与员工交谈，了解员工如何使用工具和设备。

（五）程序

作业现场可能有许多规章制度、操作规程等工作程序或指南，遵循这些程序，员工可以以最安全、最有效的方法完成工作。标准化的程序是安全工作的前提，员工需要在任何时候均可取得程序，程序也需要定期审核和更新。

属地主管有责任确保程序是适合的、被知道并了解及被遵守的。如果发现有任何程序是不适合、不被了解或未被遵守的，任何一个管理者有责任采取行动。建立安全程序的三个步骤是：确保程序是适合的；确保程序被知道并被了解；确保程序被遵守。

（六）人体工效学

人体工效学是指"研究人和机器、环境的相互作用及其结合，使设计的机器和环境系统适合人的生理、心理等特点，达到在生产中提高效率，安全、健康和舒适的目的"。由于人体工效学涉及到人的工作和生活，因此人体工效学的内容非常多，概括起来主要包括以下三个方面：

——人体的能力。这包括人的基本尺寸，人的作业能力，各种器官功能的限度及影响因素等。对人的能力有了了解，才可能在系统的设计中考虑这些因素，使人所承受的负荷在可接受的范围之内。

——人－机交往。"机"在这里不仅仅代表机器，而是代表人所在的物理系统，包括各种机器、计算机、办公室、各种自动化系统等。人体工效学的座右铭是"使机器适合于人"。

——环境对人的影响。人所在的物理环境对人的工作和生活有非常大的影响作用，因此，环境对人的影响是人体工效学的一个重点内容。这方面的内容包括照明、噪声、温度、颜色对人的工作效率的影响，以及对人的危害及其防治办法等。

人体工效学危害因素通常会造成累积性伤害或重复性伤害。累积性伤害会因长时间在体内累积而存在，并会造成实际的疾病和伤害，但其因果关系并不如其他伤害来得明显。另外，如员工在搬起较重的物品时，如果没有蹲下，猛地用力搬起，容易造成腰部损伤。当观察员工时，应注意被观察的位置和姿势，特别是不良或不舒服的位置、经常性的弯身和长时间维持同样的姿势站着或坐着。注意人体工效学危害时和员工沟通格外重要，因为只有这样才能确定员工是否面临累积性伤害、重复性的动作、不合理的尺寸、温度、照明、颜色等的风险。

(七) 整洁

良好的作业环境，不能单靠添置设备设施，应当依靠员工创造和保持一个整齐、清洁、方便、安全的工作环境，使员工在改造客观世界的同时，也改造自己的主观世界，产生"美"的意识。一个整洁的作业现场可以提高效率、改变形象、减少故障、保障品质、加强安全、减少隐患，进而可以改善企业精神面貌，形成良好企业文化。

一个整齐有序的作业现场可以让员工安全地工作。美国管理学家哈罗德曾经说过："管理就是设计和保持一种良好的环境，使人在群体里高效地完成既定目标。"作业区域的整洁开展起来比较容易，在短时间内易取得明显的效果，但要坚持下去，持之以恒，不断优化就不容易了。不少企业发生过一紧、二松、三垮台、四重来的现象。因此，环境整洁贵在坚持，应与属地管理和岗位责任制相结合起来，使每个人员都有明确的岗位责任和工作标准。

三、现场观察与沟通技巧

假设决定对属地范围内的某个正在工作的员工进行安全观察。当你进入生产区域时，如果心里正在思考着另外一件事情，而没有停止脚步锁定目标进行观察，从某个员工身边经过时匆匆一瞥，走过数步之后，想起刚刚经过的员工没戴安全帽，但是等回头来看，这位员工正戴着安全帽。

(一) 整体观察技巧

开始实施安全观察时，锁定一个正在作业的员工，选择一个距离员工较近的地方停下来，开始全神贯注地观察其行为。很多人即使是在做安全观察与沟通的时候，还是看不到安全或不安全行为。这是为什么呢？因为大部分的人都已养成了习惯，只观察设备状况或是不在工作的人员。当然，敏锐的观察力，也来源于自身所掌握基本的专业安全知识和技能，这主要依赖于日常的不断学习和累积。

为了成为一位熟练的行为安全的观察者，需要特别留意周围的每一件事，这里所说的安全观察不仅仅是靠视觉，还要充分运用嗅觉、听觉和触觉。可借鉴中医的"望、闻、问、切"四诊式的整体观察技巧，必须：

——"看"上面、下面、后面、里面（简称"四面"）。

——"闻"异常的味道。

——"听"异常的声音与振动。

——"感觉"异常的温度与振动。

进行安全观察与沟通的主要目的就是要确保员工安全地工作。当主动指出安全及不安全行为时，就等于在告诉周围的人，现场设定的安全标准是较高的。同样地，如果不太注意安全行为与不安全行为的话，就会让人觉得安全并不重要。因为如果看到员工的不安全行为而没有及时指出，那么员工就会以为是可以被接受的，就不会改变。使用整体观察留心周围的每一个地方，发现员工因为某些不安全行为而可能处于危险之中时，需要运用良好的判断力，立即采取纠正的行动以防止伤害的发生。

（二）如何与员工沟通

在确保安全的情况下，礼貌地打断员工的作业。用一种考虑到员工自尊的方式，向被观察员工反馈观察到的信息。想和员工成功地沟通，要主动放下架子，去主动接近员工并分享信息，以开放的心态多征询员工的意见，让他们有机会表达看法和想法。在交流意见和想法时，千万不要忘了正向激励。

——员工安全作业时的交谈的主要内容：表扬和鼓励员工的安全行为使其持续保持，评估员工对自身角色和责任的了解程度，培养正面与员工交谈工作的习惯，了解工作区域各种不同工作所涵盖的各种安全事项。

——员工不安全作业时的交谈的主要内容：立即纠正不安全行为，讨论了解员工不安全行为的原因，找出产生这种原因的间接因素，与员工一起沟通探讨使工作更加安全的方法，采取有效的纠正措施，防止不安全行为的再次出现。

与员工沟通的基本问题是"心态"，基本原理是"关心"，基本要求是"主动"。应对遵章守纪、严格执行操作程序等的员工行为应鼓励或表扬；讨论应开放、真诚、直接，且须将讨论活动当作一次相互之间的学习机会；沟通时应采用请教或询问的方式，目的是让员工认识到改善其安全表现的必要性。应引导和启发员工对安全问题提出改进建议；对员工积极参与讨论并提出改进建议的行为表示感谢。

应充分与员工交流与沟通,花费一些时间营造轻松、愉快的氛围,不能急于求成。需要特别强调的是,与员工进行沟通时,应注意以下几点:

——"沟通"与"责怪"或"教训"是相当不同的。首先要改变心态,以请教而非教导的方式与员工平等交谈,倾听对方的意见的同时和对方交换意见。

——与员工讨论其不安全行为及后果时,应表达对员工自身安全的关心,让员工知道关注的是这样做的后果,而非不安全行为本身。

——不要死抠规范与标准,真正了解不安全行为的原因,讨论有没有更安全的做事方法。

——沟通应采用一定的技巧进行引导,使用积极的、无强迫性的语言,让员工讲出自己的看法,不要先下结论。

与员工的沟通一定是双向的,讨论时有不同意见,可通过沟通达成共识,执行时就会稳定、统一和有效。如果是行政命令式的单向沟通,沟通变简单了,但执行时可能会由于意见不统一而出现波折,降低了效率,如图 5-4 所示。

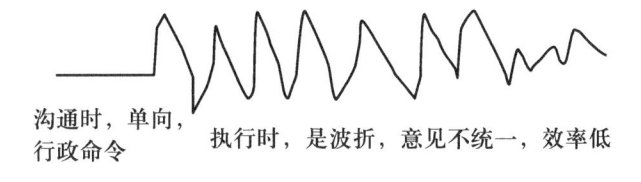

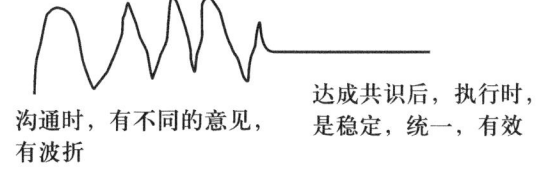

图 5-4　强调双向沟通与执行力的关系

要实现安全观察与沟通真正的意义,询问的态度是至关重要的。培养询问的态度能帮助与员工进行友好交谈,态度将最终决定安全观察与沟通的成败。员工的很多优点管理者可能没有,是来向他们学习的,大家一起共同探讨,问题就会得到解决,集体的智慧是最强大的。询问的态度以两个问题为基础:

——"如果一旦发生意外,会造成什么样的伤害?"

——"如何让这项工作做得更安全?"

当和员工沟通时,可要求员工共同思考这两个问题,因为这两个问题不仅能更加认真地思考安全,而且能帮助管理者与其他人进行有效沟通和有益探讨。在整个交谈过程中应始终表情友善,态度和蔼,可利用点头、微笑、扬眉、注视等示意对员工的回答很感兴趣,鼓励对方畅所欲言。为了不打断谈话,还可以利用表情替代插话提问,如突然摇头、抿嘴、皱眉等面部表情,表示不理解或有异议,希望员工进一步说明。

(三)鼓励和强化安全行为

应把寻找安全的行为作为首要目标,仅仅找出那些不安全行为对于大部分人来说,都是很容易的,因为人天生就擅长挑错。对于行为安全管理过程,要发挥出最好的效果,重点必须放在识别和激励那些安全行为上,首先要发现他人的优点,并做到不批评,不责备,不抱怨。当试着这样去做,会得到意想不到的结果。要知道每个人都需要别人的肯定,就像需要空气、食物和水一样。

在传统安全管理中,负面激励太多,正面激励太少,安全观察与沟通引入正面激励,正好用来纠正这种不平衡的现象。如果没有激励,一个人的能力发挥不过20%～30%;如果施之以激励,可发挥到80%～90%。在纠正、减少和消除不安全行为的同时,更要表扬、鼓励、保持和强化安全行为,安全观察与沟通的工作原理图,如图5-5所示。注意表扬和鼓励一定是明确的、真诚的、有事实依据的、不带负面转折的,如"但是"。鼓励别人的同时,自己也得到激励。

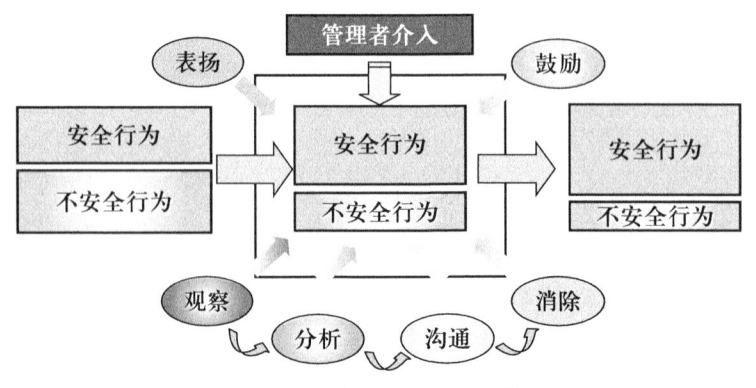

图5-5 安全观察与沟通的工作原理图

鼓励和肯定安全行为和指出并纠正不安全的行为一样重要。如果安全行为得到鼓励和表扬的话就能持续下去。而如果这种行为被忽略的话就可能会停止。强化安全行为的另一个原因是：确定员工了解自身需要安全地工作的原因，有助于确保员工继续遵循。当员工知道正在做这件事的理由时，更可能会继续如此做，尤其是知道这样做对自己有利的时候。

值得注意的是，不要为了表扬而表扬，要用心去说，微笑就是一种鼓励，请教也是一种表扬。人性的弱点是"喜欢批评人，却不喜欢被批评；喜欢被人赞美，却不喜欢赞美人"。因此，造成了人与人之间的距离。把我们亲切的眼神带给对方，冷漠就此消失。

（四）纠正和讨论不安全行为

对看到的不安全行为表现沉默就等于默许。当观察到员工有不安全的行为时，不论在任何时候都必须"立即纠正"，并与员工讨论其不安全行为和后果，以及安全的作业方法。及时发现并纠正不安全行为，是避免事故发生最为重要的工作。当不安全行为直接危害自己和他人生命时，你必须立即叫停，沉默表示同意，你的看似简单的一句话可以救人。

对不安全行为立刻纠正是很重要的，但并不足以使人员了解不安全行为不被接受的原因。还要与员工讨论其不安全行为的后果，沟通的切入点是不安全行为可能导致的伤害和后果，讨论有没有更安全的作业方法，表达的重点是对员工安全与健康的关心，而不只是对其不安全行为本身的关注。

当员工知道安全的行为和不安全的行为会给自己和他人带来的影响和后果时，安全工作的动机就会增加。因为人们都会做认为有意义的事情，而且没有谁愿意受到伤害。当与员工进行讨论时，必须提供使其对安全工作做出合理决定的重要信息和必要理由。

不安全的行为之所以会发生，可能是由于没有认识到其行为能给自己或别人带来危害，也不了解为什么这样的行为是危险的。但是这并非是造成不安全行为的唯一原因。防止人员不安全行为再次发生的最有效方法，是纠正或消除造成不安全行为的间接原因。下面列出一些造成不安全行为的间接原因：

——知识或训练不足。

——侥幸心理，认为"不会在我身上发生"或"这次不会发生"。

——习惯性，以前几乎都是这样完成的。
——没有正确的个人防护装备。
——因为过去没有被纠正，认为这种行为是可以接受的。
——想要引起他人注意或成为团体中的一员。
——要展现个人的独特性。
——认为作业的舒适、产量比安全重要。

想要知道间接原因的最佳办法就是与员工进行沟通探讨，倾听员工的想法。然后可以依据企业规章制度采取相应的行动。应该注意的是，不安全行为的心理原因主要是个性心理特征下所产生的非理智行为。个性心理特征能决定人对某种情况的态度和行为，如鲁莽、冒险、草率、逞能、懒惰、侥幸、省事、麻痹、逆反心理所支配的非理智行为，往往成为产生不安全行为的原因。

（五）沟通并采取纠正措施

任何时候看到不安全的行为，必须立刻予以纠正。但立即纠正的行动不足以改善安全状况，必须与员工充分沟通，就如何安全地工作与员工取得一致意见，并取得员工的承诺。在同员工进行沟通时，不要扮演"救援者"关注问题的解决方案，说"你干吗不……？"而应该是"启发者"和"引导者"，要这样问："你怎么看待目前碰到的问题？""你准备用什么办法解决这些问题？"或是"你准备做哪些工作？"

立即纠正行动只是暂时将危险移除，但是不能防止不安全行为的再次发生，只有针对原因采取纠正措施才可以防止其再次出现。必须与相关的人员进行良好的沟通，找到造成不安全行为的原因，并且让其知道这个行为为什么是危险的。假如帮助员工了解到，停止某个不安全行为是对自己的安全最有利时，即使当管理者不在现场时，员工也会安全地工作。

在与员工沟通时，员工发表的意见应尽量仔细倾听。通常这些意见能很好地反映出存在不安全行为的原因。关于员工为何没有执行正确行为的信息，获得的越多越好，这将有助于不安全行为的进一步改进。这种纠正措施可能是必须改变工作程序、进行安全培训、实地训练，或订购新的用品或设备等。但是无论如何，防止不安全行为再次发生所采取的纠正措施，必须符合企业现行政策、规定和作业现场的实际情况。

四、安全观察与沟通实施

安全观察与沟通是一个非强制性提高安全意识的管理措施，那么在实施前提高人们的兴趣和参与意识是十分必要也是非常重要的一个步骤。通过不断练习、实践与提升，可以帮助达到此目的。

（一）可能遇到的挑战

安全观察与沟通程序是一个有效的行为安全培训和监察制度，企业高层管理者应给予充分的支持、亲身参与，以身作则、持之以恒。目前一些领导干部对安全观察与沟通的理解上还存在一定的偏差，对其实质和精髓，以及所体现出的管理理念没有真正领悟。这种管理方法虽然受基层员工欢迎，但各级管理者并不热衷于此，在实施安全观察与沟通的过程中还存在如下问题：

——由于培训不到位，部分管理者的思想还没完全转变，也缺乏沟通技巧，不善于与员工进行交谈。或沟通的方式、方法不当，没有达到与员工共同探讨安全问题的目的。对观察到的不安全行为以单向告知的方式进行，要求员工立即进行纠正，对于观察到的安全行为没有予以表扬和肯定。

——由于专业能力不足，部分管理者缺乏必要的安全方面的专业知识和技能，即使亲自去现场进行了安全观察，也看不出存在的安全与不安全行为，与员工讨论的不是讨论安全问题。或是观察到了员工的不安全行为，但是不愿意与其交谈，担心员工的反应，认为不熟悉现场的工作或任务，只是在安全观察与沟通卡片上记录这种不安全的行为。

——管理者放不下架子，沟通的身份不对等，对下属的意见不屑一顾。员工的真知灼见领导根本没有接收到信息，长此以往，会让员工失去思考的积极性。沟通就是走过场，成了领导的秀场，在领导心中早已认为有自己的观点，而且认为是绝对正确的，根本没有怀着虚心的态度来倾听和接受其他人的意见和建议。

（二）组织形式和频次

安全观察与沟通通常分为随机性和计划性的两种形式。随机性的安全观察与沟通，是一种非正式的活动，可由各级管理人员无论是生活当中还是工作当中，无论何时何地，可随时随地进行，观察结果不做填报要求。它体现的是一种对工作、对生活的态度和习惯，体现的是对生命的一种尊重。计划性的安全观察与沟通，是一种正式的活动，是用有计划、有组织、分层次的形式来进行，观察的结果要进行记录、上报、统计和分析。

领导干部计划性的安全观察与沟通，可以与现行的干部承包点相结合，至少每季度一次，由专业管理人员或被观察的属地单位负责人陪同。各级属地主管计划性的安全观察与沟通，可根据企业的组织机构的层次来决定观察的频次，一线主管（如班组长）可以每星期3~5次，上一级的主管可能每月1~4次。通常情况下，一线主管可个人单独进行，其他领导干部可由属地主管或安全员陪同。上述安全观察与沟通的频次是基本的要求，仅作为参考，但是由于不同组织的规模、性质、文化、体系推进情况等不同，安全观察与沟通的频次也可能有所不同。

通常情况下，安全管理部门负责组织制订安全观察与沟通实施计划，并对安全观察与沟通的实施提供技术指导和咨询。安全观察与沟通计划应考虑覆盖所有区域和所有班次，并覆盖所有的作业时间段，如夜班作业、超时加班及节假日作业。

（三）现场观察与沟通

首先，在与员工进行沟通和交谈时要注意以下事项：
——非惩罚性原则。
——采取询问的态度。
——平等、友好的双向沟通。
——赞赏员工的安全行为。
——鼓励员工持续进行安全行为。
——提出问题并倾听回答。
——了解员工的想法和不安全工作的原因。
——找出影响员工想法的因素。
——评估员工对自身角色和责任的了解程度。
——培养正面与员工进行交谈的工作习惯。

应该定期利用至少30min的时间，执行计划性的安全观察与沟通，无论是公司经理、部门经理还是各级主管都需要定期安排充足的时间，以便实现覆盖全企业范围的安全行为审核。此外，直线领导也需要一起实施联合安全观察，这将帮助员工持续提升安全观察与沟通技巧及拓展沟通渠道。

其次，确定进行观察的区域：

——走到打算进行观察沟通的区域，进入该区域时把重点放在人的身上。

——记住，在现场区域里的任何员工、来访者、承包商在责任上都是"你的员工"。

——在打算要观察的员工近处停下来，仔细观察所有前面所提到的七个类别。

——走近该员工打招呼并自我介绍，解释为什么在这儿（和员工讨论这项工作）。

——讨论回顾所有七个观察类别，肯定该员工作业中安全的部分。

——用求教的态度和恰当的语气与员工讨论不安全行为和该行为的后果。

——与员工沟通安全的作业方法并和员工共同总结，取得一致的看法。

——如果员工愿意谈论一个难题，不妨听听他们关心的内容。

——感谢员工的时间、兴趣和讨论。

使用安全观察与沟通卡片来报告正式的行为安全审核的结果，依照规定交回安全观察与沟通卡片。企业将利用完成的安全观察与沟通卡片分析安全观察的结果，以便掌握已改善的工作和有待改进的地方。

（四）观察与沟通记录

在进行安全观察之前，先看一下在安全观察检查表上所列项目。然后将安全观察检查表收起来，在完成观察并和被观察者交谈过之后，再利用安全观察检查表摘要记下你的观察结果。通常是每和一名员工交谈就应该填写一张安全观察与沟通卡片。

"安全观察检查表"主要包括七大类别，主要是根据观察时所应遵照的顺序而定，包括人员的反应、人员的位置、个人防护装备、工具和设备、程序、人体工效学、整洁，可以提醒你到底需要观察哪些行为，参见表5-1。安全观察检查表上的类别是根据人员的行动所制订的，即使个人防护装备、工具和设备、程序、整洁都是指事物，但要观察人员在这些类别中是否做出安全或不安全的行为。记住，人员行为是进行安全观察的关键所在。

表 5-1 安全观察与沟通报告表

观察地点：_____ 观察日期：_____ 观察时间：____min 观察人（签名）：_____

□员工的反应	□员工的位置	□个人防护装备	□工具和设备	□程序与标准	□人体工效学	□整洁
观察到人员的异常反应 □调整个人防护装备 □改变原来的位置 □重新安排工作 □停止工作 □接上地线 □上锁挂签 □其他	可能 □被撞击 □被挤压 □高处坠落 □绊倒或滑倒 □射线照射 □触电 □接触有害物质 □接触转动设备 □搬运负荷过重 □其他	未使用或未正确使用，是否完好 □眼睛 □头部 □手和手臂 □脚和腿部 □躯干 □呼吸系统 □其他	□不适合该作业 □未正确使用 □工具和设备本身不安全 □其他	□没有建立 □不适用 □不可获取 □员工不知道或不理解 □没有遵照执行 □其他	□重复的动作 □躯体位置 □姿势 □场所环境 □工作区域设计 □工具和把手 □照明 □噪声 □其他	□作业区域不整洁 □工作场所杂乱 □材料及工具摆放不规范 □其他
观察区域	观察到的安全或不安全行为（状况）的描述						可能造成的伤害

在做完观察之后，如果所看见的行为都是安全的，就在安全观察检查"完全安全"方框中打钩，如人员反应、人员位置、个人防护装备、工具和设备、程序、人体工效学、整洁等框中标记。如果在任何一个类别下发现有不安全的行为，就在这一类别下面分项的方框中打钩。观察后应立刻完成观察报告，因为这时记忆犹新，而且已远离所观察的对象。需要注意的是，绝对不能写下被观察人员的名字，可以使用岗位或职务来表示。

必要时，可以将完成的安全观察与沟通卡片出示给员工看。因为实施安全观察的目的是帮助员工使其更加安全地工作。记住！此举的目的是帮助员工使其更安全地工作，安全观察与沟通一定不能作为任何处罚的依据。安全观察与沟通卡片不具有任何惩罚的作用，若要使其成功，必须和惩戒制度分开。

一个完整的观察报告要能让阅读者明白在观察过程中到底发生了什么事情。这可能包括所观察到的安全或不安全行为、立即纠正行动、为了鼓励持续安全行为所采取的行动，以及为了防止事故再次发生所采取的行动。这个报告同时还应该注明观察者的名字、被观察的作业区域及观察日期。

第四节 安全目视化管理

目视化管理（visual control system, VCS）就是通过现场的颜色、图片、图形、标识、标签、文字等视觉信号，将复杂的信息，如设备的使用状态、工艺介质及流向、生产作业场所的危险状态、人员身份及资质，变成简单、明确、醒目、易于辨别的要求，使生产现场的各种安全要求直观化、公开化，迅速而准确地传递到每一名员工，使操作人员能够方便理解、正确处理，从而实现各岗位人员的规范操作，大大提高现场安全管理水平。安全目视化管理是一种看得见的管理，是一目了然的管理，是用眼睛来管理的方法，目的就是要用简单快捷的方法传递、接收信息，也是营造安全文化环境氛围规范化管理的一种手段。

一、安全色与安全标志

安全色是为了使人们对周围存在不安全因素的环境、设备引起注意，需要涂以醒目的安全色，提高人们对不安全因素的警惕。应用安全色使人们能够对威胁安全和健康的物体和环境作出尽快反应，以减少事故的发生。

（一）安全色

安全色用途广泛，如用于安全标志牌、交通标志牌、防护栏杆及机器上不准乱动的部位等。安全色是表达安全信息的颜色，有红、蓝、黄、绿四种，其含义和用途分别如下：

红色表示传递禁止、停止、危险或提示消防设备、设施的信息。禁止、停止和有危险的器件设备或环境涂以红色的标记。如禁止标志、消防设备、停止按钮和停车、刹车装置的操纵把手、仪表刻度盘上的极限位置刻度等。

黄色表示传递注意、警告的信息。需警告人们注意的器件、设备或环境涂以黄色标记。如警告标志、道路交通路面标志、皮带轮及其防护罩的内壁、砂轮机罩的内壁、楼梯的第一级和最后一级的踏步前沿、防护栏杆及警告信号旗等。

蓝色表示传递必须遵守规定的指令性信息。如指令标志、交通指示标志等。

绿色表示传递安全的提示性信息。可以通行或安全情况涂以绿色标记。如表示通行、机器启动按钮、安全信号旗等。

（二）对比色

对比色是使安全色更加醒目的反衬色，包括黑白两种。安全色与对比色同时使用时，应按表 5-2 规定搭配使用。

表 5-2 安全色的对比色

安全色	对比色	安全色的含义
红色	白色	千万不能这么做！
蓝色	白色	请按规定这么做！
黄色	黑色	小心点，不然容易出事！
绿色	白色	不知道怎么办，就跟我走吧！

黑色是用于安全标志的文字、图形符号和警告标志的几何边框。白色是用于安全标志中红、蓝、绿的背景色，也可用于安全标志的文字和图形符号。

安全色与对比色的相间条纹为等宽条纹，倾斜约为 45°，可根据设备大小和安全标志位置的不同采用不同的宽度，但每种颜色不能少于两条。

其中红色与白色相间条纹表示禁止或提示设备、设施位置的安全标记，应用于交通运输等方面使用的防护栏杆及隔离墩、液化石油气汽车槽车的条纹、固定禁止标志的标志杆上的色带等。

黄色与黑色相间条纹表示危险位置的安全标记，应用于各种机械在工作或移动时容易碰撞的部位，如移动式起重机的外伸腿、起重臂端部、起重吊钩和配重、冲床的滑块等有暂时性或永久性危险的场所或设备、固定警告标志的标志杆上的色带等。

蓝色与白色相间条纹表示指令的安全标记,传递必须遵守规定的信息,应用于道路交通的指示性导向标志、固定指令标志的标志杆上的色带等。绿色与白色相间条纹表示安全环境的安全标记,应用于固定指示标志杆上的色带等。

(三) 安全标志

安全标志是采用安全色和(或)对比色传递安全信息或使某个对象或地点变得醒目的标志,由图形符号、安全色、几何形状(边框)或文字构成。

安全标志包括禁止标志、警告标志、指令标志、提示标志四种,其中禁止标志是表示禁止人们不安全行为的图形标志;警告标志是表示提醒人们对周围环境引起注意,以避免可能发生危险的图形标志;指令标志是表示强制人们必须做出某种动作或采用防范措施的图形标志;提示标志是表示向人们提供某种信息(如标明安全设施或场所等)的图形标志。这四种标志的基本要求见表 5-3。

表 5-3 安全标志的分类

类型	基本形式	举例
禁止标志	带斜杠的圆边框	
警告标志	正三角形边框	
指令标志	圆形边框	
提示标志	正方形边框	

文字辅助标志的基本形式是矩形边框,分为横写和竖写两种形式。横写时,文字辅助标志写在标志的下方,可以和标志连在一起,也可以分开,其中禁止标志、指令标志为白色字,衬底色为标志的颜色;警告标志为黑色字,衬底色为白色,如图 5-6 所示。

图 5-6　横写的文字辅助标志

（四）现场标志

施工作业现场安全标志设置应执行《安全标志及其使用导则》（GB 2894）和《石油天然气生产专用安全标志》（SY/T 6355），并应注意设置具有针对性，设在醒目的地方和它所指示的目标物附近，保证在夜间清晰可辨。

——施工作业现场安全标志应根据各区域安全要求或危险提示进行对应性设置，可设成单体或多联体。多个安全标识牌在一起放置时，应按照警告、禁止、指令、提示的顺序，先左后右、先上后下排列。

——涉及易燃易爆、高温高压、有毒有害介质及低温、负压（真空）、富氧、缺氧环境等作业，应在盲板抽堵点、法兰拆卸点、动火开口点、管线割断点、管线接续（碰头）点、设备打开点、电缆切割点等作业部位及拟拆除的废旧管线全线设置醒目标识。

二、人员目视化

人员目视化主要是通过安全帽、工作服、袖标、胸牌等对不同岗位、类别人员进行辨识区别，通过人员目视化管理能达到控制进入场站和现场管理的目的。

（一）劳保着装

内部员工应按照规定着装，穿着公司统一配备的劳保服。外来人员（参观、指导或学习人员等）和承包商员工进入生产作业场所，着装应符合生产作业场所的安全要求。着装颜色应有所区别，用于区分不同部门、工种及承包商与内部员工。

（二）安全帽

所有进入生产场区的外来人员，包括内部员工、外来人员（参观、指导或学习人员等）和承包商员工进入生产作业场所时必须佩戴安全帽。内部员工按规定佩戴统一着色的安全帽，且安全帽的颜色根据人员性质的不同应有所区别，如管理人员佩戴白色的安全帽；安全监管人员佩戴黄色安全帽；现场操作人员佩戴红色安全帽；承包商人员佩戴蓝色安全帽。

（三）入场许可证

所有人员进入钻井、井下作业、炼化生产区域、油气集输站、油气储存库区、油气净化厂等易燃易爆、有毒有害的生产作业区域应经过安全培训，培训考核合格后方可发予入场许可证。内部员工（生产指挥人员、岗位操作人员）、长期承包商员工、临时承包商员工及外来人员的入场许可证颜色和信息应有所区别。入场许可证信息可包括单位、姓名岗位、编号及本人照片。

（四）特种作业资格

从事特种作业的人员应具有有效的国家法定的特种作业资格，并经过生产单位岗位安全培训合格，佩戴特种作业资格合格的目视标签，该标签应有本人姓名、作业工种、特种作业资格证有效期等信息。标签应简单、易懂，不影响正常作业，员工应佩戴在醒目位置。

三、工器具目视化

工器具目视化主要通过对工器具的定置摆放、检查（效验）日期、使用状态（合格、不合格）进行简单、明确、易于辨别的目视化标识，来保证生产作业现场使用的工器具的放置整齐有序、取用方便、符合规范、使用状态完好，方便工作现场的安全管理，避免误操作，确保作业安全。工器具主要指脚手架、压缩气瓶、移动式发电机、电焊机、检测仪器、电动工具、手动起重工具、气动（液压）工具、移动式梯子等。

（一）定置管理

在工器具周围画线或以文字标识，标明其放置的位置，物件移走后，能清楚识别出该位置对应的物件。举例如下：

——工器具需使用货架存放，按分类有序摆放，每类工器具可划线定位或设立工器具标签，标注工器具大类和工器具清单（包括名称、规格型号、数量等信息）。

——大型工器具（如移动发电机、空压机等）可划线定位，设立责任牌，标注工器具名称、责任人等信息。

——电工工具与其他工具分开摆放，可划线定位或对试验合格的电工工具进行标识。

——安全用具可划线定位或进行文字标识：包括可燃气体检测仪、防爆手电、警棍、防爆对讲机、急救箱、防火帽、灭火器、手摇报警器等。

——危险化学品器具分类摆放，划线定位并设置标牌，标牌内容应参照危险化学品技术说明书，注明名称、危害及注意事项等。

——应急工器具（如空气呼吸器等）与其他工具分开摆放，可划线定位或进行文字标识。

——生产作业现场使用的车辆（包括厂内机动车、特种车辆）应根据需要放置在指定的位置，并做出标识（可在周围画线或以文字标识，如车头朝外等），标识应与其对应的物件相符，并易于辨别。

（二）目视化要求

所有工器具启用时必须进行检查，长期使用的工器具应定期检查，确认其完好。检查合格，将有检查日期的不同颜色标签粘贴于工器具的开关或其他明显位置，以确认该工用具合格。

1. 脚手架

施工单位在安装、使用和拆除脚手架的作业过程中，应用警示牌来标明脚手架的使用状态，标明脚手架是否处于完好可用、限制使用或禁止使用状态，限制使用时应注明限制使用条件。可以用绿色和红色标识：绿色表示脚手架已经经过检查且符合实际要求，可以使用；红色表示脚手架不合格、正在搭设或待拆除，除搭设人员外，任何人不得攀爬和使用。

2. 压缩气瓶

应使用外表面涂色、警示标签及状态标签对压缩气瓶进行目视管理，同时应用状态标签标明气瓶的使用状态（满瓶、空瓶、使用中、故障）。警示标签由面签和底签两个部分组成，面签上印有图形符号，来表示气瓶的危险特性；底签上印有瓶装气体的名称及化学分子式等文字，并在其上粘贴面签。面签和底签可以整体印刷，也可以分别制作，然后贴在气瓶上。常见气瓶颜色标志见表5-4。

表5-4 常见气瓶颜色标志一览表

序号	充装气体名称	化学式	瓶色	字样	字色	色环
1	乙炔	C_2H_2	白	乙炔不可近火	大红	—
2	氢	H_2	淡绿	氢	大红	$P=20$，大红单环 $P\geqslant 30$，大红双环
3	氧	O_2	淡（酞）蓝	氧	黑	$P=20$，白色单环 $P\geqslant 30$，白色双环
4	氮	N_2	黑	氮	白	
5	空气	—	黑	空气	白	
6	二氧化碳	CO_2	铝白	液化二氧化碳	黑	$P=20$，黑色单环
7	氨	NH_3	淡黄	液氨	黑	—
8	氯	Cl_2	深绿	液氯	白	—

注：P为气瓶的公称工作压力，单位为MPa。

（三）其他工器具

对于除压缩气瓶、脚手架以外的其他工具（如手持电动工具、电工工具等），应在其明显位置粘贴有检查（校验）日期、使用状态（合格、不合格）的标签，以确认该工器具使用的合规性。不合格、标签超期及未贴标签的工器具不得使用，所有工器具的使用者应在使用前再次进行目视检查。

四、设备设施目视化

设备设施目视化管理的范围包括用于生产、运营、试验等活动中可供长期使用的设备、辅助设备及其附件等物质资源，主要通过在设备明显位置设置标志牌，标志牌可包括设备基本信息、责任人及使用状态等。设备设施目视化管理可以帮助人员了解设备设施的基本信息，还可以指导操作人员进行正确操作。

（一）设备标识牌

应在设备明显位置设置标识牌，标识牌可包括设备基本信息、责任人及使用状态等内容。对因误操作可能造成的严重危害的设备，应在设备旁悬挂安全操作注意事项的提示牌。对出现故障的设备，采用"在修、待修"标示牌，对于在用设备采用"运行、备用"标示牌，表明设备状态。

（二）控制按钮、开关

现场或控制室内用于照明、通风、报警等的按钮、开关都应标注控制对象。设备控制盘按钮及指示装置上要标明其名称，外文应翻译成中文，或在明显位置标明中外文对照表。

（三）管线、阀门

管线、阀门的目视化管理为在管线上标明介质名称、流向，在控制阀门上悬挂或粘贴含有工位号或编号、名称、使用状态的耐用标签。标识为长方形，长宽比为3∶1；红底黄字或黄底红字；字体为方正大黑简体；依次标识的顺序为介质名称＋工位号＋流向箭头。

（四）仪表

仪表的目视化管理是在就地指示仪表上标识出仪表的工作范围，粘贴校验标签；远传仪表在现场应悬挂显示工位号、相关参数的耐用标签；联锁仪表应在标签上注明。

——工艺、设备附属压力表、温度表、液位计等指示仪表应用透明色条标识出正常工作范围，应设有合格标签和警示标线。

——压力表警示标线为矩形、红色，长度为表盘半径的1/3，以表盘外圈为基准面粘贴，班组可视压力表种类自行设置标线宽度，但须保持同一种类压力表的标线大小一致。

——应在仪表控制盘及指示装置上标注控制按钮、开关的名称。厂房或控制室内用于照明、通风、报警等的电气按钮、开关都应标注控制对象。

（五）化学品

不同的化学品应分类摆放，应对盛装器具设置标识，标识包括化学品名称、危害等级等基本信息及检验状态。设备润滑器具、加油桶、加油壶应分类定置摆放，并设置包括油品名称、牌号等基本信息的标识。

五、作业现场目视化

现场目视化是通过以不同颜色对生产现场进行划分和利用隔离带标识现场隔离。如生产装置周边划黄色指示线，提示有危险，进入时需注意；主要入口喷涂警示和提示标志；消防设备、重要设施及特殊要求场所划红色指示线，表示禁止、停止、危险及消防设备等。

（一）作业现场标识

——应在固定生产作业场所地面使用红、黄指示线标识出危险区域、警告区域。应使用红、黄指示线区分固定生产作业区域的不同危险状况。红色指示线告知人们有危险，未经许可禁止进入；黄色指示线提醒人们有危险，进入时应注意。

——室外工作场所重要巡检点应在重要的生产作业区域设置巡检标识，标识内容应包括巡检线路、时间、内容等基本信息。

——消防通道、逃生通道、逃生设施、消防设备、重要设施及特殊要求场所应划红色指示线标识，标识应清楚、明显、合理，使员工能够清楚地识别。

——装置内油桶区域应在地面划蓝色或白色指示线，表示指令，要求人们必须遵守的规定。

——废旧物资及化工原材料应分类存放并设有标识。

——急救设施应摆放在明显、便于取用的位置，并有标识。

——在生产作业现场平台的第一和最后一级台阶标识黄色安全色，对不易区分高差的楼梯，应在任何地方标识黄色安全色。

——应对移动式梯子最上面两个踏步标识红色安全色，表示禁止在该踏步上作业。安全色的使用应考虑夜间环境。梯子检查通过时，应在由底部来算第二与第三阶之间的右边柱子漆上或用胶带贴上年度检查颜色。

安全警示标志应规范设置，工作或作业场所安全标志设置执行《安全标志及其使用导则》（GB 2894）和《石油天然气生产专用安全标志》（SY/T 6355），并应注意设置应具有针对性，应设在醒目的地方和它所指示的目标物附近；应使操作人员能识别出它所指示的信息属于哪一类对象物；安全标志应保证在夜间清晰可辨。

（二）作业现场隔离

1. 隔离区域的划分

应根据施工作业现场的危险状况进行安全隔离，工作场所内若可能存在下列情况，就必须用围绳（安全专用隔离带）或围栏隔离出不同工作区域，如维修作业区域、承包商作业区域、走道区域等危险区域。

2. 隔离的种类

生产作业现场的隔离分为警示性隔离和保护性隔离两种。隔离区域采取悬挂标签的方式，明确显示隔离区域的相关信息。

——警示性隔离，适用于临时性施工、维修区域（如承包商作业区域等）、安全隐患区域（如临时物品存放区域等）及其他禁止人员随意进入的区域。

——保护性隔离，适用于容易造成人员坠落、有毒有害物质喷溅、路面施工及其他防止人员随意进入的区域。

应在安全专用隔离带、围栏设置隔离挂牌，并注明隔离的原因与日期。隔离挂牌可分为红色和黄色，红色表示未经批准禁止进入，黄色表示要谨慎查看安全状况后方可进入。

相关链接：21天效应

在行为心理学中，人们把一个人的新习惯或理念的形成并得以巩固至少需要21天（次）的现象，称之为"21天效应"。也就是说，一个人的动作或想法，如果重复21天就会变成一个习惯性的动作或想法。

这一理论最早源于心理学家麦克斯维尔·马尔茨的观察，他发现人在21天内重复一件事就会逐渐习惯于这种行为，并认为这是生活中的正常状态。此外，也有说法认为这一理论源于20世纪60年代的一项研究，该研究指出个体的行为习惯需要花费至少21天的时间才能够养成。

一、习惯养成三个阶段

第一阶段：顺从，1~7天（次）。

此阶段表现为"刻意、不自然"，需要十分刻意地提醒自己。即表面接纳HSE新理念或开始新习惯，在外显行为上表现出尽量与新的要求一样，而在实质上未发生任何变化。此时，最易受到外部奖励和惩罚的影响，因为顺从可获得奖励，不顺从就会遭到惩罚。可见，HSE新理念、新习惯的形成一开始多数是受到外在压力影响而产生的，自发的是极为少见的。

第二阶段：认同，7~21天（次）。

此阶段表现为"刻意、自然"，但还需要意识控制。认同是在心理中主动接纳HSE新理念、新习惯的影响，比顺从更深入一层，因此，此时意识成分更加浓厚，不再是被动的无奈的，而是主动地、有意识地加以变化，使自己尽可能接近HSE新理念、新习惯。

第三阶段：内化，21~90天（次）。

此阶段表现为"不经意、自然"，无需意识控制。此时HSE新理念、新习惯已完全融于自身之中，无任何不适之处，已彻底发挥HSE新理念、新习惯的作用。一般而言，这三个阶段对非特异的理念、习惯只需21天便可形成，这是大量实验与实践的结果。

二、21天效应的作用

行为科学研究表明，一个人一天的行为中大约只有5%是非理念行为，属于非习惯的行为，而剩下的95%的行为都受理念支配，都属习惯性的行为。由此可见，理念、习惯在一个人行为中的作用是巨大的，这也是一个人成功的力量所在。

人的行为是按理念、习惯行事的。不良的理念、习惯不改变，就可能产生不良的行为。因此，在改变理念、习惯时，不能因不情愿不舒服就放弃，必要时还要给予外在压力，特别是刚开始时更需如此。俗话说得好："万事开头难。"改变任何一个理念、习惯时都要不断重复，直至21天（次）以上。要相信,没有改变不了的理念和习惯。

可见,一个新理念或新习惯的形成需要21天(或重复21次),是与旧习惯、旧理念的干扰有密切关系的,这也是产生21天效应的主要影响因素。新理念、新习惯的形成需要不断地重复,即使简单地不断重复也是十分有效的。21天(次)效应不是说,一个新理念、新习惯只要经过21天(次)便可形成,而是21天中这一新理念、新习惯要不断地重复才能产生效应。这也是现在许多广告不断播报的原因所在。

因此,形成良好的理念、习惯就显得格外重要,千万不要忽视理念、习惯的作用。21天效应是一个描述新习惯或理念形成过程的重要概念。通过了解和应用这一概念,我们可以更好地规划自己的行为和习惯养成计划,从而实现个人成长和进步。

三、21天效应的应用

目前,在领导干部中推行的"个人安全行动计划"主要的目的之一,就是想通过这一强制性的手段,来让领导干部接受HSE新理念,养成良好的工作、生活和行为习惯。但大多数领导在制订个人安全行动计划时没有遵循21天效应,大多数个人安全行为频次太低,一般少则一年1~4次,多的也仅仅是12次,这与21天效应的要求相去甚远,实施效果也就可想而知了。

在制订和实施个人安全行动计划,用来树立理念、培养习惯时,一定要遵循21天效应的规律,不能过于盲目,流于形式,浮于表面。因此,下列三点应引起重视:一是要按照三阶段的形成特点进行理念、习惯的改变和养成;二是既要有耐心,又要保持一定的频率,新理念、新习惯的形成需要21天(次),甚至90天(次);三是在这90天(次)里需要"学而时习之"不断地重复练习,不习不得。

21天效应正在被越来越多的人应用于自我提升和改造上来。许多自觉(注意是自觉而不是自发)改造自我的人,成功地应用21天效应改造自我、完善自我、成就自我。这主要应用在两方面:一个是改造自己的观念和理念,一个是改造自己的行为习惯。比如,树立工作以外的安全与工作以内的安全同样重要的理念;改变行走坐立的姿势,改变言谈举止的习惯等。

第六章　HSE 常用的管理方法

HSE 管理方法的核心在于通过识别和控制风险，预防事故的发生，同时关注员工的健康保护和环境保护。它强调预防为主、持续改进，并鼓励员工积极参与 HSE 管理。HSE 管理方法是一种综合性的企业管理方法，旨在确保企业在生产过程中实现健康、安全和环境的三重目标。

第一节　HSE 培训需求矩阵

HSE 培训是指围绕 HSE 意识、知识和能力，提高员工 HSE 素质和标准化操作能力、增强 HSE 履职能力，避免和预防事故和事件发生为目的的教育培训活动。然而，传统安全培训就像给所有员工配发同一副眼镜，但近视者、远视者、色盲者戴上后，看到的世界依然模糊不清。安全培训如果只是全员签到加上考试过关，本质上就是在玩一场掩耳盗铃的游戏。HSE 培训需求矩阵便是一种解决这一问题的有效工具，它能够帮助我们清晰地识别出各个岗位所需的 HSE 能力，并据此制订针对性的培训计划，从而真正提升企业的安全水平。

一、培训需求矩阵概述

HSE 培训需求矩阵是将 HSE 培训需求与有关岗位列入同一个表中，以明确说明各岗位需要接受的培训内容、掌握程度、培训频率等。培训需求矩阵中可以系统地定义岗位员工的岗位应知、应会、培训开展的形式及其需要掌握的程度，通过按照每个岗位确立培训需求，根据培训需求开展 HSE 差异化培训，使培训更具有针对性、有效性。培训需求矩阵可以系统、动态地管理员工的岗位能力，避免培训的随意性。

（一）安全培训的问题

传统安全培训全员同质化的培训模式，就像一把"万能钥匙"，试图打开所有岗位的安全之门。然而，这种"一刀切"的做法，往往忽略了不同岗位之间的差异性。关键岗位，如生产操作、设备维护、监督检查等，对安全能力的需求各不相同。全员同质化的培训，不仅无法满足这些差异化的需求，反而可能让关键岗位的培训需求缺口进一步扩大。

在传统安全培训模式下，课程内容往往缺乏针对性，导致关键岗位所需的安全知识与实际操作技能被无关内容所淹没。例如，对于新入职的员工，更需要的是基础安全知识和岗位操作规程的培训，以帮助其快速适应工作环境，减少事故风险。然而，传统的培训课程可能包含大量与这些新员工岗位无关的高级管理知识或复杂的技术理论，这些内容不仅难以引起新员工的兴趣，还可能导致其在培训过程中感到困惑和挫败。

同样，对于经验丰富的老员工，更需要的是针对特定岗位的高级技能培训或案例分享，以提升其专业技能和应对复杂情况的能力。但传统的培训课程却往往忽视了这一点，继续灌输基础知识和常规操作，这不仅浪费了时间，还可能让老员工感到被低估和忽视。这种关键需求与无关内容的错配，不仅导致了培训资源的极大浪费，还可能让员工对培训产生抵触情绪，进而影响整个企业的安全文化氛围和员工的安全意识提升。要提高培训的针对性，首先要科学准确地识别不同人员的培训需求。

（二）HSE 培训要求

HSE 培训工作遵循"管业务必须管培训"的原则，实行直线责任制管理模式，坚持立足岗位、满足需求、全员覆盖、形式多样，实行统一规划、分级实施、分类指导的管理运行机制。

——员工被指定进行某项工作之前，必须接受与该工作相关的 HSE 培训，经考核证明能安全地胜任该工作，方能独立上岗。

——所有员工应定期进行 HSE 再培训，国家法律法规要求持证上岗的员工，遵照有关要求执行。

——一切培训活动应立足于岗位实际需要，以满足岗位培训需求为核心；HSE 培训方式以分散在岗培训、辅导为主，集中脱产培训、讲授为辅。

——HSE 培训内容以 HSE 管理规范、程序、操作规程为主，培训下属是各级直线领导的职责之一，直线领导对其下属岗位胜任能力负责。

（三）HSE 培训需求

HSE 培训需求是指为了满足特定岗位的实际工作需要而必须接受的 HSE 培训内容。企业通过 HSE 培训需求的确认，能够有针对性地制订培训计划，从短板着手，迅速提高企业员工 HSE 意识、知识和技能。

根据培训需求来源不同，HSE 培训需求可分为：基本培训需求；提升培训需求；专项培训需求。

——基本培训需求：指企业为满足国家有关法律法规要求，落实企业 HSE 方针、目标、理念、规章制度，使员工普遍达到最基本 HSE 能力标准，保障企业正常生产经营的要求。也指岗位员工为完成工作任务、实现安全操作、维护个人利益的培训需求，是基层基础工作的根本需求。

——提升培训需求：指岗位员工在具备基本 HSE 能力的基础上，在不同阶段，企业和员工个人为了提升安全操作技能与 HSE 表现水平，改进个人在工作能力、专业技能、HSE 理念意识方面的差距，达到更高水准的培训需求。

——专项培训需求：指岗位员工在具备基本 HSE 能力的基础上，为了满足某些专业技能或完成某项特殊任务需要的培训需求，如应用新工艺、新技术、新设备、新材料，接受新任务等，而产生的新的 HSE 培训需求。已经在岗的员工 HSE 能力不能达到本岗位要求应进行的培训及取证人员的再培训等，均可列为专项培训需求。

上述三个培训需求，基本培训需求是相对静态的，是岗位员工应当接受的最基本的培训。提升培训需求和专项培训需求是相对动态的。其中提升培训需求是岗位员工可选择的培训，如企业在员工已具备基本 HSE 等技能的条件下，为了提升 HSE 业绩和工作质量等对员工能力进行深入培训，以及员工为了晋升更高的技术级别而要求的培训等，都属于提升培训需求。专项培训需求是不可选择的，如企业需要员工临时从事新的工作任务，为确保安全实施，事先必须要对员工进行培训。

（四）培训需求矩阵

企业应依据岗位 HSE 风险和任职要求，分层次编制岗位 HSE 培训需求矩阵。培训需求矩阵包括岗位名称、培训内容、掌握程度、培训周期、培训方式等主要内容。HSE培训需求矩阵结构的确定直接关系着矩阵的信息量、实用性和可操作性，因此在确定培训需求矩阵结构时，应当根据实际进行合理确定、灵活掌握。形式有表格形式、无表格排列形式、纯文字陈述形式等，一般采用表的形式，可以做到更加简洁、明了、易懂。管理层HSE培训需求矩阵参见表6-1。

表6-1 管理层HSE培训需求矩阵

培训内容	代表性职位		
	处长/部长	一般管理人员	HSE专业人员
HSE理念、政策——管理层	F, L, M	F, L, M	F, L, M
HSE组织、责任——管理层	F, L, M	F, L, M	F, L, M
HSE绩效管理——管理层	F, L, M	F, L, M	F, L, M
安全运作管理——管理层	F, L, M	F, L, M	F, L, M
环境保护与可持续发展——管理层	F, L, M	F, L, M	F, L, M
职业健康管理——管理层	F, L, M	F, L, M	F, L, M
行为安全观察与沟通——管理层	F, L, M	F, L, M	F, L, M
事故调查——管理层	F, L, M	F, L, M	F, L, M
通用安全规则	F, L, M	F, L, M	F, L, M
防卫驾驶（针对有驾照的人）	F, L, M	F, L, M	F, L, M
紧急救护	F, L, M	F, L, M	F, L, M

注："F, L, M"代表培训的频次、掌握程度和培训的方式。F——频次（年）；L——掌握程度（1、2、3）；M——培训方式（M1、M2、M3、M4、M5、M6）。举例：3, 3, M1。

单位应每年对岗位HSE培训需求进行评估，根据评估结果及时更新培训需求矩阵，并与下属员工沟通。当组织结构、经营规模、经营性质和岗位职责发生变化时，应及时评估岗位HSE培训需求，更新培训需求矩阵。识别培训需求应考虑但不限于以下因素：

——岗位基本技能要求。

——岗位风险。

——岗位操作规程。

——HSE 管理规范、程序等。

——相关法律法规及其他要求。

——人员、工艺和设备变更。

——HSE 审核的结果。

——业绩考核的结果。

——岗位能力评估的结果。

——事故和意外事件的教训。

——应急演练与应急响应的总结。

——HSE 表现分析与改进机会。

——本单位 HSE 方针、目标、指标。

——再培训。

直线领导负责下属员工培训需求的识别与维护，应就培训需求与员工进行沟通，使其清楚地了解岗位要求的 HSE 能力及自己的知识、能力与岗位要求之间的差距。

鼓励企业在对操作员工开展 HSE 培训需求调查的同时，开展 HSE 履职能力评估工作，两者的目的和作用趋同，可以合并一同进行，既减少重复工作，又可以使对员工的 HSE 履职能力评估找到实际可行的方法。

二、矩阵内容和要求

HSE 培训内容是岗位培训矩阵的纵向要素，包括 HSE 理念、知识、技能等方面，是岗位 HSE 培训矩阵的核心。HSE 培训要求是岗位 HSE 培训矩阵的横向要素，包括培训课时、培训周期、培训方式、培训效果、培训师资五个方面，是对岗位员工培训的基本要求。

（一）培训周期

HSE 培训周期是指同一内容两次培训的间隔时间。HSE 培训周期的确定，可在国家、行业、企业有关规定范围内，结合员工知识更新速度等实际，按照下列基本原则确定：

——所有培训项目最长培训周期不超过三年；如无特殊要求的操作技能培训，培训周期可确定为三年，但不能超过三年。

——一般需要员工达到"了解"和"掌握"的培训项目，培训周期可不小于一年，不超过三年。

——新入厂、调换工种、转岗、复工等岗位员工HSE培训，或因规章制度、设备设施、工艺技术等变更应当进行的HSE培训，以及其他专项培训，可不受周期限制。

HSE培训课时是指针对某一培训项目需要的授课时间，应按照常规教育培训的计时方法计算，根据培训内容多少、接受难易程度、需要达到的效果等确定。

（二）培训方式

HSE培训方式是指根据不同的培训项目、培训效果、培训对象可采取的培训手段或形式。需要动手操作的项目，以实际操作培训为主，课堂讲授与现场演练相结合；属于理念性的内容，以课堂授课或会议告知为主；不限定员工自学。

——M1 典型课堂培训：适用于HSE规范、程序、通用HSE知识的培训，如企业核心价值，HSE方针、政策、目标，通用规则及HSE法律、法规等。

——M2 强化课堂培训：适用于HSE专业知识培训，除课堂讲解之外，辅助有对应的考试测验。

——M3 各种HSE会议：适用于工作过程中不同级别、专业和资历的员工之间的HSE经验和知识的交流与分享。

——M4 部门主管主持学习讨论：适用于工作过程中出现的普遍性问题，或澄清HSE规范、程序执行中出现的偏差或疑惑。

——M5 岗位实际练习：适用于现场执行的管理规范、程序和操作规程的培训，需在有资质员工的指导和观察下，实际演练培训的内容，掌握必要的技能。

——M6 网络培训：适用于时间、空间难以集中的培训对象的HSE知识培训。

（三）培训效果

HSE培训效果是指员工经过培训后，希望或要求达到的目标，一般分为

"了解""掌握""能够正确应用并指导他人"三个梯度。

——属于理念性或与本岗位操作无直接关系的培训项目，培训效果可确定为"了解"，如工作外HSE知识、典型事故案例等。

——属于本岗位直接操作的项目、要求经过培训后必须达到熟知或能够独立操作的培训项目，应当确定为"掌握"，如本岗位操作技能的所有培训项目。

——对于一般基层岗位员工只要求"了解"或"掌握"的培训项目，要求各级管理人员必须"掌握"，并且能够指导他人，以保障其具有履行对本属地成员进行HSE培训的直线责任能力。

（四）培训计划

各级直线领导负责组织制订其下属员工的个人培训计划。依据培训需求矩阵及直线领导对下属的期望，结合员工现有能力，制订员工个人培训计划。在制订员工个人培训计划时直线领导应与其下属进行沟通，取得共识；还应与相关职能部门进行沟通，取得专业支持。

培训计划应优先考虑在岗培训，最大限度地利用和发挥直线领导、基层管理人员和专业人员及资深员工在HSE培训中的作用。培训管理部门应依照要求，对培训计划进行汇总，考虑培训资源的可利用性及企业HSE年度目标，编制企业年度培训计划，并分发相关部门。

三、用矩阵驱动培训变革

HSE培训需求矩阵的价值不仅在于诊断员工的问题，更在于通过系统化的实施路径，把诊断结果转化为实实在在的安全能力提升方向。培训不再是"广撒网"的模糊动作，而是针对每个岗位的"精准补缺"。以下是具体落地的四个关键步骤。

（一）用测评工具定位个体能力缺口

对每个员工精准能力评估是第一步，但真正的挑战在于——管理者敢不敢直面那些被掩盖的能力短板？常用的测评工具和方法如下：

——模拟操作：让操作工在虚拟环境中处理设备泄漏场景，观察其操作步骤是否符合安全规程。

——情景问答：针对管理层设计"如果生产进度与安全投入冲突，你会如何决策？"等情景题，评估其风险决策倾向。

——能力自评+上级评估：通过直线下属与直线领导双维度打分，识别员工的"能力盲区"，如操作工可能高估自己对应急流程的记忆。

通过能力测评和培训需求调查，为每个岗位员工生成"能力雷达图"，直观显示哪些能力项达标、哪些处于"短板区"。这有助于管理者一目了然地掌握团队的能力分布，为后续的培训计划提供数据支撑。例如，若某岗位在"应急响应"能力上普遍较弱，管理者即可快速识别并优先安排相关培训，确保员工在面对紧急情况时能迅速、准确地采取行动。

（二）根据矩阵生成个性化培训"处方"

要实现个性化培训定制"处方"应遵循如下逻辑：优先解决"高风险+低能力"的交叉项（如操作工的应急处置能力）。真正的个性化不是千人千面，而是用最小必要培训解决最大风险缺口。通过这样的精准培训，企业不仅能够迅速弥补安全能力短板，还能提升整体安全管理水平，为企业的稳健发展保驾护航。

操作工若"应急响应"能力不足，则安排"双盲演练（不通知无脚本演练）+实操考核"；班组长若"隐患排查"能力薄弱，则推送"隐患分级微课+现场带教"。针对这些交叉项，企业可设立专项培训小组，由经验丰富的安全专家或外部顾问领衔，确保培训内容的专业性和实用性。同时，建立跟踪机制，定期评估培训效果，及时调整培训策略，确保能力提升的持续性和有效性。

（三）多种培训模式与不同岗位匹配

企业需根据诊断结果，为不同岗位的员工设计个性化的培训计划或方案。混合模式不仅包括线上微课、视频教程等自主学习资源，还融合了线下实操、师傅带教等互动学习方式，确保员工能够根据自身的学习节奏和能力水平，灵活选择最适合自己的学习方式。

对于操作工，侧重于实操技能的提升，通过模拟真实场景的"两不一无"演练和实操考核，强化应急响应能力；对于班组长，则强化其隐患排查和现场管理能力，通过微课学习和现场带教，加深对隐患分级和处置流程的理解。

同时，企业还需建立学习进度跟踪机制，定期监测员工的学习成效，确保培训内容与员工实际需求的高度匹配，进一步提升培训效果。请记住：安全培训不是知识灌输，而是让肌肉记忆和决策本能与岗位需求完美匹配。

（四）效果测评形成能力提升闭环

在完成初步的培训计划或方案并实施后，进入评估阶段至关重要。此阶段需通过二次培训效果测评，检验员工经过培训后的能力提升情况，从而形成能力提升的闭环管理。

企业可采用与初次测评相似的工具和方法，但测评内容和难度应有所提升，以准确反映员工在培训后的进步。通过对比初次与二次测评结果，企业能够清晰地看到每位员工的能力成长轨迹，进而对培训效果进行量化评估。在此过程中，新增"行为观察项"。例如，操作工在实际巡检中是否主动运用新掌握的隐患识别技巧。

对于达到标准者，进入"能力维护期"，进行定期的抽查；对于仍存在能力短板的员工，需纳入"强化训练组"，重新制订"补充培训计划"，及时调整培训方案，进行针对性的强化训练，直至其达到岗位所需的 HSE 能力标准。同时，将能力评估结果纳入岗位业绩考核，与晋升、评优相联系，构建持续改进的机制。请记住：没有闭环的培训是无效的。

四、HSE 培训需求矩阵推广价值

HSE 培训需求矩阵的终极意义，远不止于解决"培训无效"的表层问题。HSE 培训需求矩阵的终极价值在于——让 HSE 能力提升成为可追踪、可问责的系统工程，让企业真正实现从"被动应对"到"主动预防"的飞跃。

（一）提升资源效率：让每一分钱都用在"刀刃上"

通过 HSE 能力短板分析，将资源集中在"高风险岗位 + 低能力项"的交叉领域。这些岗位和能力的组合，正是安全培训中的"关键少数"。企业可以据此优化预算分配，确保每一笔培训费用都能直击要害，避免资源的无谓浪费。同时，这种精准投放还能加速员工能力达标的进程，提升整体安全绩效，实现培训投入与产出的最大化。当安全投入开始精准制导，企业才能真正告别"撒胡椒面式"的无效消耗。

（二）提供管理抓手：将 KPI 从覆盖率升级为达标率

传统的安全管理往往以培训覆盖率为核心指标，但高覆盖率并不等同于高安全绩效。HSE 培训需求矩阵的引入，使得企业能够将管理抓手从覆盖率升级为达标率。通过定期的能力测评与反馈机制，企业能够清晰掌握每位员工的能力状态，进而将管理重心转移到确保每位员工都能达到既定的安全能力标准上。这种转变不仅提升了管理的精细化水平，更确保了安全管理的实效性，让企业的安全管理真正落到实处，见到实效。当安全 KPI 从"做了什么"转向"改变了什么"，管理才能真正从形式主义走向实用主义。

（三）加速文化渗透：让安全从被动应对转向主动提升

HSE 培训需求矩阵的实施，不仅是对培训资源的优化，更是对企业安全文化的一次深刻重塑。通过明确的安全能力标准和持续的测评反馈，员工逐渐从"被动合规"的心态转变为"主动提升"的自觉行动。他们开始意识到，安全不仅是企业的要求，更是个人职业发展的必要条件。这种文化渗透，使得安全从外在的约束变为内在的驱动，从而在企业内部形成了一种积极向上的安全氛围。当安全能力成为个人成长的显性勋章，被动的合规要求就变成了主动的价值追求。

（四）顺应未来趋势：为智能化安全管理开山铺路

展望未来，智能化安全管理将成为企业安全管理的主流趋势。而 HSE 培训需求矩阵作为这一趋势的重要支撑和推动力量，将在企业的安全管理中发挥越来越重要的作用。HSE 培训需求矩阵的实施，不仅为当前的安全管理提供了有力的工具，更为未来的智能化安全管理奠定了坚实的基础。通过大数据分析和人工智能技术，可以将 HSE 培训需求矩阵与企业的实际运营数据相结合，构建出智能化的安全管理系统。这一系统能够实时监测企业的安全状况，自动识别潜在的安全风险，并为企业提供精准的安全培训改进建议。这将极大地提高安全管理的效率和准确性，使企业的安全管理更加科学、智能。同时，根据员工的安全能力测评结果和个人发展需求，系统可以自动生成个性化的培训计划和学习路径，帮助员工有针对性地提升自己的安全能力。这将进一步激发员工的学习动力和安全意识，推动安全文化在企业的深入渗透。

HSE 培训需求矩阵不是终点，而是让安全管理从经验驱动走向数据驱动的必经之路。HSE培训需求矩阵不是一张纸，而是一面镜子——它照出的不仅是岗位的短板，更是企业安全文化的真相。最好的安全管理，就是让每个岗位都拥有不可复制的安全人格。每个岗位的安全能力都是解锁生存的密码，而培训需求矩阵就是破译风险的基因图谱——当精准成为本能，安全才能从概率游戏升维为确定性艺术。

第二节 工作前安全分析

工作前安全分析（job safety analysis，JSA）是事先或定期对某项工作任务进行风险评价，并根据评价结果制订和实施相应的控制措施，达到最大限度消除或控制风险的方法。工作前安全分析是一个风险评估的工具，主要的做法是将工作分解成不同的步骤或子任务，然后识别每一步或子任务中所存在的危害，评估相应的风险。如果初始风险不能接受，就要采取所推荐的安全方法和措施来降低风险，从而将风险降低到可接受的程度，防止事故或伤害的发生。JSA常用于非常规工作或工作内容发生变化的情况。

一、JSA的作用

开展工作前安全分析，可以帮助识别和找到作业人员以前忽略掉的危害因素，从而更有效地防止伤害事故的发生。可以帮助作业人员有组织地把工作做对，并且做得更加有效。一个好的JSA也可以变成正式工作程序的一部分。通过事前培养思考安全的行为，使员工按照工作程序进行工作，使员工养成安全工作的习惯。

工作前安全分析是对作业活动的每一步骤进行分析，辨识潜在的危害，确定相应的工程和管理措施，提供适当的控制和防护措施，从而防止事故发生，防止人员受到伤害。JSA是作业安全管理最好的工具之一，具体说来有如下作用：

——将安全成为生产系统的有机部分。
——消除工作中的风险和隐患，预防、减少伤害与事故的发生。
——改善作业程序执行情况，提高作业质量、工作效率。
——改善对风险的认识或增强识别新风险的能力。
——确保防控措施有效并得到落实，将潜在的风险降到最低。

——拟定人人皆可使用的作业程序，对工作前安全作业提供指导。

——快速和持续改善安全标准和工作条件。

——将员工和主管第一手的经验文件化，并应使经验得到分享。

——作为培训和再培训的工具，也可作为事故调查的工具。

——提高员工的安全意识，让员工养成安全的工作习惯。

正确地应用 JSA 很可能会揭露出一些安全管理中存在的问题，使其能够在最短的时间内尽快地解决。如果发现一项重大隐患，就要在开始工作之前采取有效措施，不让员工在不安全的条件下工作。这种方法的基点在于 JSA 是任何作业活动的一个有机组成部分，而不能单独剥离出来。应该注意的是工作前安全分析（JSA）本身不能控制事故的发生，它需要作业人员切实贯彻实施 JSA 所要求的各项控制措施来控制事故的发生，并不断完善作业程序来预防事故的再发生。

二、JSA 的特点

JSA 一般由班组长和员工共同来完成，用 JSA 分析自己的本职工作，预防伤害保护自己。工作前安全分析和其他风险管理工具的主要区别在于：通过员工参与对风险的提出、分析、讨论、沟通、监控及总结和反馈等，可提高员工对日常作业中的危害因素与风险控制方法的认识。

工作前安全分析（JSA）与其他风险评价方法相比而言有如下鲜明的特点：

——简单、灵活、实用，操作性强。

——易学易会，所有员工都可掌握，可行性强。

——可紧密结合工作实际，针对性强。

——可以在作业前，即时分析，时效性强。

——可随作业条件（客观条件）的变化而变化，适用性强。

——口头 JSA，可与任务分配和班前会相结合，灵活性强。

——将风险管理细化到每一具体工作或作业，具体性强。

——由作业者本人识别和管理自己作业中的风险，自主性强。

实施和推行工作前安全分析，就是"全体动员，全员参与"，将风险管理细化到每一项作业活动和工作任务中的每一个步骤与环节，做到"全过程、全天候、全方位"识别与清除各种人的不安全行为和物的不安全状态，以持续提高我们工作的安全标准，提升全员的风险管控能力，培养员工安全的作业习惯，减少和避免事故事件的发生。

当然 JSA 分析方法也有着其自身的局限性。首先，JSA 与分析者的经验有很大关系，其分析的结果在很大程度上取决于这些人对作业和安全的认识和经验。其次，不够系统全面，JSA 只能进行定性分析，不能定量评估发生伤害的可能性及后果严重程度。

三、步骤与内容

防止伤害的发生是安全工作第一个需要考虑的事情。首先要考虑的是什么作业适合采用 JSA 进行分析。企业应有一个有效的工作安全分析管理程序，说明员工如何选择和优化需要分析的作业。原则上，所有的作业都要进行 JSA，只是分析的形式不同，有口头和书面两种方式，但首先要确保对关键性的作业实施正式的书面分析。根据作业面临的潜在隐患的多少和风险大小，对工作或作业活动进行分类，可以考虑采用口头分析还是书面分析，口头 JSA 分析通常可以和工作前的班前讲话相结合。

工作任务一般可分为新工作任务、以前做过分析或已有操作规程的工作任务、低风险工作任务。现场作业人员均可提出需要进行安全分析的工作任务。工作安全分析管理流程包括：工作任务的初步审查，JSA 分析的实施，作业许可和风险沟通，现场监控和总结与反馈。JSA 是一个连续的过程，如图 6-1 所示。

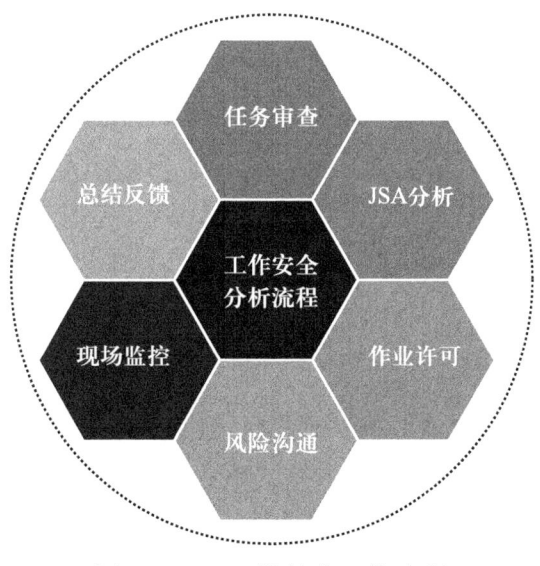

图 6-1 JSA 的基本工作流程

（一）任务审查

由基层单位负责人对工作任务进行初步审查，确定工作任务内容，判断是否需要做工作安全分析，采取口头形式还是书面形式。符合下列情况之一，应进行书面 JSA 分析：

——无程序管理、控制的工作。
——新的工作（首次由操作人员或承包商人员实施的工作）。
——有程序控制，但工作环境变化或工作过程中可能存在程序未明确的危害，如可能造成人员伤害、发生井喷、有毒气体泄漏、火灾、爆炸等。
——特殊作业和可能偏离程序的非常规作业。
——现场作业人员提出需要进行工作前安全分析的工作任务。

（二）JSA 分析

基层单位负责人指定 JSA 分析小组组长，组长应选择熟悉工作安全分析方法的管理、技术、安全、操作的人员组成小组。小组成员应了解和熟悉工作任务及所在区域环境、设备和相关的操作规程及工作前安全分析方法。JSA 小组要审查工作计划安排，分解工作任务，搜集相关信息，实地考察工作现场，核实以下内容：

——以前此项工作任务中出现的健康、安全、环境问题和事故。
——工作中是否使用新设备。
——工作环境、空间、照明、通风、出口和入口等。
——工作任务的关键环节。
——作业人员是否有足够的知识、技能。
——是否需要作业许可及作业许可的类型。
——是否有严重影响本工作安全的交叉作业。
——其他。

JSA 小组将该工作任务分解为若干关键环节或步骤，并识别每一个环节的危害因素，填写工作前安全分析表。识别危害因素时应充分考虑人员、设备、材料、环境、方法等方面。对存在潜在危害的重要步骤进行风险评价。根据判别标准确定初始风险等级和风险是否可接受。风险评价宜选择风险评估矩阵法（RAM）。JSA 分析的基本内容和流程如图 6-2 所示。

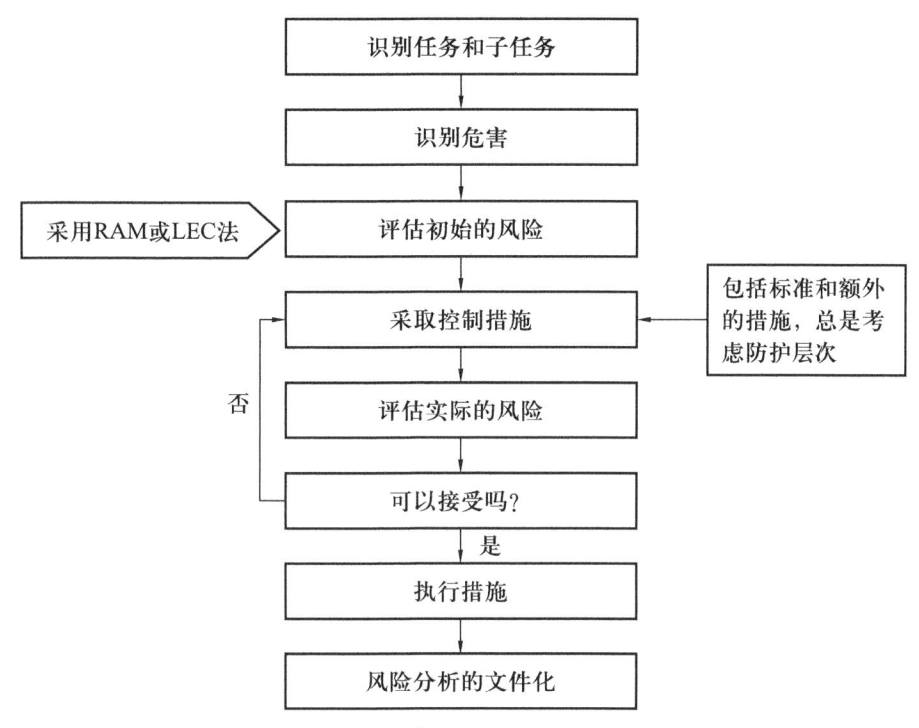

```
                    ┌─────────────────┐
                    │  识别任务和子任务  │
                    └────────┬────────┘
                             ↓
                    ┌─────────────────┐
                    │     识别危害     │
                    └────────┬────────┘
                             ↓
  ┌──────────────┐  ┌─────────────────┐
  │ 采用RAM或LEC法 │→│   评估初始的风险   │
  └──────────────┘  └────────┬────────┘     ┌──────────────┐
                             ↓              │ 包括标准和额外 │
                    ┌─────────────────┐     │ 的措施，总是考 │
           ┌───────→│    采取控制措施   │←───│ 虑防护层次    │
           │        └────────┬────────┘     └──────────────┘
           │                 ↓
           │        ┌─────────────────┐
         否│        │   评估实际的风险   │
           │        └────────┬────────┘
           │                 ↓
           │        ┌─────────────────┐
           └────────│    可以接受吗？   │
                    └────────┬────────┘
                           是│
                             ↓
                    ┌─────────────────┐
                    │     执行措施     │
                    └────────┬────────┘
                             ↓
                    ┌─────────────────┐
                    │   风险分析的文件化 │
                    └─────────────────┘
```

图 6-2　JSA 分析的基本内容和流程

——确定工作任务，把任务分解成具体子任务或工作步骤。

——按照工作的流程，识别每一工作步骤相关的危害因素。

——采用事先确定的风险评价方法，考虑采取现有标准的控制措施后，对每一项危害因素的风险进行初始风险评估。

——采取必要的风险控制措施，包括现有标准的控制措施以外改进的建议措施，并按照"最低合理可行的 ALARP 原则"考虑多层次的防护措施。

——再次评估采取多种控制措施后，实际存在风险的大小，如风险可接受，就执行所确定的风险控制措施，并将整个风险分析过程记录保存。

——如风险依旧不可接受，应再次重新考虑所采取的进一步的风险控制措施，然后再次评估所残余的风险，看是否可接受，如此反复，直至最终的风险可接受为止。如已采取了所有可能采取的风险控制措施后，风险依然不可接受，那就应停止工作或重新安排工作。

在选择风险控制措施时，应考虑控制措施的优先顺序。控制措施优先顺序一般为：消除、替代、降低、隔离、程序、减少员工接触时间、个人防护装备。风险管理时尽量少地选择被动保护措施，除非是在风险已经降低到可接受范畴，而被动保护措施可以满足事故后的减灾要求，或有利于提前介入应急处置等情形时才可作为保护措施提出。制订出所有风险的控制措施后，还应确定以下问题：

——是否全面有效地制订了所有的控制措施。

——对实施该项工作的人员还需要提出什么要求。

——风险是否能得到有效控制。

在完成上述工作后，如果每个风险在可接受范围之内，并得到JSA小组成员的一致同意，方可进行作业前准备。

（三）作业许可

办理作业许可是作业的一部分，而不是作业的负担。作业许可也不是开工许可，而是一个作业危害辨识和风险控制的手段。工作许可证本身不能保证安全，只有按作业许可要求通过JSA识别、评价和控制风险，安全措施得到落实才能保证安全。

作业许可是指对在生产或施工作业区域内工作程序或操作规程未涵盖到的非常规作业，同时包括有专门程序规定的作业活动，如进入受限空间、动土作业、高处作业、移动式吊装、管线打开、临时用电、动火作业、放射性作业、爆破作业、水下作业及其他高风险的临时作业，事前开展JSA，提出作业申请，验证作业安全措施，并最终获得作业批准的一个过程。

（四）风险沟通

JSA的成功还取决于有效地沟通。无论JSA做得多么完善，顺利地完成工作还是取决于实施人员。在JSA结束后正式作业前，应召开工作前会议（toolbox talk）即班前会，让员工分析讨论作业风险。主要就JSA识别的风险与制订的控制措施，同相关作业人员进行有效沟通。班前会的四个功能：

——让参与作业任务的每个人彻底理解完成本作业任务所涉及的所有活动细节，包括他们自己的活动和其他人的活动；辨识出本作业任务每个阶段的潜在危害；已经采取的或将要采取的降低风险的控制措施；在各个阶段每个人的行为和责任。

——向参与作业的全部或部分人员提供机会，使他们进一步识别那些在初始辨识时可能遗漏的危害及控制措施，这对于识别那些早期阶段未被人注意到的工作场所的危险来说尤其有用。

——让所有参与工作的人员知道，如果条件或人员发生变化，或在实际作业时，原先的假设条件不成立，应该对风险进行重新分析，如果有任何疑问，应该停止工作。

正是因为这些原因，成功的班前会应该在工作现场或工作现场附近召开。这个班前会应该包括参与工作的所有人员，或可能受到影响的所有人员，如承包商人员、属地员工。开会时使用一份JSA，可以系统地引导作业人员逐步地认真学习一遍。

（五）现场监控

在实际工作中应严格落实控制措施，根据作业许可的要求，指派相应的监护人员监视整个工作过程，特别要注意工作人员的变化和工作场所出现的新情况及未识别出的危害因素。任何人都有权利和责任停止他们认为不安全的或风险没有得到有效控制的工作。

如果有人担心安全问题停止工作，这个人的决定必须得到支持，即使后来证明这种担心是错误的，这也是一种值得提倡的安全文化。因此，这时不能表现出对生产效率、成本或工期的任何担心，应该始终把安全放在第一位。"我们总有时间，把工作安全地做好"。也就是说，没有一项工作会紧急到需要不顾安全地去完成！（No job is so urgent that you cannot take time to do it safely！）

所有JSA必须和实际情况相结合，下列阶段都需要与现场情况核实，并做出相应的改进：

1. 完成防护措施后的现场检查确认

——确认各项措施都已经完好地落实。

——检查各种工具是否完好。

——防护措施是否足够、合理。

——隔离是否完整。

——特殊防护用品（PPE）是否到位。

——警示带范围是否合理。

——是否告知周围人员。

2. 工作中的现场观察和改进

——防护用品（PPE）：眼睛和面部、耳朵、呼吸系统、胳膊和手、身体、腿和脚。

——人的位置：观察人的位置以避免撞到物体、物体打击、夹在物体中、坠落、烧伤、触电、吸入有害气体、吞入有害物质、用力过度、重复动作、站位不对。

——工具和设备：工作中使用错误的工具、使用不正确、工具处于不安全的状况。

——程序和秩序：程序不合适、不知道或不理解程序、不遵守程序、秩序标准不合适、不知道或不理解秩序标准、不遵守秩序标准。

3. 工作完成后的现场清理和恢复

——工具是否放回固定地方。

——现场是否清理干净。

——是否已经解除隔离。

——设备是否恢复正常。

——警告带是否拆除。

——消防设施是否恢复正常。

——公用系统是否恢复正常。

——是否告知相关人员。

如果某项作业活动出现了新的危害或发生事故、事件，应立即停止作业任务。由JSA小组立即审查先前做的工作前安全分析结果，是否有被忽略的控制措施会导致伤害发生？是否有工作步骤不完整？是否有一个具体的PPE被忽略？应该如何修改和完善JSA？

（六）总结反馈

作业任务完成后，作业人员应进行总结，若发现工作前安全分析过程中的缺陷和不足，及时向JSA小组反馈。根据作业过程中发生的各种情况，JSA小组提出完善该作业程序的建议。

我们需要对开发的JSA进行评审，使之成为JSA模板，可以被每个人在从事该工作时使用，一个好的 JSA 应该在整个组织内推广使用。许多人有义务来创建和维护 JSA 数据库。至于什么人介入要取决于工作的性质和复杂程度。记住，将实际进行该工作的人员纳入进来是重要的。

这是 JSA 过程的一个重要反馈环路，通过评审寻找过程中的缺陷或不足。当发现可以改进工作做法时，应及时反馈到现有的工作程序中。事故调查发现的情况、隐患报告及程序审查都是汲取经验教训的良好来源，都可以应用到 JSA 不断完善过程中。

第三节　工作循环分析

工作循环分析（job cycle analysis，JCA）是通过现场评估的方式对已制订的操作规程和员工实际操作行为进行分析和评价的一种方法。这种方法主要在基层一线员工中使用，以基层班组长与员工合作的方式进行，从安全的角度审视操作规程或实际操作行为，验证操作规程的适宜性和可操作性，以及员工实际操作与操作规程的符合情况。工作循环分析可促进员工参与操作规程的制订，提高员工遵守操作规程的自觉性，增加操作规程的可操作性，以及操作人员对操作规程的理解和掌握。

一、制订计划

所有的关键作业操作规程每年至少分析一次，每个员工每年至少参与一次工作循环分析。基层单位主管生产、技术、设备的负责人，组织相关管理人员识别基层站队所有的关键作业过程和关键设备，清理与关键作业过程、关键设备有关的操作规程，建立操作规程清单。

> **注**：关键作业：可能对有关的个人或组织带来重大危害和影响的生产操作、检维修等活动，或与关键设备有关联的活动。关键设备：一旦停止运转或运转失效，可能引起异常或事故，或造成人员伤害、环境污染，或伤害员工健康的设备。

基层单位主管生产、技术、设备的负责人根据建立的操作规程清单，在每年初制订 JCA 计划，确定时间与频次见表 6-2，并与各基层站队长进行沟通。年度 JCA 计划主要包括需进行工作循环分析的操作规程、工作循环分析小组组成和时间安排等内容，并通知工作循环分析所涉及的人员。

表 6-2　年度 JCA 计划表（示例）

序号	操作程序编号	操作程序简要描述	站队长	有关员工	时间表 初始评估	时间表 最终评估
1						
2						
3						

二、初始评估

初始评估是在实际现场评估之前进行的讨论评估，基层站队长应和员工讨论目前该项工作实际操作情况，以及实际操作与书面操作规程的差异。通过讨论来验证规程的完整性、适用性和员工对操作规程的理解程度。初始评估具体内容见表 6-3。

表 6-3　JCA 初始评估表（示例）

```
报告给：（单位主管领导）            日期：
报告人：（基层站队长）              班次：
所观察操作的程序描述：
参加员工：
验证范围：
工作环境的条件（有序、整洁）：
所观察的不安全行为、做法和条件：（有无）
不安全行为和条件描述：
防护设备：足够吗？（是否）
状况？（好不好）
工器具是否容易获得？工具好用吗？是否需要更换工具？
其他危害：
操作程序：（知道吗？遵守吗？更新了吗？）
工作按照目前的程序在执行？（是否）
如何使该项工作更安全，更有效？或改变操作程序？
员工的描述：
站队长的描述：
```

若员工第一次进行工作循环分析，基层站队长应事先向员工解释工作循环分析的目的、作用和程序。基层站队长应就以下内容与员工进行沟通交流，验证员工对操作程序的理解程度及操作程序的完整性和适用性，并填写初始评估表，包括：

——需要的个人防护装备及完好状态。
——需要的工具及完好状态。
——执行操作规程涉及的一些关键安全要求。
——操作规程中是否已包含该安全要求。
——执行该操作规程能否使工作安全、有效地进行。

三、现场评估

在实施现场评估之前，应对现场操作安全要求和区域的风险控制措施进行验证，准备所需的个人防护装备。现场评估是由基层站队长和员工到现场，由员工按操作规程实施工作，基层站队长在旁观察员工操作并发现与已制订规程的异同之处。

若工作的某部分无法按操作程序进行，但实际操作是安全的，应记下员工的实际操作程序、实际操作与操作程序的偏差及操作程序本身的缺陷，基层站队长还应记录下操作过程中可能出现的其他不安全事项。如果设备没有启动，或不宜进行实际工作，可以进行模拟操作。

现场评估结束后，基层站队长应针对偏差、缺陷和潜在的风险，以及其他不安全事项和相应的改进建议，填写现场评估表。现场评估表示例参见表6-4。记录操作过程中其他不安全事项包括：

表6-4 现场评估表（示例）

操作程序： JCA顺序号：

序号	作业步骤	偏差关键点	潜在的风险		建议
			风险	说明	
1					
2					
3					

——打击危害。

——不安全进入受限空间。

——设备缺陷。

——缺乏所需要的设备、工具、仪器。

——没有逃生路线或逃生路线被堵塞。

——没有足够的空间实施工作。

——缺少现场隔离措施。

——环境危害（例如泄漏）。

——其他不安全行为和不安全状态。

应该特别注意：在验证过程中发现有隐患应立即整改（包括现场隐患和操作程序缺陷），整改不了的应采取控制措施。

基层站队长负责为每个员工建立工作循环分析历史记录，记录内容包括验证的操作程序、执行日期和执行情况等。当一个工作循环分析完成时，将所有与这个工作循环分析有关的记录装订并保存到档案中。基层站队长应定期查阅工作循环分析记录档案，确保所有相关员工都能及时掌握操作程序的变化。

四、最终评估

最终评估是基层站队长和员工根据初始评估和现场评估情况，讨论发现的问题，确认改进建议的过程。在最终评估的讨论中，基层站队长应尊重员工的建议，员工应做出遵守操作规程的承诺，相关的建议应经过讨论达成共识。

如果操作程序是完备的，员工应做出承诺，按照操作程序进行操作。如果操作程序不完备，基层站队长应将观察到的不一致项、修订操作程序和整改隐患的建议，汇总成最终评估表，最终评估表示例内容见表6-5，由基层单位主管领导审核并上报主管部门进行修订。员工应保证按照修订后的操作程序进行操作。

表6-5 最终评估表（示例）

序号	发现问题与隐患 （所观察的不一致项）	建议	负责人	日期	备注
1					
2					
3					

基层单位主管领导应根据年度工作循环分析计划表,核实已完成的工作循环分析任务,定期公示每个站、队工作循环分析完成情况,并保存公示结果,执行修订后的操作规程。

第四节　启动前安全检查

为规范各类生产施工作业启动前安全环保管理,确保所有影响工艺、设施和施工安全环保运行的因素在启动前被识别并得到有效控制,对所有新、改、扩建,工艺设备变更,停车检维修,开钻、钻开油气层等项目应开展启动前安全检查。开展启动前安全检查可以在项目投用前及时消除各类隐患,降低发生事故和伤害的可能性,增强各类工艺设备和施工项目本质安全,体现管理层对安全的承诺。

一、基本的要求

启动前安全检查(pre-start-up safety review,PSSR)是指在工艺设备启动前对所有相关因素进行检查确认,并将所有必改项整改完成,批准启动的过程。启动前安全检查是项目启动的一个先决条件,需实施启动前安全检查的项目可包括但不限于:

——新、改、扩建项目(包括租借)。
——工艺设备变更项目。
——停车检维修项目。
——开钻、钻开油气层。
——其他。

应根据项目管理权限,成立相应的PSSR小组,按照事先编制好的检查清单进行启动前安全检查。根据项目规模和任务进度安排,可分阶段、分专项多次实施启动前安全检查。启动前的工艺设备应具备以下条件:

——工艺设备符合设计规格和安装标准。
——所有保证工艺设备安全运行的程序准备就绪。
——操作与维护工艺设备的人员得到足够的培训。
——所有工艺危害分析提出的改进建议得到落实和合理的解决。

——所有工艺安全管理的相关要求已得到满足。

检查时发现隐患项目，进行区分，分为必改项和待改项，并进行区别处理。必改项就是项目启动前安全检查时发现的，可导致项目不能启动或启动时可能引发事故隐患的项目，应在启动前处理未完成。待改项是启动前安全检查时发现的，会影响投产效率和产品质量，并在运行过程中可能引发事故的，可在启动后限期整改的项目隐患。待改项不直接影响装置启动过程，时间充足时可在启动前处理，若对开车时间限制有要求，则可制订整改计划，明确措施安排，在启动之后按照计划及时进行整改，消除该隐患。

为确保启动前安全检查的质量，应根据项目的进度安排，提前组建 PSSR 小组。根据项目管理的级别，指定 PSSR 组长。组长选定并明确每个组员的分工。PSSR 小组成员可由工艺技术、设备、检维修、电气仪表、主要操作和安全环保专业人员组成。必要时，可包括承包商、具有特定知识和经验的外部专家等。

二、检查的内容

PSSR 小组应针对生产作业性质、工艺设备的特点等编制 PSSR 清单。检查清单应包括工艺技术、人员、设备、事故调查及应急响应、环境保护等方面的内容。

（一）工艺技术

在 PSSR 中的工艺技术审查与项目立项时审查不同，主要是检查项目各阶段工艺方面审核过程是否符合规定流程，主要有：

——所有工艺安全信息（如危险化学品安全技术说明书、工艺设备设计依据等）已归档。

——工艺危害分析建议措施已完成。

——操作规程经过批准确认。

——工艺技术变更，包括工艺或仪表图纸的更新，经过批准并记录在案。

（二）人员

对人员的检查主要关注人员能力能否达到启动并操作的要求，主要通过检查人员是否经过培训考核并取得相应资质确认。检查内容应包括：

——所有相关员工已接受有关 HSE 危害、操作规程、应急知识的培训。

——承包商员工得到相应的 HSE 培训，包括工作场所或周围潜在的火灾、爆炸或毒物释放危害及应急知识。

——新上岗或转岗员工了解新岗位可能存在的危险并具备胜任本岗位的能力。

（三）设备

——设备已按设计要求制造、运输、储存和安装；可以通过检验设备合格证、储存仓库相关记录、安装施工单位施工总结、监理单位监理总结等文件来进行核实。

——设备运行、检维修、维护的记录已按要求建立。

——设备变更引起的风险已得到分析。

——操作规程、应急预案已得到更新，符合《工艺和设备变更管理规范》（Q/SY 08237）的有关要求。

（四）应急响应

——针对事故制订的改进措施已得到落实，能够应对启动和日后运行过程中的各种突发情况。

——确认应急预案与工艺安全信息相一致，相关人员已接受培训，应急处理能力达到要求。

——若设备是在发生事故维修之后再次启动，应重点关注针对事故制订的改进措施有没有得到落实，防止同类事故的再发生。

（五）环境保护

——控制排放的设备可以正常工作。

——处理废弃物（包括试车废料、不合格产品）的方法已确定。

——环境事故处理程序和资源（人员、设备、材料等）确定。

——国家环保法规要求能够满足。

三、检查的实施

（一）PSSR 计划会

实施检查之前，PSSR 组长应召集所有组员召开计划会议。主要内容如下：

——向全体成员及相关方全面介绍整个项目概况。
——组织熟悉操作或工艺的人员审查并完善 PSSR 检查清单内容。
——明确每一位组员任务和分工。
——明确进度计划安排。
——参会所有各相关方负责人或代表充分协商，明确获得其资源支持。

（二）实施现场检查

启动前安全检查分为文件审查和现场检查。PSSR 组员应根据任务分工，依照检查清单进行逐项检查，且应当将发现的缺陷形成书面的记录。根据项目规模和任务进度安排，可分阶段、分专项多次实施启动前安全检查，启动前安全检查清单从略。

（三）PSSR 审议会

完成 PSSR 检查清单的所有项目后，各组员汇报检查过程中发现的问题，审议并将其分类为必改项、待改项，形成 PSSR 综合报告，确认启动前或启动后应完成的整改项目、整改时间和责任人。启动前安全检查综合报告参见表 6-6。

表 6-6　启动前安全检查综合报告表

项目名称					
项目所在区域					
装置名称		设备名称编号			
检查日期					
PSSR 小组已经按照检查清单实施了文件审查和现场检查，并确认本报告中所有必改项在启动前得到解决并且验收合格。 审查人：					
专业	姓名	职位	签字	日期	
技术					
设备					
操作					

续表

专业	姓名	职位	签字	日期
维修				
HSE				
电气				
仪表				
其他				

启动前安全检查组长：			日期：	
必须在启动前解决的问题（必改项）：				
项目	负责人	计划完成日期	完成确认	完成日期

注：所有必改项必须在批准之前予以落实，否则不能签字

我已经与PSSR小组审议并确认所有必改项完成整改，所有待改项已经落实监控措施和整改计划，该装置可以安全启动	启动批准人：	日期：

可以在启动后完成整改的问题（待改项）：				
项目	负责人	计划完成日期	完成确认	完成日期

此报告分发给以下人员：				
序号	姓名	单位	职称/职务	专业	备注

分阶段、分专项多次实施的启动前安全检查，在项目整体PSSR审议会上，应整理、回顾和确认历次PSSR结果，编制PSSR综合报告。所有必改项已经整改完成及所有待改项已经落实监控措施和整改计划后，方可批准实施启动。

（四）批准和跟踪

所有必改项完成整改后，PSSR 组长将检查报告移交给区域或单位负责人。根据项目管理权限，由相应责任人审查并批准启动。项目启动后，PSSR 组长和区域或单位负责人应跟踪 PSSR 待改项，检查其整改结果。

对于涉及变更的整改项，应将相关图纸、设计文件等进行更新并归档。待改项整改完成后，应形成书面记录，与 PSSR 清单、综合报告一并归档。

第五节　工艺与设备变更

为规范生产运行、检维修、开停工、技改技措、新、改、扩建项目等过程中工艺设备变更管理，控制变更风险，防范事故发生，各企业应推行工艺设备变更管理。工艺设备变更管理（management of change，MOC）是指涉及工艺技术、设备设施、工艺参数等超出现有设计范围的改变（如压力等级改变、压力报警值改变等）。

一、变更的范围

工艺和设备变更范围主要包括：
——生产能力的改变。
——物料的改变（包括成分比例的变化）。
——化学药剂和催化剂的改变。
——设备、设施负荷的改变。
——工艺设备设计依据的改变。
——设备和工具的改变或改进。
——工艺参数的改变（如温度、流量、压力等）。
——安全报警设定值的改变。
——仪表控制系统及逻辑的改变。
——软件系统的改变。
——安全装置及安全联锁的改变。
——非标准的（或临时性的）维修。

——操作规程的改变。
——装置布局的改变。
——产品质量的改变。
——设计和安装过程的改变。
——其他。

二、变更的分类

变更应实施分类管理，基本类型包括工艺设备变更、微小变更和同类替换。所有的变更应按其内容和影响范围正确分类。微小变更和工艺设备变更管理执行变更管理流程，同类替换不执行变更管理流程。

工艺设备变更不同于"同类替换"和"微小变更"。同类替换是指符合原设计规格的更换；微小变更是指影响较小，不造成任何工艺参数、设计参数等的改变，但又不是同类替换的变更，即"在现有设计范围内的改变"。

三、申请与审批

变更申请人应初步判断变更类型、影响因素、范围等情况，按分类做好实施变更前的各项准备工作，提出变更申请。变更应充分考虑健康安全环境影响，并确认是否需要工艺危害分析。对需要做工艺危害分析的，分析结果应经过审核批准。

变更应实施分级管理。应根据变更影响范围的大小及所需调配资源的多少，决定变更审批权限。在满足所有相关工艺安全管理要求的情况下批准人或授权批准人方能批准。

变更申请审批内容包括：
——变更目的。
——变更涉及的相关技术资料。
——变更内容。
——健康安全环境的影响（确认是否需要工艺危害分析，如需要，应提交符合工艺危害分析管理要求且经批准的工艺危害分析报告）。
——涉及操作规程修改的，审批时应提交修改后的操作规程。
——对人员培训和沟通的要求。

——变更的限制条件（如时间期限、物料数量等）。
——强制性批准和授权要求。

四、变更的实施

变更应严格按照变更审批确定的内容和范围实施，并对变更过程实施跟踪。变更实施若涉及作业许可，应办理作业许可证。变更实施若涉及启动前安全检查，应确保变更涉及的所有工艺安全相关资料及操作规程都得到适当的审查、修改或更新，按照工艺安全信息管理相关要求执行。

（一）变更要求

完成变更的工艺、设备在运行前，应对变更影响或涉及的人员进行培训或沟通。必要时，针对变更制订培训计划，培训内容包括变更目的、作用、程序、内容，变更中可能的风险和影响，以及同类事故案例。变更涉及的人员包括：

——变更所在区域的人员，如维修人员、操作人员等。
——变更管理涉及的人员，如设备管理人员、培训人员等。
——承包商。
——外来人员。
——供应商。
——相邻装置（单位）或社区的人员。
——其他相关的人员。

变更所在区域或单位应建立变更工作文件、记录，以便做好变更过程的信息沟通。典型的工作文件、记录包括变更管理程序、变更申请审批表、风险评估记录、变更登记表及工艺设备变更结项报告等。

（二）变更结束

变更实施完成后，应对变更是否符合规定内容，以及是否达到预期目的进行验证，提交工艺设备变更结项报告，并完成以下工作：

——所有与变更相关的工艺技术信息都已更新。
——规定了期限的变更，期满后应恢复变更前状况。
——试验结果已记录在案。

——确认变更结果。
——变更实施过程的相关文件归档。

相关链接：5S 与安全管理

5S 起源于日本，指的是在生产现场中对人员、机器、材料、方法等生产要素进行有效管理，是日式企业独特的一种管理方法。5S 是指整理、整顿、清扫、清洁、素养，5S 管理的真谛是"人造环境，环境育人"。推行 5S 的目的是改善和提高企业形象，促成效率的提高，减少直至消除故障，保障安全生产，降低生产成本，改善员工精神面貌，使企业活力化，缩短作业周期。5S 与安全管理各自具有独特的作用，但同时又相辅相成，共同促进企业的持续改进和安全高效运行。

一、整理与安全

整理即区分要与不要的物品，保留必要物，将不要的物品清除出工作现场，以腾出空间，防止误用，塑造清洁的工作场所。生产过程中经常有一些无用的物料、工具、设备，既占据了地方又阻碍生产，如果不及时清除，会使现场变得凌乱。物品过多就会造成通道不畅、阻碍视线、影响作业等不良状况，增加了安全事故发生的概率。因此，彻底地整理现场物品，对安全管理帮助很大。

二、整顿与安全

整顿即制定放置标准，把必要物品按制定的标准正确放置，排列整齐。明确数量，并进行有效标识，现场就会变得整齐有序，工作起来会顺畅许多。生产中使用的一些有毒有害、易燃物品同样按照要求进行管理，其安全方面的隐患会大大降低。另外，消防器材按照整顿的要求管理之后，寻找、使用起来会更迅速、有效。

三、清扫与安全

清扫即清除工作场所内的脏污，使建筑物的墙面、地面、设备、物料、办公用品及其他物品一尘不染。对于设备的清扫，清扫的过程实际就相当于对设备的初步点检，有利于发现设备安全隐患。通过每天持续不断地清扫，设备得到良好的保养，可以有效防止设备可能发生的故障。另外，清扫有利于工作环境的改善，减少粉尘、化学气体及其他有害物，对防止职业病是非常有益的。

四、清洁与安全

清洁即将整理、整顿、清扫实施的做法制度化、标准化、规范化，并贯彻与执行。人人都分担一定的5S职责，现场的整齐有序、清洁明快得以维持，有利于形成良好的工作氛围，组织有序生产活动，安全管理水平也就得到相应提高。清洁是制度化阶段，它确保了5S管理的持续性和有效性。

五、素养与安全

素质就是通过培训和教育，提高员工的整体素质，使员工养成自觉遵守规章制度的习惯和作风。严格按照标准作业的习惯养成之后，安全方面的规章制度也就得到有效落实。素养是5S管理的核心，它强调了人的因素在企业管理中的重要性。员工养成积极向上的工作态度，各项工作（包括安全工作）业绩就会不断提高，这是企业不断发展的动力源泉。

根据企业进一步发展的需要，有的企业在原来5S的基础上又增加了安全（safety），即形成了"6S"；有的企业再增加了节约（save）、学习（study），形成了"8S"；但是万变不离其宗，都是从"5S"里衍生出来的，许多管理工作是相辅相成的，搞好5S管理对安全管理有很大的帮助。

随堂练习

1. 对企业文化的理解，下面说法正确的是（　　）。
   A. 是企业的发展过程中的一个副产品，对企业的发展无重大影响
   B. 是整个企业的灵魂，无法改变
   C. 在一段时间内是稳定的，它影响着企业中的每个人
   D. 企业文化无需通过管理者来营造，它是自然而然产生的

2. 安全环保工作理念为"环保优先、安全第一、质量至上、以人为本"，以下（　　）是"以人为本"的体现。
   A. 企业为员工开展安全培训　　B. 发现事故隐患及时整改
   C. 企业要求员工穿戴劳保用品　　D. 对违章者进行处罚

3. 以下说法正确的是（　　）。
   A. 企业应追求安全的工作结果，结果安全就代表过程安全
   B. 安全文化的实质是正确的做事方法，再加上正确的思考问题的方法
   C. 企业应建立一种"让每个人都认同伤害是不可避免的"安全文化
   D. 如果有人因担心安全问题而停止作业，这个人的决定必须得到支持，这是一种值得提倡的安全文化

4. 根据 HSE 九项管理原则中"员工必须参与岗位危害识别及风险控制"，下面做法错误的是（　　）。
   A. 员工任何作业活动之前，都必须进行危害识别和风险评估
   B. 员工参与岗位危害识别和风险评估，不必了解风险控制方法
   C. 危害识别与风险评估是员工必须履行的一项岗位职责
   D. 员工应该掌握必要的危害辨识与风险评估的方法

5. 依据 HSE 九项管理原则，对承包商统一管理主要包括（　　）。
   A. 将承包商纳入安全检查范围
   B. 承包商应遵守企业的 HSE 管理要求
   C. 承包商事故纳入统计考核范围

D. 承包商纳入企业 HSE 体系管理

6. 中石油颁布禁令的最根本目的是（   ）。

    A. 通过处罚措施提高员工的安全意识，从而保证零事故、零伤害、零污染

    B. 从根本上关心和爱护员工，通过保护每一个员工生命和财产进而保护全社会的利益

    C. 督促员工掌握安全技能，提高安全意识，落实安全防护措施，保障自身和他人利益

    D. 预防和避免事故、事件的发生，提高企业的管理绩效

7. 下列行为属于违章指挥的是（   ）。

    A. 对上级部门查出的隐患未整改的情况下，为赶工期令员工穿好劳保服继续进行作业

    B. 承包商员工架子工王某因病不能工作，经理现场让另一名力工直接接替王某的工作

    C. 为提高巡检效率，需要两人以上进行的巡检工作只安排一人单独进行

    D. 一员工在进行高处作业时，未系安全带

8. 在工厂内，无论何时何地，当你看到员工的不安全行为，为什么必须立刻给予纠正？（   ）

    A. 为了保护人员及预防伤害发生

    B. 传达出"你很重视安全"的信息

    C. 为了他不被你的上级主管处罚

    D. 为了提高工厂的安全绩效

9. 下列关于落实有感领导的说法正确的是（   ）。

    A. 履行岗位安全环保职责是体现有感领导的基本要求

    B. 落实有感领导必须要从自身做起，从小事和细节做起

    C. 落实有感领导必须要不断提升自身 HSE 管理领导力

    D. 有感领导的落实关键在于怎么做，不在于怎么说

10. 实现有感领导的方法和途径，可包括（   ）。

    A. 以自身可见行为展示个人对安全的重视

    B. 明确传达安全的重要性，传达安全管理是每一名管理者、操作者的天职

    C. 掌握并运用有效安全管理方法，正确履行自身安全职责

D. 积极参与、支持各项安全活动，推动落实安全线性责任

11. 领导干部参与开展事故、事件调查可以：（　　）。
    A. 避免再次发生　　　　　　　　B. 查找安全管理系统缺陷
    C. 展示你对安全的承诺　　　　　D. 创造一个公开的氛围

12. 直线责任的核心是（　　）。
    A. 直线责任者肩负着对履行职责的全体人员全面负责
    B. 直线责任者肩负着对业务开展的全部过程全面负责
    C. 谁管工作，谁管安全
    D. 直线责任者肩负着对履行职责的全体人员、全部过程全面负责

13. 属地管理的核心是（　　）。
    A. 职责落实　　B. 风险识别　　C. 隐患治理　　D. 上锁挂签

14. 对外来人员最直接的干预者是（　　）。
    A. 安全人员　　B. 领导　　C. 属地主管　　D. 其他人员

15. 基层单位在进行属地的划分时，划分属地的主要依据是：（　　）。
    A. 工作区域：作业区、处理站、车间、泵房、巡检的区域
    B. 资产（装置/设备）：采油井、处理装置、车辆
    C. 职能部门：财务处/办公室、人事处/办公室
    D. 风险的大小：大型动火作业、新装置的投运

16. 根据HSE管理体系标准的要求，从本质上消除或降低风险的措施是：（　　）。
    A. 良好的工作场所
    B. 全新的装置、机械
    C. 过程、运行程序和工作组织的有效管理
    D. 建立和保持程序，用于工作场所、过程和工作组织的设计

17. HSE管理体系所指"三级监控机制"所涉及的要素包括（　　）。
    A. 绩效的监视和测量　　　　　　B. 内部审核
    C. 管理评审　　　　　　　　　　D. 不符合、纠正措施和预防措施

18. HSE管理体系内部审核的目的可以是：（　　）。
    A. 一种管理手段　　　　　　　　B. 为外审做准备
    C. 一种自我改进机制　　　　　　D. 发现不符合项

19. 对于"健康、安全与环境管理体系持续改进的最根本的动力"是指（　　）。
    A. 实施和运行　　　　　　　　　B. 检查与纠正措施
    C. 管理评审　　　　　　　　　　D. 内部审核

20. 个人行动计划的一般要求为（　　）。
    A. 通常按照年度为单位，在年初制订个人行动计划，明确内容和频次
    B. 内容应与工作计划结合，与主管业务重点结合，重点体现个人的安全行动
    C. 个人行动计划应报本单位安全部门备案，并向直线下属公开
    D. 自觉按计划执行并接受直线领导的检查和下属的监督

21. HSE 管理体系内部审核的难度表现在（　　）。
    A. 都是同事，难以产生权威效应
    B. 涉及员工或集体的荣誉和利益，可能发生争执
    C. 内审员难于持续跟踪纠正措施实施验证和分析其有效性
    D. 熟悉企业情况

22. 对审核发现的不符合的处理中，哪些能作为纠正措施：（　　）。
    A. 一个班组出现的问题，其他所有班组都采取措施
    B. 直接纠正发现的问题
    C. 数据分析，发现趋势，采取措施
    D. 修改制度或程序

23. 作为管理评审的输入内容，可包括（　　）。
    A. 内、外部审核的结果　　　　　B. 不断变化的客观环境
    C. 噪声扰民的投诉　　　　　　　D. 培训主管部门提出的改进建议

24. 领导干部编制与实施个人安全行动计划的作用：（　　）。
    A. 落实有感领导的有效载体
    B. 落实和践行安全承诺的具体体现
    C. 参与 HSE 管理过程的行动指南
    D. 推动 HSE 管理职责与生产活动有机融合

25. 开展安全经验分享的意义有（　　）。
    A. 激发全员参与安全生产的积极性，逐步实现团队互助管理
    B. 交流事故教训，做到警钟长鸣，提高员工安全意识

C. 交流安全经验，强化正确做法，提高员工安全技能

D. 潜移默化，转变理念，改变行为，培育文化

26. 行为安全观察与沟通应遵循的最基本原则是（　　）。

  A. 惩罚性原则   B. 非惩罚性原则

  C. 奖励性原则   D. 奖罚并重原则

27. 开展行为安全观察与沟通时，你应何时填写行为安全观察与沟通记录？（　　）

  A. 当你采取行动，远离被观察人之后

  B. 在进行观察时

  C. 在记录收集之前

  D. 相应周末

28. 如果一名平时非常具有安全意识的操作员工正在灌装不可燃、剧毒性、腐蚀性的液体，该操作员工穿了符合工作规定的个人防护装备，并有适当的通风设施。当你观察到像这样一个安全工作的员工，你应该做什么？（　　）

  A. 一直观察，直到发现错误

  B. 和员工交谈以进一步固化其安全行为

  C. 肯定是观察不够仔细，不可能不犯错，要细致观察

  D. 不应该与员工交谈，因为他已经很安全地在做事了

29. 下列员工的各项行为适用于行为安全观察与沟通的是（　　）。

  A. 发现现场管理人员违章指挥

  B. 发现员工安全帽佩戴不规范

  C. 发现作业员工站在吊臂的半径范围内

  D. 发现作业现场工器具排放杂乱

30. 安全观察与沟通是人本管理的体现，下列安全观察与沟通做法哪些是正确的：（　　）。

  A. 你看到一名老员工正在高处作业，劳保穿戴整齐，但安全帽并没有扣紧，愤愤地说："都干了几十年的现场作业了，怎么这么不长记性，没有一点安全意识，把你的安全帽扣紧。"

  B. 你在现场进行安全观察与沟通时，发现员工在土沟里午休，你通过沟通

了解到，在风大、无遮蔽物的野外施工现场，遮阳伞根本没法用，员工迫不得已在土沟里午休，于是你让人搭了一些简易的木质小棚

C. 你对一名未戴防护罩的焊工说："你赶紧戴上防护面罩吧，领导来检查发现了你就惨了。"

D. 你早上见到你的司机愁容满面，你关切地了解了原因，尽管司机认为并无大碍，但你仍然出于安全考虑，安排了其他司机出车

31. 对"在工作现场，你的最低标准决定了所能预期的最佳绩效"，以下理解正确的是（　　）。

　　A. 如果你忽略了安全行为，员工可能认为，安全并未被你列入优先考虑事项之一，那么他们的安全工作绩效可能会每况愈下

　　B. 当你主动指出安全及不安全行为时，就等于在告诉周围的人，你所设定的安全标准是较高的

　　C. 如果你看到员工的不安全行为，没有及时指出，他就会以为他的表现是可以被接受的

　　D. 人们通常"喜欢被人赞美，却不喜欢被批评"，如果你看到员工的不安全行为，没有当场指出，他会感激你

32. 关于行为安全观察与沟通，以下说法正确的是（　　）。

　　A. 安全观察是为了抓住正在进行不安全作业的人

　　B. 行为安全观察与沟通体现了由以管理"物"为中心到以管理"人"为中心的转变

　　C. 行为安全观察与沟通若要取得成功，必须和惩戒制度分开

　　D. 行为安全观察与沟通可以纠正传统安全管理中正面激励太少的不平衡现象

33. 当你开展安全观察与沟通，看到现场员工工作过程存在不安全行为时，你该采取下面哪些行动？（　　）

　　A. 立即采取纠正行动

　　B. 找到为什么出现这种情况的原因

　　C. 采取纠正措施，防止再次发生

　　D. 当着该员工的面，在安全观察与沟通卡上作记录

34. 操作人员没有戴安全眼镜，他们的一线主管看见后说："嘿，听着，领导

交代必须要戴安全眼镜。"等作业人员戴上安全眼镜，主管扭头就走掉了。这位一线主管犯了以下哪些错误？（　　）

　　A. 传达出他个人对员工的安全没有责任的信息

　　B. 没有采取纠正行动

　　C. 没有了解员工的想法，以及不戴安全眼镜的原因

　　D. 没有帮助员工了解为什么戴安全眼镜很重要

35. 下列现象适用于行为安全观察与沟通的是（　　）。

　　A. 有一个操作员往已装满的垃圾桶里扔塑胶屑，结果弄得满地都是

　　B. 一名夜间值班的员工在岗位上睡着了

　　C. 某位员工连续使用钳子夹东西，他常常抱怨钳子的把柄弄痛他的手

　　D. 某管道施工人员在明令禁止烟火的场站抽烟

36. 下列关于安全观察与沟通和传统安全检查的区别的说法正确的是（　　）。

　　A. 传统的安全检查重点关注的是现场的隐患和问题，结果是批评、指责或处罚，安全观察与沟通重点关注的是人的行为，结果是非处罚性的

　　B. 传统的安全检查是被动的，由上而下的、单向的告知，不能完全达成共识；而安全观察与沟通则是互动的、双向的、平等的沟通，能达成共识

　　C. 传统的安全检查关注的是检查结果；而安全观察与沟通关注的是过程

　　D. 安全观察与沟通可以代替传统的安全检查

37. 以下哪些不是良好的行为安全观察与沟通习惯？（　　）

　　A. 一边听一边与自己的观点对比，并进行评论

　　B. 选择想听的内容

　　C. 在听到你认为不合理的地方双眉紧蹙

　　D. 不仅注意听事实，也注意讲话人的情绪

38. 一个填写完整的安全观察报告能告诉阅读者（　　）。

　　A. 你所观察到的任何安全的行为及为鼓励持续安全的行为你所采取的行动

　　B. 你所观察到的任何不安全的行为及你所立即采取的纠正行为

　　C. 为了防止事故的再度发生所采取的纠正措施

　　D. 你的名字、观察日期及观察的作业区

39. JSA 的实施过程中，作业步骤的分解是做好 JSA 的基础和前提，在作业步骤分解时，应以（　　）为分界点。

A. 作业步骤的长短 B. 作业步骤的难易程度

C. 作业步骤危害因素变化 D. 管控措施的难易程度

40. 以下哪项不属于 JSA 的优点（ ）。

    A. 可定量评估伤害后果的严重程度

    B. 可分解作业步骤，明确工作流程

    C. 可将风险管理细化到每一项具体工作

    D. 可成为日常工作的一个固定程序和部分

41. 以下说法正确的是（ ）。

    A. JSA 可以是口头形式的

    B. JSA 步骤划分应尽可能详细

    C. 进行 JSA 分解时的步骤应与实际的工作步骤完全一致

    D. 为便于开展危害因素辨识，完成步骤划分后可调整各步骤顺序

42. 在 JSA 结束后正式作业前，应召开工作前安全会，即班前会，让参与作业任务的每个人彻底理解该作业任务，包括（ ）。

    A. 完成作业任务所涉及的所有活动细节，包括他人的活动

    B. 辨识出作业任务每个阶段的潜在危害

    C. 已经采取的或将要采取的降低危险的控制措施

    D. 每个人在各个阶段的行为和责任

43. 企业组织实施工作循环分析（JCA）的目的：（ ）。

    A. 从安全的角度审视操作规程或实际操作行为，验证实际操作与操作规程的符合情况

    B. 保持操作规程是最新的和最全面的

    C. 确保员工知道操作规程

    D. 对有关的人员持续地实施培训和再培训

44. 以下选项中哪些是安全目视化管理的体现？（ ）

    A. 在使用完的氧气瓶上悬挂"空瓶"

    B. 工器具定位放置

    C. 外来人员佩戴参观卡

    D. 危险区域设置警示带

45. 安全目视化管理包括以下哪些方面内容：（ ）。

A. 人员目视化管理　　　　　　　　B. 工器具目视化管理

C. 设备设施目视化管理　　　　　　D. 生产作业区域目视化管理

46. 工作场所中，颜色的生理作用主要表现在对视觉能力和视觉疲劳的影响，下列说法正确的是（　　）。

A. 强烈的颜色气氛能够使人处于兴奋状态，有利于工作效率的提升

B. 选用适当的色彩对比，可以适当提高对细小零件的分辨力

C. 用黄色作警戒色，是因为人的眼睛对黄色较敏感

D. 合理的颜色配置，可以使人注意力集中，减少差错和事故

47. "以人为本、安全发展"重点包含的含义指（　　）。

A. "以人为本"必须要以人的生命为本

B. 构建社会主义和谐社会必须解决安全生产问题

C. 经济社会发展必须以安全为基础、前提和保障

D. 要发展生产力，最重要的就是要充分发挥劳动者的作用

48. HSE 管理的核心是（　　）。

A. 风险管理　　　　　　　　　　　B. 领导和承诺

C. 过程控制　　　　　　　　　　　D. 直线责任

49. 一位劳保穿戴整齐的工人正站在电动机上安装管线吊架，主管看见后说："喂，你以为你在做什么？你不知道这是不安全的吗？赶紧拿梯子去。"下列说法正确的是（　　）。

A. 这位主管不会获得满意的安全绩效

B. 这位主管的行动体现了有感领导

C. 当主管不在时，这位员工还会犯同样的错误

D. 这位主管没有对安全行为予以肯定和表扬

50. 作为属地主管在工作上，何时该应用安全观察与沟通观察技巧？（　　）

A. 每天，视为日常工作的一部分　　B. 一个星期一次

C. 听从 HSE 部门的安排　　　　　　D. 一个月一次

51. 当你的属地发生有威胁生命的行为时，下列行为中你应该采取：（　　）。

A. 等待观察发展趋势

B. 调查了解这种不安全行为的间接原因

C. 采取适当的行动，可能包括停止行为安全观察与沟通，而采取处罚办法

D. 通知你的上一级主管

52. 安全生产工作应当以人为本，坚持安全发展，坚持（　　）的方针。

A. 安全第一、预防为主、综合治理

B. 安全生产、人人有责

C. 安全为了生产，生产必须安全

D. 以人为本、安全发展

53. 生产经营单位违反安全生产法律、法规、规章、标准、规程和安全生产管理制度的规定，或因其他因素在生产经营活动中存在可能导致事故发生的物的危险状态、人的不安全行为和管理上的缺陷，是指（　　）。

A. 违章行为　　B. 事故隐患　　C. 违法行为　　D. 风险

54. 依据《中华人民共和国安全生产法》第二十条，有关生产经营单位应当按照规定提取和使用安全生产费用，专门用于（　　）。

A. 改善安全生产条件　　　　B. 落实风险防控措施

C. 保证安全文明施工　　　　D. 购置安全工器具

55. 以下不属于《中华人民共和国安全生产法》中规定从业人员安全生产基本义务的是（　　）。

A. 佩戴和使用劳动防护用品的义务

B. 接受安全生产教育和培训的义务

C. 发现事故隐患及时报告的义务

D. 发生事故进行抢救的义务

56. 某公司发生火灾，造成18人死亡，该公司董事长王某因患病常年在医院接受治疗。公司总经理李某出国参加学习一直未归，由公司常务副总经理张某全面主持工作。安全部主任是刘某，另外还配备一名专职的安全员。依据《中华人民共和国安全生产法》，针对该事故应当被追究法律责任的主要负责人是（　　）。

A. 董事长王某　　　　　　　B. 总经理李某

C. 常务副总经理张某　　　　D. 安全部主任刘某

57. 依据《中华人民共和国安全生产法》第二十七条，生产经营单位的特种作业人员必须按照国家有关规定经专门的安全作业培训，取得（　　），方可上岗作业。

A. 相应资格　　　B. 准入证　　　C. 合格证书　　　D. 上岗证

58. 依据《中华人民共和国安全生产法》第二十一条，矿山、金属冶炼、建筑施工、道路运输单位和危险物品的生产、经营、储存单位，应当设置安全生产管理机构或配备专职安全生产管理人员。上述以外的其他生产经营单位，从业人员超过（　　）人的，应当设置安全生产管理机构或配备专职安全生产管理人员。

    A. 100　　　　　B. 200　　　　　C. 300　　　　　D. 400

59. 下列表述不正确的是（　　）。

    A. 生产经营单位作出涉及安全生产的经营决策，应当听取安全生产管理人员的意见

    B. 生产经营单位制订或修改有关安全生产的规章制度，应当听取工会的意见

    C. 有关生产经营单位应当按照规定提取和使用安全生产费用，专门用于职工安全生产培训

    D. 生产经营单位应当建立安全生产教育和培训档案，如实记录安全生产教育和培训的时间、内容、参加人员及考核结果等情况

60. 依据《中华人民共和国安全生产法》第五十条，生产经营单位的从业人员有权了解其作业场所和工作岗位存在的（　　），有权对本单位的安全生产工作提出建议。

    A. 事故应急措施　　　　　　　B. 防范措施
    C. 危险因素　　　　　　　　　D. 作业种类

61. 依据《中华人民共和国安全生产法》第二十六条，生产经营单位采用（　　）或使用新设备，必须了解、掌握其安全技术特性，采取有效的安全防护措施，并对从业人员进行专门的安全生产教育和培训。

    A. 新办法　　　B. 新工艺　　　C. 新技术　　　D. 新材料

62. 依据《中华人民共和国安全生产法》第二十三条，生产经营单位作出涉及安全生产的经营决策，应当听取（　　）的意见。

    A. 安全生产管理机构　　　　　B. 安委会
    C. 安全生产管理人员　　　　　D. 基层操作人员

63. 根据《中华人民共和国安全生产法》，下列属于从业人员的权利有（　　）。

A. 知情权　　　　B. 建议权　　　　C. 拒绝权　　　　D. 紧急避险权

64. 依据《中华人民共和国环境保护法》第五十九条，企业事业单位和其他生产经营者违法排放污染物，受到罚款处罚，被责令改正，拒不改正的，依法作出处罚决定的行政机关可以自责令改正之日的次日起，按照原处罚数额按（　　）连续处罚。

A. 日　　　　　　B. 月　　　　　　C. 周　　　　　　D. 年

65. 对于安全经验分享的内容和方式，以下描述错误的是：（　　）。

A. 可分享日常生活中 HSE 知识、经验、教训

B. 可分享实际工作中 HSE 知识、经验、教训

C. 可采取口头方式进行分享

D. 需采取书面，最好是多媒体方式进行分享

66. 在空旷郊外遇到雷电时，下面哪种做法不容易出现危险？（　　）

A. 骑自行车快跑

B. 躺在地上、壕沟或土坑里

C. 无处可躲时，双腿并拢、蹲下身子

D. 躲到大树下

67. 行为安全观察与沟通在整个组织内推行，能够帮助企业（　　）。

A. 提高员工的安全意识，激励员工以安全的方式进行作业

B. 了解员工对安全标准、工作程序的理解和应用程度

C. 大幅度减少伤害及意外事件，降低事故赔偿或损失成本

D. 通过对观察结果的统计分析，建立组织的安全生产预警机制

68. 下列关于安全观察与沟通的说法不正确的有（　　）。

A. 要想提高安全观察与沟通的有效性，有时须跟惩戒制度结合才行

B. 安全观察与沟通是在平等、友好、融洽的氛围下与员工讨论安全与不安全行为及其后果，并及时纠正、启发员工思考安全问题

C. 安全观察与沟通太浪费时间和精力，根据多年的管理经验，铁一样的纪律与绝对的服从才能真正地保障良好的安全绩效

D. 你可以借由观察你属地范围内的人员，衡量一下自身的安全绩效

69. 工作场所的振动对人的操作、心理、生理存在不利的影响，在安全观察与沟通中应给予足够的重视。振动对人的不利影响有（　　）。

A. 振动引起操作人员的手、脚动作不准确，使人的操作能力下降

B. 振动影响人的视觉，在振动条件下，由于视野抖动不稳定，视力会因频繁调节而下降

C. 振动会使人感到烦躁不安

D. 长时间的全身振动，会使人出现肢体血管痉挛、全身衰弱、耳鸣等

70. 你在进行安全观察与沟通时，可以通过哪些途径让员工感受到安全对您来说很重要？（　　）

A. 主动、及时指出安全与不安全行为

B. 设置较高的安全标准

C. 对其中某个员工的不安全行为进行批评和教育，以树典型

D. 强化安全行为

71. 开展安全观察与沟通时，当看到有人进行不安全作业，却不愿与正在工作的员工交谈的原因可能是（　　）。

A. 担心员工的反应

B. 缺乏做好安全观察所需的技能或知识

C. 不熟悉现场的工作或任务

D. 不是我的责任范围

72. 将安全观察与沟通观察技巧应用于工作上可以帮助（　　）。

A. 培养员工良好的安全习惯　　　　B. 预防伤害

C. 改善作业区域的整体安全　　　　D. 鼓励良好的安全绩效

73. 要抓紧建立健全（　　）的安全生产责任体系，切实做到管行业必须管安全、管业务必须管安全、管生产经营必须管安全。

A. 党政同责　　B. 一岗双责　　C. 齐抓共管　　D. 失职追责

74. 采用"四不两直"即（　　）、直奔基层、直插现场方式暗查暗访，建立安全生产检查工作责任制，实行谁检查、谁签字、谁负责。

A. 不发通知　　　　　　　　　B. 不打招呼

C. 不听汇报　　　　　　　　　D. 不用陪同和接待

75. 安全生产要坚持标本兼治、重在治本，建立长效机制，要做到警钟长鸣，用事故教训推动安全生产工作，做到（　　）。

A. 一厂出事故、万厂受教育　　　　B. 一厂出事故、本地受教育

C. 一地有隐患、全国受警示　　　　D. 一地有隐患、全省受警示

76. 安全生产，要坚持防患于未然。要继续开展安全生产大检查，做到（　　）。

　　A. 全覆盖　　　B. 零容忍　　　C. 严执法　　　D. 重实效

77. 要加大隐患整改治理力度，建立安全生产检查工作责任制，实行谁检查、谁签字、谁负责，做到（　　），务必见到成效。

　　A. 不打折扣　　B. 不留死角　　C. 不走过场　　D. 不能虚作假

78. 根据《中华人民共和国安全生产法》规定，生产经营单位新建、改建、扩建工程项目（统称建设项目）的安全设施，必须与主体工程（　　）。

　　A. 同时设计　　　　　　　　　B. 同时施工
　　C. 同时建设　　　　　　　　　D. 同时投入生产和使用

79. 以下属于中国石油 HSE 管理理念的内容包括（　　）。

　　A. 以人为本、预防为主、全员履责、持续改进
　　B. 以人为本、质量至上、安全第一、环保优先
　　C. 一切事故都是可以预防和避免的，防范胜于救灾
　　D. 安全源于责任心、源于设计、源于质量、源于防范

80. HSE 管理原则（"九项原则"）中，有关涉及员工的表述包括（　　）。

　　A. 安全是聘用的必要条件
　　B. 企业必须对员工进行健康安全环境培训
　　C. 各级管理者对业务范围内的健康安全环境工作负责
　　D. 员工必须参与岗位危害识别及风险控制

81. HSE 管理原则（"九项原则"）中，有关涉及管理者的表述包括（　　）。

　　A. 任何决策必须优先考虑健康安全环境
　　B. 各级管理者对业务范围内的健康安全环境工作负责
　　C. 各级管理者必须亲自参加健康安全环境审核
　　D. 所有事故事件必须及时报告、分析和处理

82. 2020年3月，戴厚良董事长在中国石油工作会议上首次针对安全生产工作提出了"四全"管理的要求，指出：安全生产工作要做到（　　）的管理。

　　A. 全员、全过程　　　　　　　B. 全天候、全方位

C. 全员、全流程 D. 全时段、全方位

83. 2020年4月，戴厚良董事长在中国石油工作会议上首次提出了事故"四查"的要求，包括（　　）。要深刻吸取近期事故教训，深入开展事故调查，全面提升企业安全生产管理。

   A. 查思想，查管理 B. 查技术，查纪律
   C. 查思想，查技术 D. 查设备，查纪律

84. 2018年2月，中国石油安委办印发《关于加强生产安全六项较大风险管控的通知》，明确提出了针对生产经营过程关键环节安全管理的"六项较大风险"。具体包括（　　）。

   A. 节假日管理力量单薄的安全风险
   B. 季节转换期间人员不适应的安全风险
   C. 改革调整期间人员思想波动的安全风险
   D. 承包商管不住的安全风险

85. 2024年5月，印发《关于进一步强化"安全生产红线"管控的通知》（中国石油安全环保〔2024〕106号），进一步明确了从严管控的"安全生产七条红线"，对涉及红线的风险隐患升级管控，对涉及红线的事故事件升级调查处理。包括（　　）。

   A. 30min内未熄灭明火的火灾爆炸
   B. 城镇燃气管道本体缺陷导致的火灾爆炸
   C. 在敏感时间或敏感地区发生的火灾爆炸
   D. 列入中国石油安全隐患治理投资计划未按时完成治理销项的重大事故隐患

86. 坚持"一体化、差异化、精准化"要求，强化分级分类、一企一策、精准有效审核，推动体系审核工作实现"四个转变"，即从以总部审核为主向与企业内审、发挥企业主体作用并重转变；（　　）。

   A. 从以全要素量化审核为主向与强化专项审核和内审指导并重转变
   B. 从关注静态设备设施向与关注人员履职尽责和操作行为并重转变
   C. 从关注记录文件资料向与关注人员履职尽责和操作行为并重转变
   D. 从关注问题数量和评分结果向关注问题质量和整改效果转变

87. 领导干部安全生产述职主要内容包括（　　）。

A. 本人对安全生产理念的认识

B. 在安全生产方面的职责履行情况

C. 对本企业（单位）主要生产安全风险和隐患的研判和认识

D. 对本企业（单位）管理中主要问题的认识

88. 开展启动前安全检查的目的：（   ）。

　　A. 项目投用前及时消除各类隐患

　　B. 降低发生事故和伤害的可能性

　　C. 增强各类工艺设备和施工项目本质安全

　　D. 提升现场工作人员安全技能

89. 对于工作安全的认识，你认为以下理念或说法正确的是（   ）。

　　A. 要做工作就要安全地做好，否则就不要做

　　B. 对于每一次、每一项工作，都要以正确的方式去做

　　C. 没有一项工作会紧急到需要不考虑安全去完成

　　D. 我们永远有时间把事情做正确

90. 对于作业安全的认识，你认为以下理念或说法正确的是（   ）。

　　A. 如果方法得当，作业过程中的风险可以降低，甚至可以避免

　　B. 总是在设计范围内、安全和受控的条件下作业

　　C. 现场严格遵守相关的规章制度、工作条例和程序

　　D. 提高工作效率，节省工作时间是第一位的

91. 对于安全的认识，你认为以下理念或说法正确的是（   ）。

　　A. 每个人都应必须为自己和现场其他工作人员的安全负责

　　B. 集中于过程，而非结果，安全管理的价值才能体现出来

　　C. 安全是每个员工的责任，更是所有管理人员的责任

　　D. 工作场所从来没有绝对的安全，伤害事故是否发生取决于场所中员工的行为

92. 对于JSA分析，你认为以下理念或说法正确的是（   ）。

　　A. 原则上，任何作业活动都要进行JSA，但形式有所不同

　　B. 口头JSA可以有机融入作业前的班前会

　　C. 不是所有作业都需要进行正式的书面JSA

　　D. 有些时候口头JSA更为简洁、高效、实用

93. 对于 JSA 分析，你认为以下理念或说法正确的是（　　）。

    A. JSA 最重要的是要养成员工问题思维的行为习惯

    B. JSA 是最有效的安全管理工具之一，也是员工培训与再培训的工具

    C. JSA 是全体员工都必须熟练掌握的风险识别、评价与控制方法之一

    D. 书面 JSA 成果需要保留、存档，建立风险数据库

94. 对于八小时工作以外的安全，你认为以下理念或说明正确的是（　　）。

    A. 八小时内外的安全同样重要，员工无论上班时，还是下班后都要注意安全

    B. 将安全与家庭观念相结合，安全不仅与工作相关，也与日常生活相融

    C. 八小时工作以外的安全不是重点，工作以内的安全才是最重要的

    D. 你唯一的选择是让你的行为成为一个好的典范

95. 对于安全文化的认识，你认为以下理念或说明正确的是（　　）。

    A. 每个人都应该能够识别其工作区域内的风险并使之消减或降低

    B. 必须建立一种文化，让每个人都相信所有的事故都可以避免

    C. 安全文化的实质就是正确的做事方法，再加上正确的思考问题的方法

    D. 建立安全文化的主要方法就是搞好宣传和教育

96. 作为一名直线领导或属地管理者，你认为以下理念或说明正确的是（　　）。

    A. 要像熟悉自己的手掌一样，熟悉你的员工

    B. 员工所能达到的最佳表现，取决于你所设定的最低标准

    C. 你将达到的卓越安全水平，取决于你展示愿望的行动

    D. 如果员工行为没有实质改变，所有安全活动都是纸上谈兵

97. 承包人对承包点负有安全生产监管职责，承担领导责任，对承包点开展检查督导的主要内容应当包括（　　）。

    A. 督促健全落实安全生产责任制、严格执行安全生产规章制度和操作规程

    B. 督促承包点推进双重预防机制建设，了解掌握承包点主要生产安全风险

    C. 帮助承包点反映和解决安全生产工作中的突出问题，提出改进建议

    D. 开展安全观察与沟通，检查承包点日常安全管理情况，对问题隐患整改工作落实不及时、不到位的责任人，提出处理建议

98. HSE 管理体系审核工作应当遵循"三不审核"原则，即（　　）。

A. 没有审核方案不审核

B. 没有审核检查表不审核

C. 审核人员没有进行培训不审核

D. 没有领导参加不审核

99. 工艺管线上，应标明介质的（　　）。

  A. 温度   B. 压力

  C. 名称   D. 流向

100. 企业员工有下列情形之一的，视同工伤：（　　）。

  A. 在工作时间和工作岗位，突发疾病死亡或者在48h之内经抢救无效死亡的

  B. 在抢险救灾等维护国家利益、公共利益活动中受到伤害的

  C. 员工原在军队服役，因战、因公负伤致残，已取得革命伤残军人证，到用人单位后旧伤复发的

  D. 醉酒出事的

随堂练习答案

题号	1	2	3	4	5	6	7	8	9	10
答案	C	ABCD	BD	B	ABCD	B	ABC	ABD	ABCD	ABCD
题号	11	12	13	14	15	16	17	18	19	20
答案	ABCD	C	A	C	ABCD	D	ABC	ABC	C	ABCD
题号	21	22	23	24	25	26	27	28	29	30
答案	AB	ACD	ABCD	ABCD	ABCD	B	A	B	BCD	BD
题号	31	32	33	34	35	36	37	38	39	40
答案	ABC	BCD	ABC	ACD	AC	ABC	ABC	ABCD	C	A
题号	41	42	43	44	45	46	47	48	49	50
答案	A	ABCD	ABCD	ABCD	ABCD	BCD	ABC	A	ACD	A
题号	51	52	53	54	55	56	57	58	59	60
答案	BCD	A	B	A	D	C	A	A	C	ABC

题号	61	62	63	64	65	66	67	68	69	70
答案	BCD	AC	ABCD	A	D	C	ABCD	AC	ABCD	ABD
题号	71	72	73	74	75	76	77	78	79	80
答案	ABCD	ABCD	ABC	ABCD	AC	ABCD	ABC	ABD	BCD	ABD
题号	81	82	83	84	85	86	87	88	89	90
答案	ABC	AB	AB	ABCD	ABCD	ABD	ABCD	ABC	ABCD	ABC
题号	91	92	93	94	95	96	97	98	99	100
答案	ABCD	ABCD	ABCD	ABD	ABC	ABCD	ABCD	ABC	CD	ABC